Disney · PIXAR

SOUL

길벗 이지:톡

Disney · Pixar Best Collection -Soul

초판 발행 · 2025년 12월 1일

번역 및 해석 · 라이언 박
발행인 · 이종원
발행처 · (주)도서출판 길벗
브랜드 · 길벗이지톡
출판사 등록일 · 1990년 12월 24일
주소 · 서울시 마포구 월드컵로 10길 56(서교동)
대표 전화 · 02)332-0931 | 팩스 · 02)323-0586
홈페이지 · www.gilbut.co.kr | 이메일 · eztok@gilbut.co.kr

기획 및 책임 편집 · 김대훈(sychoria@gilbut.co.kr) | **디자인** · 강은경 | **제작** · 이준호, 손일순, 이진혁
마케팅 · 차명환, 장봉석, 최소영 | **유통혁신** · 한준희 | **영업관리** · 김명자, 심선숙 | **독자지원** · 윤정아

편집 진행 및 교정교열 · 안현진 | **전산편집** · 조영라 | **오디오녹음** · 와이알미디어
CTP 출력 및 인쇄 · 예림인쇄 | **제본** · 예림인쇄

ISBN 979-11-407-1160-4 03740 (길벗 도서번호 301216)

정가 26,000원

디즈니·픽사 명작의 주인공처럼 영어를 말한다!

국내 유일 〈소울〉 전체 대본 수록! 디즈니 · 픽사 명작이 내 손 안에!

디즈니, 픽사 애니메이션 팬을 위해 국내 유일하게 전체 대본을 수록하였습니다. 〈소울〉은 제93회 아카데미상과 제78회 골든 글로브상 양쪽에서 모두 장편 애니메이션 작품상과 주제가상을 받을 정도로 작품성과 음악성을 모두 인정받은 명작입니다. 영화를 보면서 느꼈던 감동을 대본을 읽으며 다시 한번 느껴 보세요.

영어 학습을 위한 최적의 영화 장르, 애니메이션!

비싼 영어 학원이나 온라인 프로그램이 지루해서 건너뛰고 있다면 재미있는 애니메이션 대본으로 공부해 보세요. 디즈니 애니메이션에는 슬랭이나 욕설 등의 거친 표현들이 거의 없고, 의학이나 법정 영화같이 특정 분야의 어려운 표현들이 들어 있지도 않아요. 실생활에서 자주 쓰는 표현들로만 구성되어 있죠. 아이들도 볼 수 있게 표현도 비교적 쉬운 편이라 초보자들이 영어를 학습하기에 제격입니다.

자막 보는 것 같은 구성, 중요 표현은 표현집에서 한번 더!

영화를 볼 때 자막을 보는 것 같은 효과를 위해 오른쪽에서 번역을 바로 볼 수 있는 영한대역으로 구성을 했습니다. 단어가 궁금할 때는 하단에서 편하게 확인할 수 있고요. 만약 영어 대본만 보고 싶다면 오른쪽 페이지를 살짝 접어 해석이 보이지 않게 학습하면 됩니다. 실생활에 자주 쓰이는 핵심 표현 100개를 스크립트북에서 뽑아 워크북으로 구성하여 학습 효과를 높였습니다.

• 책의 구성 •

스크립트북

국내 최초로 〈소울〉 대본 전체를 담았습니다. 영어 대본은 왼쪽 페이지에서, 해석은 오른쪽 페이지에서 자막처럼 바로 확인할 수 있어요. 모르는 단어는 오른쪽 하단에서 뜻을 확인해 보세요.

워크북

스크립트북에서 중요한 표현 100개를 뽑아 자세히 다룹니다. 어떤 상황에서 쓰이는지를 설명하고, 표현을 활용한 추가 예시문을 보여 주어 표현이 익숙해질 수 있도록 했어요.

오디오북

전체 스크립트북을 녹음한 오디오북을 무료로 제공합니다. 길벗 홈페이지(gilbut.co.kr)에 접속하여 '소울'을 검색 후 다운로드하거나 실시간 재생으로 들을 수 있습니다.

차례

스크립트북

캐릭터 소개

소울 세계관

현실과 영혼의 세계를 넘나드는 독특하고 심오한 구조로 이루어진 작품입니다. 이야기는 주인공 조 가드너가 살아가는 뉴욕을 배경으로 시작됩니다. 그는 음악에 대한 열정과 재능이 뛰어나지만, 현실적인 문제와 타협하며 선생님으로 살아가고 있습니다. 그러던 조는 불의의 사고로 죽음을 맞이합니다. 그리고 영혼이 되어 현실 세계를 넘어 '태어나기 전 세상'에 도착하게 되죠. 이곳은 아직 세상에 태어나지 않은 영혼들이 자신만의 개성과 특성을 부여받는 곳으로, 멘토의 도움을 받아 자신의 '불꽃'을 찾고 지구로 향하기 전 마지막 준비를 해야 합니다. 그리고 이 세계에는 지구에 가는 것을 극도로 꺼리는 22번 영혼이 있습니다. 조 가드너는 다시 삶으로 돌아가기 위해 22와 함께 특별한 모험을 시작합니다.

Joe Gardner
조 가드너

뉴욕에서 중학교 음악 교사로 일하며 재즈 뮤지션을 꿈꾸고 있다. 오랫동안 꿈꿔 왔던 재즈 클럽에서 연주할 기회를 얻게 되지만, 예기치 못한 사고로 영혼이 되어 '태어나기 전 세상'으로 가게 된다. 조는 그곳에서 22를 만나 좌충우돌하며 자신의 삶을 되돌아보고, 주변 사람들과의 관계, 그리고 삶의 소소한 기쁨을 발견하며 삶의 진정한 의미를 깨닫게 된다.

'태어나기 전 세상'에서 수천 년 동안 지구에 가기를 거부해 온 영혼이다. 22는 세상에 대해 냉소적인 태도를 가지고 있으며, 삶의 의미를 찾는 것에 회의적이다. 그러나 조와 함께 현실 세계를 경험하면서 점차 삶의 아름다움과 소중함을 느끼게 되고, 마침내 자신만의 '불꽃'을 찾아 지구로 향하게 된다.

22

Terry
테리

영혼의 수를 세고 관리하는 회계사로, 엄격한 규칙과 질서를 중시하는 완벽주의자이다. 그녀는 모든 영혼들이 정해진 절차를 따라야 한다고 믿으며, 조처럼 예외적인 상황을 만들려는 영혼들을 경계한다. 테리는 '태어나기 전 세상'의 시스템을 철저하게 관리하며, 주인공 조가 규칙을 어기고 지구로 내려가자 이를 바로잡기 위해 직접 추적에 나서며 긴장감을 형성한다.

Moonwind
문윈드

뉴욕 거리에서 표지판을 돌리는 평범한 사람으로 보이지만, 영혼 세계와 현실 세계를 넘나들며 길 잃은 영혼들을 돕는 신비로운 인물이다. 그는 영혼들에게 춤과 명상을 통해 '영혼의 흐름'을 찾도록 안내하며, 조와 22에게도 중요한 조언을 한다.

'태어나기 전 세상'에서 새로운 영혼들을 돌보는 상담사들이다. 여러 명의 제리가 등장하며, 각자 독특한 개성과 특징을 가지고 있다. 그들은 친절하고 유머러스하며, 영혼들이 자신만의 '불꽃'을 찾도록 돕는다. 제리들은 조와 22에게 '태어나기 전 세상'의 규칙을 설명하고, 그들의 여정을 지원한다.

Jerry
제리

Dorothea Williams
도로테아 윌리엄스

유명한 재즈 클럽의 리더이자 실력 있는 색소폰 연주자이다. 조에게 꿈에 그리던 무대에 설 기회를 주지만, 동시에 조에게 냉정한 현실을 일깨워 주기도 한다. 도로테아는 조에게 있어 멘토이자 동경의 대상이며, 조가 음악적 열정을 되찾고 삶의 방향을 재정립하는 데 중요한 역할을 한다.

조의 어머니이자 양복점을 운영하는 강인하고 현실적인 여성이다. 아들의 꿈을 지지하지만, 동시에 현실적인 걱정과 조언을 아끼지 않는다. 리바는 조와 갈등을 겪기도 하지만, 결국에는 아들의 선택을 존중하고 응원하며, 깊은 모성애를 보여준다.

Libba Gardner
리바 가드너

Disney · PIXAR

SOUL

스크립트북

전체 대본을 해석과 함께 담았습니다.
디즈니 추천 성우가 녹음한 오디오북도 적극 활용해 보세요.

CHAPTER 1

Joe Becomes a Full-Time Band Teacher

A bad middle school band plays the Disney logo theme. Once it ends...

JOE (O.S.) Alright! Let's try something else. Uh... from the top. Ready. One, two, three...

INT. MIDDLE SCHOOL BAND ROOM

Joe Gardner, a passionate, well-dressed middle-aged man, conducts an off-key middle school band. It's painfully bad.

JOE One, two, three, four! Stay on the beat! Two, three four—that's a C Sharp, horns!

A trombonist loses his trombone end, which lands on the floor with a clank. A trumpeter uses his horn to vacuum up M&Ms from the floor. Caleb, a trumpeter, pretends to play while actually on his iPhone.

실력이 형편없는 중학교 밴드가 디즈니 로고송을 연주한다. 연주가 끝나고…

조 (화면 밖 목소리) 좋아! 다른 걸 해 보자. 어… 처음부터. 준비. 하나, 둘, 셋…

실내. 중학교 밴드부실

옷을 잘 차려입은 열정 넘치는 중년 남자, 조 가드너가 음정이 하나도 안 맞는 중학교 밴드를 지휘한다. 정말 형편없다.

조 하나, 둘, 셋, 넷! 박자 맞춰야지! 둘, 셋, 넷 — 그건 C샵이잖아, 관악기!

트롬본 연주자가 트롬본 끝부분을 놓치자, 바닥에 쨍그랑하고 떨어진다. 트럼펫 연주자는 악기로 바닥에 떨어진 M&Ms 초콜릿들을 진공청소기처럼 빨아들인다. 트럼펫 연주자, 케일럽은 연주하는 척하지만 사실 휴대폰을 하고 있다.

from the top 처음부터 **passionate** 열정적인 **well-dressed** 옷을 말쑥하게 잘 차려입은 **middle-aged** 중년의 **conduct** 지휘하다 **off-key** 음정이 안 맞는 **beat** 박자 **land** 떨어지다, 착륙하다 **clank** 쨍그랑 소리 **vacuum** 진공청소기로 빨아들이나

JOE Two, three, I see you, Caleb!

Startled, Caleb tosses the phone into a neighboring student's sax.

JOE (to another student) Rachel, now you!

But Rachel lies across a few chairs.

RACHEL Forgot my sax, Mr. G.

JOE Okay, she forgot her sax! Aaand now— all you, Connie. Go for it!

Joe then motions to Connie, a Chinese American girl holding a trombone. She's his last hope. Connie plays her solo, strong and passionate. Joe smiles. But some of the other kids start giggling, and Connie's confidence (and playing) suddenly wilts.

조　　둘, 셋, 다 보인다, 케일럽!

케일럽이 깜짝 놀라 휴대폰을 옆에 앉은 학생의 색소폰 속으로 던져 버린다.

조　　(또 다른 학생에게) 레이첼, 네 차례야!

하지만 레이첼은 의자 몇 개를 붙여 그 위에 누워 있다.

레이첼　　색소폰 안 가져왔어요, 선생님.

조　　그래, 색소폰을 안 가져왔구나! 이제— 너야, 코니. 실력을 보여 봐!

조가 트롬본을 들고 있는 중국계 미국인 여학생, 코니에게 손짓한다. 코니는 그의 마지막 희망이다. 코니가 솔로 파트를 연주하는데, 힘이 있고 열정이 느껴진다. 조가 미소를 짓는다. 하지만 다른 아이들이 키득거리기 시작하자, 갑자기 코니의 자신감이 (그리고 연주 역시) 시들해진다.

startle 깜짝 놀라게 하다 **neighboring** 옆에 있는 **sax** 색소폰(saxophone의 줄임말) **lie** 눕다, 누워 있다 **wilt** 시들다, 풀이 죽다

CALEB Way to go![1]

JOE Hang on, hang on. What are y'all laughing at?

The kids quiet down.

JOE So Connie got lost in it. That's a good thing!

Connie stews in her seat, embarrassed, as Joe addresses the class.

JOE Look, I remember one time… my dad took me to this jazz club, and that's the last place that I wanted to be.[2]

Joe walks to the piano and starts playing while he explains.

JOE But then I see this guy. And he's playing these chords with fourths on it and then, with the minor. Whooo! Then he adds the inner voices, and it's like he's… it's like he's singing. And I swear, the next thing I know… it's like he floats off the stage. That guy was lost in the music. He was in it, and he took the rest of us with him.

Joe finishes with a beautiful, dreamy flourish. The class is captivated with his music.

케일럽 잘한다!

조 잠깐, 잠깐만. 다들 왜 웃는 거지?

아이들이 조용해진다.

조 코니가 음악에 푹 빠진 거잖아. 그건 좋은 거야!

코니는 자리에 앉아 얼굴이 달아오르며 창피해한다. 조가 아이들에게 말을 한다.

조 얘들아, 선생님은 이런 기억이 있어… 우리 아빠가 나를 재즈 클럽에 데리고 갔는데, 난 거기 가는 게 정말 싫었지.

조가 피아노로 다가가 연주를 하면서 설명을 계속한다.

조 그런데 어떤 남자를 보게 됐어. 그 사람이 이 코드를 연주하는데 4도를 얹더니, 다시 단조로 바꾸는 거야. 우후후후! 그러고는 하모니를 더하는데, 마치 그 사람이… 노래를 하는 것 같았어. 정말로, 그 다음에는… 그 사람이 무대 위를 떠다니는 것 같았지. 그 남자는 음악에 푹 빠져든 거야. 자신은 물론 우리 모두를 음악에 빠져들게 했지.

조가 꿈을 꾸듯 화려하고 과장된 동작으로 마무리한다. 학생들은 그의 음악에 푹 빠졌다.

quiet down 조용해지다 be[get] lost in ~에 푹 빠져 있다 stew 괴로워하다, 애태우다 chord 화음 fourth 4도 화음 inner voice 주요 멜로디에 더해진 보조 멜로디 혹은 하모니 dreamy 꿈을 꾸는 듯한, 공상적인 flourish 과장된 동작 be captivated 매료되다

JOE And I wanted to learn how to talk like that. That's when I knew… I was born to play.[3] (beat) Connie knows what I mean. Right, Connie?

CONNIE I'm twelve.

A knock on the classroom door interrupts.

JOE I'll be right back. Practice your scales.

INT. SCHOOL HALLWAY — MOMENTS LATER

Joe pops into the hall to speak with Principal Arroyo as bad scales emanate from the classroom behind him.

PRINCIPAL ARROYO Sorry to interrupt, Mr. Gardner.

JOE Heh, heh, you're doing my ears a favor.

A student exits the class doorway behind Joe.

STUDENT Hey!

JOE Not you, though. You're good.

When the student leaves.

조 난 그렇게 말하는 법을 알고 싶었어. 바로 그때 난 깨달았지… 내가 연주를 할 운명이라는 걸 말이야. (잠시 정적) 코니는 내가 무슨 말 하는지 알 거야. 그렇지, 코니?

코니 전 겨우 12살이라구요.

교실 문을 노크하는 소리가 나서 수업이 중단된다.

조 금방 올게. 음계 연습하고 있어.

실내. 학교 복도 — 잠시 후

조가 아로요 교장과 이야기를 나누기 위해 복도로 급히 나온다. 그의 뒤로 교실에서 끔찍한 음계 연주 소리가 흘러나온다.

아로요 교장 방해해서 죄송해요, 가드너 선생님.

조 헤, 헤, 제 고막을 살려 주신 걸요.

한 학생이 교실 문을 열고 조 뒤에서 나온다.

학생 선생님!

조 너 말고. 넌 잘하지.

학생이 자리를 뜬다.

interrupt 방해하다 scale 음계 hallway 복도, 통로 emanate 뿜어나오다 do ~ a favor ~에게 호의를 베풀다 doorway 출입구

JOE (whispering) He's not.

The Principal chuckles.

JOE What can I do for you, Principal Arroyo?

PRINCIPAL ARROYO I wanted to deliver the good news personally!

She hands Joe a letter.

PRINCIPAL ARROYO No more part-time for you. You're now our full-time band teacher! Job security. Medical insurance. Pension.

JOE Wow. That's... great.

PRINCIPAL ARROYO Welcome to the M.S. 70 family, Joe. Permanently.

JOE Thanks.

Joe forces a smile. He reenters the classroom and sadly looks at the wall, covered with photos of jazz greats.

조 (속삭이며) 재도 잘 못해요.

교장이 키득하고 웃는다.

조 교장 선생님, 무슨 일로 그러시는지?

아로요 교장 좋은 소식이 있어서 직접 전해 주러 왔어요!

교장이 조에게 편지 하나를 건넨다.

아로요 교장 이젠 더 이상 시간제 교사가 아니세요. 이제부터 우리 학교 밴드부의 정교사로 근무하시는 거예요! 고용 보장에, 의료 보험도 되고. 연금도 받을 수 있어요.

조 와. 정말… 좋은 소식이네요.

아로요 교장 조, 70중학교 가족이 되신 걸 환영해요. 이제 쭉 같이 가는 거예요.

조 감사합니다.

조가 억지로 미소를 짓는다. 그가 다시 교실로 들어와 위대한 재즈 뮤지션들의 사진들이 걸려 있는 교실 벽을 슬픈 표정으로 바라본다.

chuckle 웃다 personally 개인적으로, 직접 hand 건네다, 전해 주다 job security 고용 안정 medical insurance 의료 보험 pension 연금 permanently 영구적으로, 불변으로 force (미소 등을) 억지로 짓다 reenter ~에 다시 들어오다 great 위대한 인물

CHAPTER 2

Joe's Audition

INT. LIBBA'S TAILOR SHOP

A busy tailor shop bustling with activity. Libba, Joe's mother, hems a dress on a customer. Libba's assistants, Melba and Lulu, work away at sewing machines. Joe is folding his laundry, poorly.

LIBBA After all these years, my prayers have been answered! [4] A full-time job!

LULU Wonderful, wonderful!

MELBA Workin' man, comin' through!

JOE Yeah. But mom I…

Joe rolls each piece of clothing and places it in the basket.

실내. 리바의 양복점

바쁘게 돌아가는 양복점, 작업을 하느라 활력이 넘친다. 조의 엄마, 리바가 고객이 입고 있는 원피스의 밑단을 수선하고 있다. 리바의 보조들, 멜바와 룰루는 재봉틀 작업을 하고 있다. 조가 빨래를 개고 있는데, 엉망이다.

리바 드디어, 내 기도를 들어주셨어! 정규직이라니!

룰루 좋아, 좋아!

멜바 정규직이 나가십니다!

조 네. 하지만 엄마 전…

조가 옷을 말아서 바구니에 넣는다.

bustle 바삐 움직이다, 북적거리다 **hem** (단을) 수선하다 **work away** 계속 일하다, 열심히 노력하다 **sewing machine** 재봉틀, 봉제 기계 **laundry** 세탁, 세탁물, 세탁소 **after all these years** 드디어, 마침내 **place** 놓다, 두다

LIBBA You're going to tell them yes, right?

JOE Don't worry, mom. I got a plan.

LIBBA You always got a plan.

She begins poking the customer with pins as she talks.

CUSTOMER Ow!

LIBBA Maybe you need to have a backup plan too…

CUSTOMER Ow-ow!

LIBBA …for when your plan falls through.

MELBA A backup plan never hurts.[5]

LULU Mmmhmm.

JOE Hm.

LIBBA Joey. We didn't struggle giving you an education so you could be a middle-aged man washing your underwear in my shop.

리바 한다고 할 거지, 그렇지?

조 걱정 마세요, 엄마. 저도 계획이 있다고요.

리바 그놈의 계획은 항상 있었지.

그녀가 말을 하다가 손님을 핀으로 찌른다.

손님 아야!

리바 만일을 대비해서 대안이 필요하다고…

손님 아야-아야!

리바 …네 계획이 틀어질 수도 있으니까.

멜바 대안이 있어서 나쁠 건 없지.

룰루 고럼.

조 흠.

리바 조이. 중년이 되어서도 내 가게에서 자기 속옷이나 빨게 하려고 널 힘들게 교육시킨 게 아니라고.

backup plan 대안 **fall through** 실현되지 못하다

Libba holds up a pair of embarrassing underwear from Joe's laundry basket.

MELBA Walking around with a hole in his pants.

JOE Yeah, but…

LIBBA With this job, you'll be able to put that dead-end gigging behind you.[6] And Lord knows, we need more teachers in this world. And just think, playing music will finally be your real career!

Joe can see this is a losing battle.

LIBBA So, you're going to tell them yes, right?

Joe is about to protest…

CUSTOMER (pleading) Please, say yes.

리바가 조의 빨래 바구니에서 남들 보기에 민망한 속옷 하나를 꺼내 든다.

멜바 바지 속에 저런 구멍을 하고 돌아다니다니.

조 네, 하지만…

리바 이 일을 하면 그 미래가 안 보이는 공연 따위는 다 잊어버리고 새로 시작할 수 있어. 정말로, 이 세상에는 교사들이 더 많이 있어야 해. 그리고 생각해 보라고, 음악을 하는 게 드디어 네 진짜 직업이 되는 거야!

조는 엄마를 이길 수 없다는 것을 직감한다.

리바 그러니까, 한다고 할 거지, 그렇지?

조가 반대 의견을 말하려고 하는데…

손님 (애원하듯) 제발, 그런다고 하세요.

put ~ behind ~을 잊다, 과거로 돌리다 **dead-end** 막다른 **gig** 공연, (단기 계약으로) 연주하다 **be about to** 막 ~하려는 참이다 **protest** 이의를 제기하다 **plead** 애원하다, 간청하다

...but instead closes his mouth.

JOE Yeah. Definitely.

LIBBA Good.

Bzzz! Joe's phone rings. He fishes it out and answers.

JOE Hello?

CURLEY How you been, Mr. G? Uh, it's Curley. Lamont, Lamont Baker.

Joe turns away from Libba as she tends to the customer.

JOE Hey! Curley! Hey, good to hear your voice, man. Uh, listen, you can call me Joe now, Curley. I'm not your teacher anymore.

CURLEY (O.S.) Okay, Mr. Gardner. Hey, look, I'm the new drummer in the Dorothea Williams Quartet and we're kicking off our tour with a show at the Half Note tonight.

…마지못해 입을 다문다.

조 네. 물론이죠.

리바 잘 생각했어.

위잉! 조의 휴대폰이 울린다. 휴대폰을 찾는 조, 전화를 받는다.

조 여보세요?

컬리 선생님, 잘 지내시죠? 어, 저 컬리예요. 라몬트, 라몬트 베이커.

조가 리바에게서 돌아선다. 리바는 손님을 응대하고 있다.

조 안녕! 컬리! 이야, 목소리 들으니 반갑구나. 어, 저기 말이야, 컬리, 이제는 '조'라고 불러도 돼. 더 이상 네 선생님이 아니잖아.

컬리 (화면 밖 목소리) 알았어요, 가드너 선생님. 저기 있잖아요, 제가 도로테아 윌리엄스 쿼텟의 새 드러머가 됐는데, 오늘 밤 '하프 노트'를 시작으로 순회 공연을 해요.

fish out 꺼내다, 빼내다 **turn away** 돌아서다 **tend** 돌보다, 시중들다 **quartet** 4중주, 4인조 **kick off** 시작되다, 시작하다 **tour** 순회 공연

JOE Dorothea Williams?! Are you kidding me? Congratulations, man! Wow, I would die a happy man if I could perform with Dorothea Williams.[7]

CURLEY (O.S.) Well, this could be your lucky day!

EXT. NEW YORK STREET — DAY

Joe sprints down the street, weaving between New Yorkers. He comes up to a brick building – the renowned Half Note jazz club.

INT. HALF NOTE — ENTRY HALL

Joe catches his breath as he walks down the stairs. Photos of jazz greats line the wall. He gazes at them, taking off his hat in reverence. Deep in the club we hear a jazz band warming up. Curley Baker, a burly drummer in his 20s, meets Joe.

CURLEY Woo, there he is!

JOE Hey, Curley.

CURLEY Leon skipping town really put us in a bind, man.[8]

JOE Yeah. Uh, I'll bet.

조 도로테아 윌리엄스?! 농담하는 거 아니지? 정말 축하해! 와, 나도 도로테아 윌리엄스하고 함께 연주할 수만 있다면 죽어도 여한이 없겠다.

컬리 (화면 밖 목소리) 저기, 오늘 선생님이 운이 좋으신 것 같네요!

실외. 뉴욕 거리 — 낮

조가 뉴요커들 사이를 비집고 다니며 거리를 뛰어간다. 어떤 벽돌 건물로 다가가는데 – '하프 노트'라는 유명 재즈 클럽이다.

실내. 하프 노트 — 입구 복도

조가 숨을 고르고 계단을 내려간다. 위대한 재즈 뮤지션들의 사진이 벽에 나열되어 있다. 그가 사진을 보고 모자를 벗어 존경을 표한다. 클럽 안쪽 깊은 곳에서 재즈 밴드가 준비하는 소리가 들린다. 나이가 20대 정도 되는, 덩치 있는 드러머, 컬리 베이커가 조를 맞이한다.

컬리 아, 오셨군요!

조 안녕, 컬리.

컬리 레온이 갑자기 사라져서 정말 곤란했거든요.

조 그래. 어, 진짜 그랬겠네.

perform 연주하다 lucky day 운수 좋은 날 sprint 전속력으로 달리다, 전력 질주하다 weave 이리저리 빠져 나가다, 누비며 가다 renowned 유명한, 명성 있는 reverence 존경 burly 건장한 put ~ in a bind ~를 곤경에 빠뜨리다

CURLEY I'm glad you made it. My boy Bishop said he sat in on with you on a set last year in Brooklyn. Said you were great.

JOE Well… you know, for a coffee shop.

They enter the small club – a low-lit New York treasure filled with mood and history. Warming up on stage with her sax is Dorothea Williams, the regal, no-nonsense leader of the Dorothea Williams Quartet. Joe looks on in amazement as she plays. It's effortless and tight. They respectfully wait for an opening.

CURLEY Hey, Dorothea, this is the cat I was telling you about.[9] My old middle school band teacher, Mr. Gardner!

JOE Call me Joe, Dorothea. I mean, um… Ms. Williams. It's a pleasure. Wow. This is amazing.

She's not impressed.

컬리 와 주셔서 너무 기뻐요. 제 친구 비숍이 작년에 브루클린에서 선생님하고 같이 공연을 했다고 하더라고요. 걔 말로는 선생님이 너무 대단했다고.

조 글쎄… 그냥, 카페에서 하는 공연이었어.

두 사람은 작은 클럽 안으로 들어간다 - 이곳은 어두운 조명이 비치는 뉴욕의 보물 공간으로, 특유의 분위기와 역사를 느낄 수 있다. 도로테아 윌리엄스가 무대 위에서 색소폰을 들고 준비를 하고 있다. 그녀는 '도로테아 윌리엄스 쿼텟'의 리더인데, 카리스마 있으면서 똑 부러지는 모습이다. 조는 감탄한 표정을 하고 그녀의 연주를 감상한다. 힘을 완전히 뺐지만 꽉 찬 연주다. 조와 컬리는 그녀에게 말을 할 수 있는 타이밍을 정중하게 기다린다.

컬리 저, 도로테아, 이분이 제가 전에 말씀드렸던 연주자예요. 제 중학교 때 밴드 선생님이셨죠. 가드너 선생님이에요!

조 조라고 불러 주세요, 도로테아. 제 말은, 음… 윌리엄스 씨. 영광입니다. 와. 정말 믿기지 않네요.

그녀는 별 감흥이 없다.

sit in on ~에 비공식적으로 참여하다 **low-lit** 조명이 어두운, 어두침침한 조명의 **regal** 제왕의, 왕 같은, 당당한 **no-nonsense** 진지한, 허튼짓을 하지 않는 **cat** 재즈 연주자

CURLEY Joe is Ray Gardner's son.

Still not impressed.

DOROTHEA So, we're down to middle school band teachers now.

Joe doesn't know what to say.

DOROTHEA Get on up here, Teach. We ain't got all day. [10]

Joe barely sits down at the piano when Dorothea starts playing. The bassist, Miho Akagi, and drummer (Curley) join without missing a beat.

JOE (confused) What… what are we playing–?

Dorothea doesn't answer. Joe misses a few beats but jumps into the music, trying to keep up and figure out where the music is going. He finally eases into the tune when Dorothea stops playing and points to him – a signal for Joe to solo. She looks off stage and listens. Joe takes a deep breath, closes his eyes, and concentrates on the keys. The music flows into an incredible solo. The room slips away as Joe goes into the zone, a place we'll come to know as the Astral Plane. He finally comes out of his trance, and looks up to see the band has stopped playing. Everyone is staring at him.

컬리 조는 레이 가드너 씨의 아들이에요.

여전히 감흥이 없다.

도로테아 그래, 이제 우리가 중학교 밴드 선생 수준까지 떨어진 거군.

조는 무슨 말을 해야 할지 난감하다.

도로테아 이리 올라와, 선생. 한가하게 노닥거릴 시간 없어.

조가 간신히 피아노에 앉자 도로테아가 연주를 시작한다. 베이스 연주자인 미호 아카기와 드러머(컬리)가 박자를 놓치지 않고 연주에 합류한다.

조 (당황하며) 무슨… 곡을 연주하는 거죠-?

도로테아는 대답하지 않는다. 조가 몇 박자를 놓치지만 이내 이들의 음악에 합류한다. 이들의 연주에 맞춰 지금 이 음악이 어디로 흘러가는지 파악하려고 한다. 마침내 그가 곡에 어우러들자 도로테아가 연주를 멈추고 그를 가리킨다 - 조에게 솔로 연주를 하라는 신호를 보낸 것이다. 그녀가 무대에서 눈을 떼며 귀를 기울인다. 깊게 숨을 들이마시는 조, 눈을 감고 건반에 집중한다. 음악은 황홀한 솔로 연주로 흘러든다. 그 공간에 있는 모든 것들이 사라지면서 조는 무아지경에 빠져 유체이탈의 세계로 들어간다. 마침내 그가 무아지경에서 빠져나와, 고개를 드는데 밴드가 연주를 멈추고 가만히 있다. 모두들 그를 빤히 쳐다보고 있다.

be down to (수준 등이) ~까지 내려가다 **bassist** 베이스 연주자 **ease into** ~에 익숙해지다 **look off** ~에서 눈을 떼다 **trance** 무아지경

JOE Uh, sorry. I zoned out a little back there. Heh.

Joe thinks he's doomed. Dorothea just stares. Finally:

DOROTHEA Joe Gardner, where have you been?

JOE I've been uh... teaching... middle school band, but on weekends I–

DOROTHEA You got a suit?

JOE I...!

DOROTHEA Get a suit, Teach. A good suit. Back here tonight. First show's at 9. Soundcheck's at 7. We'll see how you do.

She walks offstage.

EXT. THE HALF NOTE

Joe explodes out of the club.

JOE Yes! Whoo hoo! (at the sky) You see that, Dad! That's what I'm talking about!

조 어, 죄송해요. 제가 좀 심하게 몰입했네요. 허허.

조는 망했다고 생각한다. 도로테아가 가만히 바라보고 있다가 마침내 입을 연다:

도로테아 조 가드너, 그동안 어디 있었던 거지?

조 저는 어… 가르치고 있어요… 중학교 밴드요, 하지만 주말에는 제가–

도로테아 양복 있어?

조 저는…!

도로테아 양복 한 벌 챙겨, 선생. 좋은 걸로. 오늘 밤에 여기로 다시 와. 첫 공연은 9시. 사운드 체크는 7시에 있어. 어떤 실력인지 한번 보자고.

그녀가 무대 밖으로 걸어간다.

실외. 하프 노트

조가 클럽 밖으로 뛰쳐나온다.

조 좋았어! 우 후! (하늘을 보며) 보셨죠, 아빠! 제가 해냈다고요!

zone out 멍해지다, 의식을 잃다 **doomed** 운이 다한, 망한 **soundcheck** 음향 성능 확인 **offstage** 무대 밖으로 **explode** 터져나오다, 폭발하다

A man passes by with a stroller. Joe runs up to him, pointing up at the Half Note marquee.

JOE Look up, look up! You know what that's gonna say? Joe Gardner! Ha Ha!

Joe dances around him and heads down the street.

CUT TO:

Joe turns the corner, still on his cell phone:

JOE You're never gonna believe what just happened! [11] I did it. I got the gig! Yes!

EXT. NEW YORK STREETS

Joe is on his phone, spreading the good news, oblivious to the city around him.

한 남자가 유모차를 끌고 지나간다. 조가 그에게 달려가서 하프 노트 간판을 가리킨다.

조　　보세요! 저기 보라고요! 저기에 뭐가 걸릴지 아세요? '조 가드너'라구요! 하하!

조가 남자 옆에서 춤을 추더니 거리를 걸어간다.

장면 전환:

조가 모퉁이를 도는데, 여전히 휴대폰으로 통화를 하고 있다:

조　　방금 무슨 일이 있었는지 알아?! 내가 해냈어. 공연을 한다고! 그래!

실외. 뉴욕 거리

조가 통화를 하며 기쁜 소식을 전하느라 주변 상황은 전혀 의식하지 못하고 있다.

stroller 유모차 **marquee** 광고판 **be on the phone** 통화하다 **oblivious** 의식하지 못하는

JOE I know! I know! Dorothea Williams! Can you believe it!?

CUT TO:

Construction site. Joe walks right under a huge pallet of bricks as it's lifted into the air. A bunch of bricks fall, just missing him.

CONSTRUCTION WORKER Hey, pal! You're gonna get hurt!

But Joe doesn't hear her.

CUT TO:

Busy intersection. Joe absently steps into traffic.

JOE Just don't tell my mom about this, okay?

A huge bus misses him by inches. He doesn't notice.

CUT TO:

Outside various storefronts. Still oblivious, Joe walks through a sidewalk littered with split banana peels, then through a pile of overturned nails. Amazingly, he avoids disaster while on his phone:

JOE Forget class. I'm in a different class. I'm in a Dorothea Williams class, buddy. You know what I'm saying? I'm...

조 그래! 그렇다니까! 도로테아 윌리엄스라고! 이게 믿기니!?

장면 전환:

공사장. 벽돌을 실은 거대한 화물 운반대가 공중으로 올라가고 조는 바로 그 밑으로 걸어간다. 벽돌 몇 개가 떨어지는데, 그를 거의 맞힐 뻔한다.

공사장 인부 이봐요! 그러다 다친다고요!

그러나 조에게 그녀의 목소리는 들리지 않는다.

장면 전환:

차가 많은 교차로. 조가 아무 생각 없이 차도로 걸어간다.

조 엄마한텐 말하지 마, 알겠지?

대형 버스가 그를 거의 칠 뻔한다. 조는 전혀 눈치채지 못한다.

장면 전환:

여러 가게 앞. 조는 여전히 주변을 신경 쓰지 않고 인도를 걸어간다. 인도에는 바나나 껍질이 버려져 있고 못이 잔뜩 쌓여 있는데 조는 그 사이를 지나간다. 통화를 하면서 신기하게도 위험한 상황들을 잘 피해간다:

조 수업은 됐다 그래. 이제 난 급이 달라. 도로테아 윌리엄스 급이라고, 이 친구야. 무슨 말인지 알지? 난…

construction site 건설 현장 **pallet** (목재, 철제의 대형) 화물 운반대 **a bunch of** 다수의 **just miss** 간신히 면하다 **busy intersection** 교통량이 많은 교차로 **absently** 멍하니, 무심코 **storefront** 가게의 앞쪽 **sidewalk** 보도, 인도 **litter** (쓰레기를) 버리다 **overturned** 뒤집힌 **buddy** 친구, 단짝

CUT TO:

Street corner. Joe turns a corner, phone still to his ear. He nearly runs into an old man with an angry dog. The dog lunges at Joe, barking:

JOE Whoa, whoa, sorry!

Joe turns on his heel to avoid the dog. He starts walking into the middle of the street. A motorcycle narrowly misses him. Whew! That was close. Confident he missed death, he takes a step forward… and falls right into a manhole.

JOE Aahhh!

장면 전환:

길모퉁이. 조가 모퉁이를 도는데, 휴대폰은 여전히 귀에 대고 있다. 그는 성난 개를 붙잡고 있는 한 남자와 부딪칠 뻔한다. 개가 조에게 덤벼들면서 짖어댄다:

조 워, 워, 미안해요!

조가 휙 돌아서며 개를 피한다. 그는 길 한복판으로 걷기 시작한다. 오토바이가 그를 칠 뻔한다. 휴! 정말 아찔했다. 조는 죽음을 피했다고 생각하고 우쭐해하다가, 한 발을 내딛는데… 맨홀 속으로 빠져 버린다.

조 아아아!

street corner 길모퉁이 **lunge at** ~에게 달려들다, 돌진하다 **turn on one's heel** 휙 돌아서다 **narrowly** 가까스로, 아슬아슬하게 **confident** 자신감 있는, 확신하는 **take a step forward** 한 발 앞으로 나아가다 **right** 즉시, 곧바로, 정확히 **manhole** 맨홀

CHAPTER 3

The Great Beyond

EXT. LIMBO — SLIDEWALK

Oof! Joe lands with a thud on a moving slidewalk, akin to those in airports. He's now a luminous soul. Joe looks into the darkness, then notices his hands and feet are different, glowing.

JOE What the–?

He looks around, confused.

JOE Hello? Hello!

실외. 머나먼 저세상 이전의 세계 — 무빙워크

아악! 조가 공항에 있는 것과 유사한, 움직이는 무빙워크 위로 '쿵' 하고 떨어진다. 이제 그는 빛이 나는 영혼의 모습을 하고 있다. 조가 어둠 속을 바라보고는, 자신의 손발이 예전과는 달리 빛이 난다는 것을 알게 된다.

조 도대체 이게-?

조는 혼란스러운 표정으로 주위를 둘러본다.

조 저기요? 저기요!

Limbo 천국과 지옥 사이에 있는 곳, 연옥 sidewalk 무빙워크 land 내려앉다, 착륙하다 thud 쿵 하는 소리 akin to ~와 유사한, 비슷한 luminous 어둠에서 빛나는, 야광의

He looks to where the slidewalk is headed: A giant white light in the near distance – The Great Beyond!

JOE What the–?

He turns and walks the other way. But the sliding walkway counteracts Joe, causing him to walk in place. He looks behind him. The Great Beyond is still there. Joe gasps, turns and runs.

JOE Hey, hey, hey! Hello!

In the distance he sees three figures standing on the slidewalk. Joe runs to them.

JOE Hello!

GEREL Oh, what's your name, honey?

JOE I'm Joe. Joe Gardner. Look, I'm not supposed to be here! [12]

The others look at each other.

GEREL Ah, it must have been sudden for you. (approaching Joe) You see Joe, I'm 106 years old. Been waiting a long time for this.

그는 무빙워크가 향하는 곳을 바라본다: 멀지 않은 곳에서 거대한 백색 불빛이 비치는데 - 바로 머나먼 저세상이다!

조 이런-?

그가 돌아서더니 반대 방향으로 걸어간다. 하지만 무빙워크가 조의 반대 방향으로 움직이기 때문에 제자리걸음을 할 뿐이다. 조가 뒤를 돌아본다. 머나먼 저세상은 여전히 그 자리에 있다. 조는 헉하고 놀라며 돌아서서 뛰기 시작한다.

조 이봐, 이봐, 이봐! 저기요!

저 멀리 세 개의 형체가 무빙워크에 서 있는 모습이 보인다. 조가 그들에게 달려간다.

조 저기요!

제럴 오, 자네 이름은 뭐지?

조 조예요. 조 가드너. 저기 말이죠, 저는 여기에 있으면 안 돼요!

이들이 서로의 얼굴을 바라본다.

제럴 아, 갑자기 이 일을 겪은 거로군. (조에게 다가가며) 이봐 조, 난 106살이야. 꽤 오랫동안 이걸 기다려 왔지.

beyond ~ 너머에 the other way 반대 방향으로 walkway (지면보다 높게 만든) 통로, 보도 counteract 대응하다, 제어하다
in place 제자리에 있는 in the distance 저 멀리, 먼 곳에 figure 모습, 형상 approach 다가가다

JOE For what?

She points ahead.

GEREL The Great Beyond.

JOE The Great Beyond!? As in, as in beyond… life!? [13]

AMIR Yeah.

JOE That's death right there?

MIALI (subtitled) This beats my dream about the walrus. [14]

GEREL Exciting, isn't it!?

JOE No! NO, no, no! Listen, I have a gig tonight! I can't die now!

AMIR Well, I really don't think you have a lot to say about this.

JOE Yes! Yes, I do. I'm not dying the very day I got my shot. I'm due! Heck, I'm overdue! Nah ah. I'm outta here.

Joe walks away from them.

조 뭐를요?

그녀가 앞을 가리킨다.

제럴 '미나먼 저세상' 말이야.

조 머나먼 저세상!? 그러니까, 죽어서 오는… 저세상이요!?

아미르 맞아요.

조 저기 있는 게 죽음이고요?

미알리 (자막) 바다코끼리 꿈보다 이게 더 멋지지.

제럴 정말 흥분되지, 안 그래!?

조 아뇨! 아니, 아니, 아니라고요! 사실, 저는 오늘 밤에 공연이 있어요! 지금 죽을 수는 없다고요!

아미르 흠, 이건 당신이 뭐라고 말할 문제는 아닌 것 같은데요.

조 물론! 할 수 있죠. 일생일대의 기회를 얻은 날에 죽을 수는 없어요! 이제야 내 차례가 왔는데! 제길, 그것도 너무 늦게 온 거라고요! 안 돼요. 전 나갈 거예요.

조가 그들을 등지고 반대 방향으로 걸어간다.

as in ~의 경우(에서)와 같이 subtitle 자막, 자막 처리를 하다 walrus 바다코끼리 shot 기회, 시도 due ~할 예정인 overdue 기한이 지난

GEREL I don't think you're supposed to go that way.

But Joe keeps walking, against the slidewalk's flow.

JOE (to himself) This can't happen. I'm NOT dying today. Not when my life just started!

He turns to see where the three other souls went. The slidewalk climbs up into the distance, into the white maw of the Great Beyond. The trio of souls ascend into it, then disappear with a crackle – Flzzt! Joe freaks:

JOE What was that? Wait!

He bolts, running desperately against the slidewalk's flow.

JOE I'm not finished! I gotta get back! I don't wanna die!!! I'm not done! I'm not done!

He comes to another soul, Winston, strangely disinterested.

JOE Run!!! Why aren't you running??

WINSTON I don't know...

제럴 그쪽으로 가면 안 될 것 같은데.

하지만 조는 무빙워크의 반대 방향으로 계속 걸어간다.

조 (혼잣말로) 이럴 수 없어. 오늘 죽을 순 없다고. 내 인생이 이제서야 시작되려고 하는데 그럴 순 없어!

그가 고개를 돌려 다른 세 영혼이 간 곳을 바라본다. 무빙워크가 저 멀리 올라가더니 머나먼 저세상의 백색 구멍 속으로 들어간다. 세 영혼은 그 속으로 올라가 '지직' 하며 갈라지는 소리와 함께 사라진다! 조가 기겁한다:

조 저건 뭐지? 잠깐만요!

그가 필사적으로 무빙워크가 흘러가는 반대 방향으로 도망친다.

조 난 끝나지 않았어! 돌아가야 해! 난 죽고 싶지 않아!!! 난 아직 끝나지 않았어! 안 끝났다고!

조는 또 다른 영혼, 윈스턴과 마주친다. 그는 이상하게도 무덤덤하다.

조 도망쳐요!!! 왜 도망가지 않죠??

윈스턴 몰라요…

maw 구멍, 구렁텅이 **ascend** 오르다, 올라가다 **crackle** 타탁 하는 소리 **freak** 기겁하다, 기겁하게 만들다 **bolt** 갑자기 달아나다 **desperately** 필사적으로, 절박하게 **against the flow** 흐름을 거슬러서 **disinterested** 무관심한, 담담한

JOE What is wrong with you people?![15]

WINSTON (shrugs) I don't know...

Joe keeps running. He passes another soul, Jang-mi:

JANG-MI (in Korean) Where are my pants?

Joe runs into a crowd of souls. Some are blissfully aware and unaware, some freaking out in their own way, and in other languages.

JOE I'm not done!

Panicked, Joe tries pushing through them.

JOE Ahh!! Oh my goodness, oh my goodness. Sorry! Sorry! Excuse me! Help! I'm not done! I gotta get back!

조 다들 왜 그러는 거예요?!

윈스턴 (어깨를 으쓱하며) 글쎄요…

조는 계속 도망친다. 또 다른 영혼인 장미를 지나간다:

장미 (한국어로) 내 바지 어디 갔어?

조가 여러 영혼들과 마주친다. 죽어서 기쁜 영혼도 있고, 그걸 모르는 영혼도 있다. 자기만의 방식으로, 여러 언어로 놀라기도 한다.

조 난 끝나지 않았어!

겁에 질린 조, 이들을 밀치면서 나가려고 한다.

조 아아!! 맙소사, 맙소사. 죄송! 죄송해요! 실례합니다! 도와줘요! 난 아직 끝나지 않았어! 돌아가야 해!

blissfully 행복하게 **aware** 알고 있는, 눈치채고 있는 **unaware** 알지 못하는 **freak out** 몹시 흥분하다, 자제력을 잃다 **panicked** 겁에 질려 어쩔 줄 모르는

Finally, Joe jumps onto their heads and runs. But the Great Beyond grows even closer. Finally, he tries launching himself off the slidewalk completely. But he smacks against a cellophane-like barrier. Just in front, souls are being zapped into the Great Beyond by the handfuls. It's nearly his turn! Joe claws at the barrier, screaming, desperate! Finally, he rips through it and falls…

급기야, 조는 영혼들의 머리 위로 뛰어올라 달리기 시작한다. 그러나 머나먼 저세상은 더 가까이 다가온다. 결국 조는 무빙워크에서 뛰어내리려고 한다. 하지만 투명 셀로판지 같은 벽에 부딪혀 버린다. 그의 눈앞에서, 영혼들 여럿이 한꺼번에 머나먼 저세상으로 빨려 들어간다. 이제 그의 차례가 오고 있다! 조가 벽에 매달려 필사적으로 비명을 지른다! 결국에는 장벽을 뚫고 어딘가로 떨어지는데…

launch 뛰어들다 **smack** 부딪히다, 때리다 **cellophane** 셀로판지 **barrier** 장벽 **zap** 빠르게 없애 버리다 **by the handfuls** 여럿이, 한꺼번에 **turn** 차례, 순번 **claw at** ~을 잡다 **rip** 찢다, 째다

CHAPTER 4

The Great Before

EXT. THE GREAT BEFORE

A portal opens, dropping Joe in what appears to be tall grass. He watches as the portal closes above him. He slowly gets up and looks around another world. Beautiful buildings, Elysian fields and glowing crowds of strange, fuzzy beings – New Souls.

A rambunctious group of them are gathered around a Counselor, a taller, ethereal being that looks vaguely human. The Counselor spots Joe. He quickly ducks down. But too late. One of the new souls finds him and pokes his face, laughing. Joe pushes it away, but other new souls arrive, surrounding him. One bites him.

JOE Ow!

The Counselor, Jerry, appears as the new souls toss Joe into the air happily.

실외. 태어나기 전 세상

포털이 열리고, 조는 잔디가 크게 자란 것처럼 보이는 곳으로 떨어진다. 그는 머리 위로 포털이 닫히는 모습을 바라본다. 그는 천천히 일어나 또 다른 세계를 둘러본다. 아름다운 건물들과 마치 천국에 펼쳐진 것 같은 들판이 보인다. 기묘한 솜털 같은 존재들이 무리를 이루며 빛을 발하는데 - 바로 새 영혼들이다.

기운 넘치는 새 영혼 무리들이 카운슬러 주변으로 몰려든다. 카운슬러는 언뜻 인간처럼 보이는 천상계의 존재인데 키가 크다. 카운슬러가 조를 발견한다. 그가 재빨리 몸을 숙인다. 하지만 이미 늦었다. 새 영혼 중 하나가 조를 발견하고 웃으면서 그의 얼굴을 찌른다. 조가 그 영혼을 밀어내지만 다른 새 영혼들이 다가와 그를 에워싼다. 그 중 하나가 조를 물어 버린다.

조 아야!

새 영혼들이 즐거워하며 조를 공중으로 헹가래 치고 있는데 카운슬러 제리가 나타난다.

Elysian 천국의 **fuzzy** 솜털이 보송보송한 **being** 존재 **rambunctious** 떠들썩한, 활기 넘치는 **ethereal** 천상의, 지극히 가벼운 **vaguely** 모호하게, 약간

COUNSELOR JERRY Now, now, everyone, let's give the Mentor some room. (to Joe) Sorry – new souls.

But the souls continue to crowd Joe. One pulls at his mouth.

COUNSELOR JERRY 37, that's enough. Hey everyone, look here! Quiet coyote! [16] Shh! Quiet coyote!

Like a kindergarten teacher, Counselor Jerry holds up two fingers. Immediately the other souls mimic her and quiet down.

JOE Who are you?

COUNSELOR JERRY A I am the coming together of all quantized fields of the universe, appearing in a form your feeble human brain can comprehend.

JOE What?

COUNSELOR JERRY A You can call me Jerry. [17]

JOE Jerry. Okay. Hey, is this heaven?

COUNSELOR JERRY A Ha ha, no!

카운슬러 제리 자, 자, 다들, 멘토를 쉬게 해 드려야지. (조에게) 죄송해요 – 새 영혼들이라서요.

하지만 영혼들은 계속 조 주변으로 몰려든다. 한 영혼이 그의 입을 잡아당긴다.

카운슬러 제리 37, 이제 그만. 자, 모두들, 여길 봐! 합죽이가 됩시다! 합! 합죽이가 됩시다!

카운슬러 제리가 마치 유치원 선생님처럼 손가락 두 개를 들어 보인다. 곧바로 다른 영혼들이 그녀를 따라 하면서 잠잠해진다.

조 당신은 누구죠?

카운슬러 제리 A 저는 우주의 모든 양자장이 합쳐진 존재입니다. 미미한 수준의 인간의 뇌가 이해할 수 있는 형태로 나타난 것입니다.

조 뭐라고요?

카운슬러 제리 A '제리'라고 부르세요.

조 제리. 알았어요. 근데, 이곳은 천국인가요?

카운슬러 제리 A 하하, 아니요!

mimic 흉내 내다, 모방하다 **quiet down** 평정을 되찾다, 조용해지다 **quantize** 양자화하다 **feeble** 아주 약한, 허약한 **comprehend** 이해하다

JOE (cautious) Is it… H-E-double hockey sticks?

A new soul pops up over Joe's shoulder.

NEW SOUL Hell!

NEW SOULS Hell! Hell! Hell!

COUNSELOR JERRY A Shhh. Quiet coyote! (to Joe) It's easy to get turned around. This isn't the Great Beyond. It's the Great Before!

JOE The Great Before?

COUNSELOR JERRY A Oh, we call it the You Seminar now. Rebranding.

Joe takes in the odd surroundings, filled with playful new souls.

조 (조심스럽게) 그러면… '땅 지' 자에 '감옥 옥' 자를 쓰는 그곳이에요?

새 영혼 하나가 갑자기 조의 어깨 위에 올라간다.

새 영혼 지옥!

새 영혼들 지옥! 지옥! 지옥!

카운슬러 제리 A 쉿. 합죽이가 됩시다! (조에게) 여긴 길을 잃기 쉬워요. 이곳은 머나먼 저세상이 아니에요. '태어나기 전 세상'이죠!

조 '태어나기 전 세상'이요?

카운슬러 제리 A 오, 이제는 '유 세미나'라고 부른답니다. 이름을 새로 붙였어요.

조는 낯선 주변 환경을 찬찬히 살펴본다. 유쾌하게 뛰어노는 새 영혼들이 많이 보인다.

cautious 조심스러운, 신중한 **get turned around** 길을 잃다 **rebrand** 이름을 새로 붙이다, 브랜드 이미지를 바꾸다 **take in** 받아들이다, 눈여겨보다 **odd** 이상한, 특이한

JOE Does this mean I'm… dead?

COUNSELOR JERRY A Not yet. Your body's in a holding pattern. It's complicated. I'll get you back to your group.

Jerry mutates into a bizarre, four-legged bus. The Counselor scoops up Joe with a giant hand, setting him in a chair on top.

COUNSELOR JERRY A Come on, little souls! Get on up here!

The Counselor gathers the other souls and carries them through the strange campus. The impressionable new souls are still infatuated with Joe even as he tries to process his surroundings.

COUNSELOR JERRY A Welcome to the You Seminar! You are in for a treat!

EXT. LIMBO — ABOVE THE SLIDEWALK

Meanwhile, a pair of Counselors are watching the deceased souls pour from the slidewalk into The Great Beyond. While one Counselor is another Jerry, the other is shorter, angrier, and holds a huge Abacus. The Counselor uses it with lightning precision to count every soul that enters the white light. This is Terry, the accountant. Suddenly, Terry stops counting.

조 그럼 제가… 죽었다는 건가요?

카운슬러 제리 A 아직은 아니에요. 당신의 몸은 대기 상태에 있어요. 설명하자면 좀 복잡해요. 당신이 속한 그룹으로 모셔다 드릴게요.

카운슬러 제리는 네 개의 다리를 하고 있는 기괴한 버스로 변신한다. 제리가 거대한 손으로 조를 퍼 올리더니 버스 위에 있는 의자에 앉힌다.

카운슬러 제리 A 자, 어린 영혼들! 올라타야지!

카운슬러가 다른 영혼들을 모아 버스에 태우고 낯선 모습의 캠버스를 가로질러 간다. 감수성이 예민한 새 영혼들은 여전히 조에게 푹 빠져 있다. 조는 주변을 둘러보며 상황을 파악하려고 한다.

카운슬러 제리 A '유 세미나'에 오신 것을 환영합니다! 정말 즐거운 시간이 될 거예요!

실외. 머나먼 저세상 이전의 세계 — 무빙워크 위

한편, 두 명의 카운슬러가 죽은 영혼들이 무빙워크에서 머나먼 저세상으로 쏟아져 들어가는 광경을 바라본다. 카운슬러 하나는 또 다른 제리이고, 다른 하나는 키가 더 작고 더 화난 얼굴을 하고 있는데, 커다란 주판을 들고 있다. 그 카운슬러는 주판을 이용해서 빠르고 정확하게 백색 불빛으로 들어가는 영혼들의 숫자를 세고 있다. 이 카운슬러는 회계사 테리이다. 갑자기 테리가 세는 것을 멈춘다.

holding pattern 보류 상태 **complicated** 복잡한 **mutate** 돌연변이를 일으키다, 변형되다 **bizarre** 기이한, 특이한 **four-legged** 네발 달린 **scoop up** 퍼 담다, 주워 담다 **infatuated with** ~에 심취한 **process** 생각하다, 이해하다 **treat** 재미있는 것, 즐기는 것 **meanwhile** 그동안, 한편 **deceased** 사망한, 돌아가신 **abacus** 주판 **precision** 정확, 정밀성 **accountant** 회계사

TERRY	Hmm. That's weird.
COUNSELOR JERRY E	What is it?
TERRY	The count's off.
COUNSELOR JERRY E	Excuse me?
TERRY	There's a soul missing. The count's off.
COUNSELOR JERRY E	Huh.

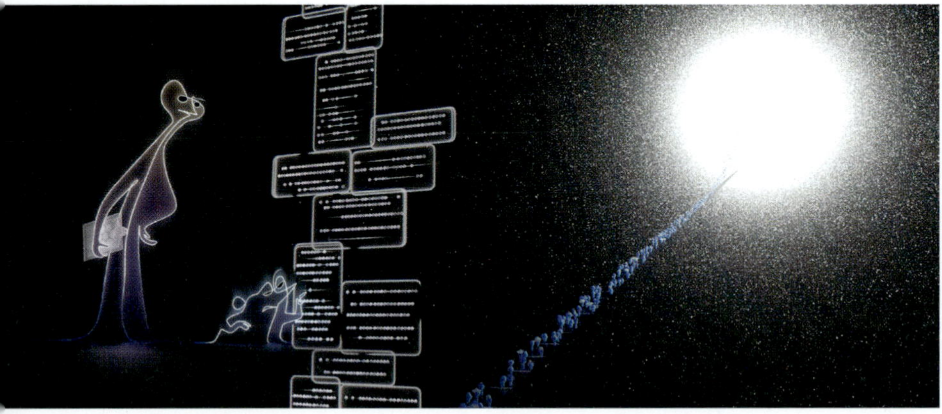

테리　흠. 희한하네.

카운슬러 제리 E　뭐가요?

테리　계산이 안 맞아.

카운슬러 제리 E　뭐라고요?

테리　영혼 하나가 사라졌어. 계산이 안 맞는다고.

카운슬러 제리 E　허.

CHAPTER 5

Joe Becomes a Mentor

EXT. THE YOU SEMINAR

Jerry (in bus form) continues to walk Joe and the new souls across campus.

COUNSELOR JERRY A: Okay, first stop is the Excitable Pavilion. You four. In you go!

The new souls zoom into a glistening Personality Pavilion. They emerge from the other side, now excited.

NEW SOULS: Woohooo!

COUNSELOR JERRY A: You five, you'll be aloof. And you two, why not.

The new souls enter another pavilion, emerging aloof.

실외. 유 세미나

제리가 (버스 형태를 하고 있음) 조와 새 영혼들을 데리고 계속 캠퍼스를 걷고 있다.

카운슬러 제리 A 자, 첫 번째 정거장은 '흥분관'입니다. 너희 넷. 들어가렴!

새 영혼들이 반짝이는 '성격관'으로 빠르게 들어간다. 이들이 반대편으로 나오는데, 몹시 흥분한 표정이다.

새 영혼들 우후!

카운슬러 제리 A 너희 다섯은, 냉담한 성격이 될 거야. 그리고 너희 둘도 가 보도록 하자.

새 영혼들이 또 다른 건물로 들어갔다가 냉담한 표정을 하고 나온다.

stop 정류장, 정거장 excitable 흥분을 잘하는 pavilion 전시관, 공연장, 부속 건물 zoom 빨리 지나가다 glistening 반짝이는 personality 성격 emerge 나타나다, 모습을 드러내다 aloof 냉담한

JOE W-wait a minute. This is where personalities come from?

COUNSELOR JERRY A Of course! Do you think people are just born with them?

JOE So uh… how do they get to Earth then?

COUNSELOR JERRY A Well, they use the Earth Portal.

Jerry points. In the distance Joe sees a large, circular hole in the ground. Through it, Earth beckons! At the portal's edge new souls jump to Earth.

COUNSELOR JERRY A Once they get a complete personality, of course…

But Joe is gone.

COUNSELOR JERRY A Hello? Hello?

Elsewhere – Joe sprints towards the portal. All around him new souls jump to Earth below as Mentors cheer them on.

조 자-잠시만요. 여기서 성격이 만들어지는 건가요?

카운슬러 제리 A 물론이죠! 사람들이 성격을 타고난다고 생각하나요?

조 그럼 어… 저 애들은 어떻게 지구로 가죠?

카운슬러 제리 A 음, 지구 포털을 이용하죠.

제리가 무언가를 가리킨다. 저 멀리 바닥에 크고 둥근 구멍 하나가 제리의 눈에 들어온다. 바로 그 구멍 속에 지구가 있다! 포털 가장자리에서 새 영혼들이 지구로 뛰어내린다.

카운슬러 제리 A 물론, 완전한 성격을 갖춘 다음에 말이죠…

그런데 조가 사라졌다.

카운슬러 제리 A 저기요? 저기요?

다른 곳에서 – 조가 포털을 향해 질주한다. 그의 주변으로 새로운 영혼들이 지구를 향해 아래로 뛰어내리고 멘토들이 이들을 응원한다.

circular 원형의 beckon 아주 매력적으로 보이다 elsewhere 다른 곳에서 sprint 전력 질주하다 all around 사방에 cheer ~ on ~를 응원하다

MENTORS Congratulations! You're going to have a great life!

Joe jumps! He free-falls along with several new souls toward the beautiful globe below, laughing and cheering at the thrill ride. But as the new souls continue down towards the Earth and disappear, Joe bounces off a weird, invisible barrier. He careens through space and is delivered right back to the You Seminar. Joe tries to jump again. And again! Frustrated, he grabs a new soul and jumps with him, hoping to sneak into Earth behind it. But Joe is again spit back into the You Seminar. Finally, he just stares down at the Earth, frustrated. Counselor Jerry finds him.

COUNSELOR JERRY A You sure get lost a lot!

EXT. MENTOR ORIENTATION TABLE

Jerry brings Joe to where a group of older souls like him are gathered around a table, looking for their pre-printed name tab. They are Mentors. Another Counselor Jerry gives instructions:

COUNSELOR JERRY D All righty, mentors. Just find your name here…

The Counselor ushering Joe steps forward.

COUNSELOR JERRY A Hello Jerry! Got a lost mentor for you.

멘토들 축하해! 너희들은 멋진 인생을 살 거야!

조가 뛰어내린다! 새 영혼들과 함께 아름다운 지구를 향해 아래로 자유 낙하한다. 영혼들은 웃고 환호하면서 이 스릴 넘치는 낙하를 즐긴다. 그런데 새 영혼들은 계속 지구를 향해 내려가 사라지지만, 조는 눈에 보이지 않는 기이한 장벽에 부딪혀 튕겨 나간다. 그는 우주를 지나 유 세미나로 다시 돌아온다. 조는 또 다시 뛰어내린다. 그리고 또 다시 시도한다! 답답한 나머지, 새 영혼을 붙잡고 뛰어내리기도 한다. 새 영혼 뒤에 숨어서 지구로 몰래 들어가려는 것이다. 하지만 다시 유 세미나로 떨어진다. 결국, 조는 낙심한 표정을 하고 지구를 내려다볼 수밖에 없다. 카운슬러 제리가 그를 발견한다.

카운슬러 제리 A 길을 자주 잃어버리는군요!

실외. 멘토들의 오리엔테이션 탁자

제리가 조처럼 나이 든 영혼들이 모여 있는 탁자로 그를 데려간다. 영혼들은 탁자에서 미리 인쇄된 자신의 이름표를 찾는다. 이들은 멘토들이다. 또 다른 카운슬러 제리가 지시 사항을 말해 준다:

카운슬러 제리 D 자, 멘토 여러분. 여기에서 본인의 이름을 찾으세요…

카운슬러가 조를 안내하며 앞으로 나간다.

카운슬러 제리 A 안녕 제리! 여기 길 잃은 멘토가 있어.

free-fall 자유 낙하하다 **globe** 지구, 구체 **thrill ride** 스릴감 넘치는 놀이기구 **bounce off** 튀어나오다, 튕기다 **invisible** 보이지 않는 **careen** 달리다, 빠르게 이동하다 **frustrated** 좌절한 **sneak** 살금살금 몰래 가다 **spit** 뱉다, 침을 뱉다 **orientation** 오리엔테이션, 예비 교육 **preprinted** 사전에 인쇄된 **name tab** 이름표 **instructions** 지시 사항 **usher** 안내하다

COUNSELOR JERRY D Thanks, Jerry.

JOE Uh look, I'm not sure I'm supposed to be here.

COUNSELOR JERRY A I understand. Mentoring isn't for everyone. You're more than welcome to opt out.[18]

The Counselor opens a portal straight to The Great Beyond!

JOE Ah! Actually, on second thought, you know, the mentoring sounds like fun.[19]

Joe quickly grabs any name tab from the table and follows the group.

COUNSELOR JERRY A I'm glad to hear it. Jerry will take it from here.[20]

COUNSELOR JERRY D Thanks, Jerry. (to Joe) Head right on over there to Jerry.

The Counselor points to another Jerry, this one in the form of a large theater.

카운슬러 제리 D　　고마워, 제리.

조　　어, 저기 말이죠, 제가 여기에 있는 건 아닌 것 같은데요.

카운슬러 제리 A　　이해합니다. 멘토링이 모든 사람들에게 다 맞는 건 아니죠. 원하시면 언제든지 빠져도 됩니다.

카운슬러가 머나먼 저세상으로 바로 갈 수 있는 포털을 연다!

조　　아! 사실 다시 생각해 보니까, 멘토링도 재미있을 것 같네요.

조는 테이블에 있는 이름표 하나를 재빨리 집어 들고 다른 멘토들을 따라간다.

카운슬러 제리 A　　다행이네요. 여기서부터는 제리가 진행할 겁니다.

카운슬러 제리 D　　고마워, 제리. (조에게) 바로 저기에 있는 제리한테 가도록 하세요.

카운슬러가 또 다른 제리를 가리키는데, 이 제리는 대형 극장의 모습을 하고 있다.

opt out 빠져나가다, 손을 떼다 **straight** 곧장, 곧바로 **on second thought** 다시 생각해 보니 **head** 가다, 향하다

COUNSELOR JERRY F Thank you, Jerry.

JOE Is everyone here named Jerry?

The first Counselor watches Joe leave.

COUNSELOR JERRY A Good luck!

Terry the Accountant appears out of a portal.

TERRY Jerry, we've got a problem!

COUNSELOR JERRY A Oh, hello there, Terry.

TERRY The count's off!

COUNSELOR JERRY A (chuckling) I seriously doubt that. [21] The count hasn't been off in centuries.

Terry produces the large abacus, using it to make her point:

TERRY 151,000 souls go into the Great Beyond every day. That's 105.2 souls per minute, Jerry. 1.75 souls per second. And I count every single one of 'em.

카운슬러 제리 F　　고마워, 제리.

조　　여기 있는 분들 이름이 다 제리인가요?

첫 번째 카운슬러는 조가 자리를 뜨는 모습을 바라본다.

카운슬러 제리 A　　행운을 빌어요!

회계사 테리가 포털에서 나타난다.

테리　　제리, 문제가 생겼어!

카운슬러 제리 A　　오, 안녕하세요, 테리.

테리　　계산이 안 맞아!

카운슬러 제리 A　　(키득 웃으며) 그럴 리가 없죠. 몇 세기동안 계산이 틀린 적이 없잖아요.

거대한 주판을 꺼내는 테리, 주판을 튕기며 자신의 생각을 말한다:

테리　　매일 151,000명의 영혼이 머나먼 저세상으로 들어가지. 분당 105.2명의 영혼이야, 제리. 초당으로는 1.75명이고. 난 하나하나 다 세고 있다고.

doubt 의심하다, 확신하지 못하다 **century** 세기 **produce** 꺼내다 **make one's point** 자신의 주장을 입증하다

COUNSELOR JERRY A Yep. I'm aware.

TERRY It's my job to keep track of this stuff, Jerry.[22] I'm the accountant.

COUNSELOR JERRY A And we all think you're doing a wonderful job, don't we everyone?

The other Counselors somewhat agree.

COUNSELOR JERRY G Absolutely!

COUNSELOR JERRY H Looks good from where this guy's standing.

COUNSELOR JERRY E I'd say no.

TERRY I'm always counting. I'm counting right now. You blinked five times since I started talking. (the Counselor blinks) Six.

COUNSELOR JERRY A Right! Since accounting is your job, why don't you figure out the problem?

TERRY Maybe I will.

COUNSELOR JERRY A Wonderful!

카운슬러 제리 A　　네. 알고 있어요.

테리　　이런 걸 꾸준히 기록하는 게 내 일이라고, 제리. 난 회계사니까.

카운슬러 제리 A　　우리 모두 당신이 일을 잘하고 있다고 생각해요, 다들 그렇지?

다른 카운슬러들이 어느 정도 동의한다.

카운슬러 제리 G　　물론이죠!

카운슬러 제리 H　　내가 보기엔 그래 보여요.

카운슬러 제리 E　　난 아닌 것 같은데.

테리　　난 항상 세고 있어. 지금도 세고 있지. 내가 말을 시작하고 넌 눈을 다섯 번 깜박거렸어. (카운슬러가 눈을 깜박인다) 이제 여섯 번.

카운슬러 제리 A　　맞아요! 회계는 당신 일이니까 당신이 문제를 해결해 보는 건 어때요?

테리　　그래야겠어.

카운슬러 제리 A　　좋아요!

keep track of ~을 기록하다, ~을 계속 파악하고 있다

The Counselor vanishes. Terry angrily stalks off to:

INT. THE HALL OF RECORDS

Terry arrives in the Hall of Records. She's greeted by another Jerry.

COUNSELOR JERRY D Hello again, Terry!

TERRY Don't play dumb with me.[23]

In a large file room – Terry opens the first file cabinet, cracks her fingers and gets ready.

TERRY Okay. Here we go. "A."

Terry flips through the files, her fingers almost moving too fast for the eye to see. At this rate, it seems like it won't take her very long. However, an epic pullout reveals that the file cabinets stretch on endlessly, vanishing into the horizon. This is going to take a while.

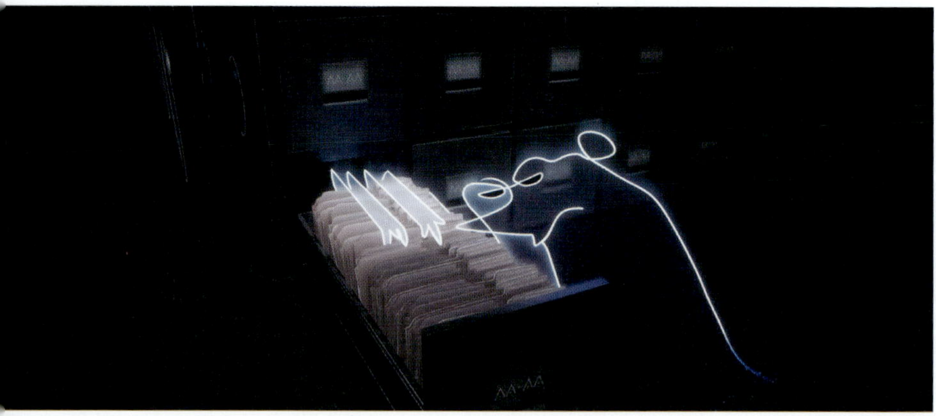

카운슬러가 사라진다. 테리는 화가 난 듯 성급히 자리를 뜬다:

실내. 기록의 전당

테리가 기록의 전당에 도착한다. 또 다른 제리가 그녀에게 인사한다.

카운슬러 제리 D 또 보네요, 테리!

테리 모르는 척하지 마.

거대한 파일 보관실 안 – 테리가 첫 번째 서류함을 열고, 손가락을 꺾으면서 준비 운동을 한다.

테리 좋아. 시작해 보자. "A"부터.

테리가 서류를 휙휙 넘기는데, 손가락이 너무 빨리 움직여 눈으로 따라갈 수 없을 정도이다. 이 속도라면 그리 오래 걸리지 않을 것 같다. 하지만, 화면이 뒤로 빠지면서 서류함이 끝이 안 보일 정도로 까마득하게 늘어져 있는 모습을 보여 준다. 서류를 찾는 데 한참 걸릴 것으로 보인다.

stalk 성큼성큼 걷다 **crack one's fingers** 손가락 마디를 딱딱 꺾다 **flip through** (책장을) 휙휙 넘기다 **rate** 속도 **epic** 장대한, 멋진 **pullout** 빠져 나감, 전체를 보여 주는 장면

CHAPTER 6

Joe Is Matched With 22

INT. MENTOR ORIENTATION THEATER

Joe steps into the theater as an instructional video begins. Other Mentors watch from stadium seats.

On the screen – In a scratchy, well-worn corporate video, a Counselor explains:

COUNSELOR JERRY C

Hello there, Mentors! I'm Jerry, a Counselor here at the You Seminar. Now you don't remember it, but you've been here before! But don't worry, forgetting the trauma of childbirth is one of the great gifts of the universe.

Joe finds a seat and watches:

COUNSELOR JERRY C

Here at the You Seminar, all new souls are given unique and individual personalities.

실내. 멘토들을 위한 오리엔테이션 극장

조가 극장으로 들어오자 교육용 영상이 시작된다. 다른 멘토들이 관객석에 앉아 영상을 시청한다.

대형 화면 안에서 – 화질이 좋지 않은, 닳고 닳은 기업 홍보 영상 속에서 카운슬러 한 명이 설명을 한다:

카운슬러 제리 C　안녕하세요, 멘토 여러분! 저는 '유 세미나'를 담당하고 있는 카운슬러 제리입니다. 지금은 다들 기억 나지 않으시겠지만, 여러분도 여기를 거쳐 갔답니다! 하지만 걱정하지 마세요. 출생의 트라우마를 잊는 것은 우주가 선사하는 훌륭한 선물 중 하나이니까요.

조가 자리를 잡고 관람한다:

카운슬러 제리 C　이곳 '유 세미나'에서 새 영혼들 모두 자기만의 독특하고 개인적인 성격을 받게 됩니다.

instructional video 교육용 영상 **scratchy** 지직거리는 **well-worn** 닳은, 식상한 **corporate** 기업의 **trauma** 트라우마 **childbirth** 출산, 분만

New souls testify to the camera, while holding up their Personality Profiles – a badge filled with circular icons identifying which Personality pavilions they've visited. On each badge one circle is still empty.

NEW SOUL 1 I'm an agreeable skeptic who's cautious yet flamboyant.

NEW SOUL 2 I'm an irritable wall flower who's dangerously curious.

NEW SOUL 3 I'm a manipulative megalomaniac who's intensely opportunistic.

COUNSELOR JERRY C Oh ho! This one might be a handful! [24] But that's Earth's problem.

Joe takes this all in.

COUNSELOR JERRY C You'll notice these souls are all missing something.

The Counselor points to the last empty circle on a soul's unfinished badge.

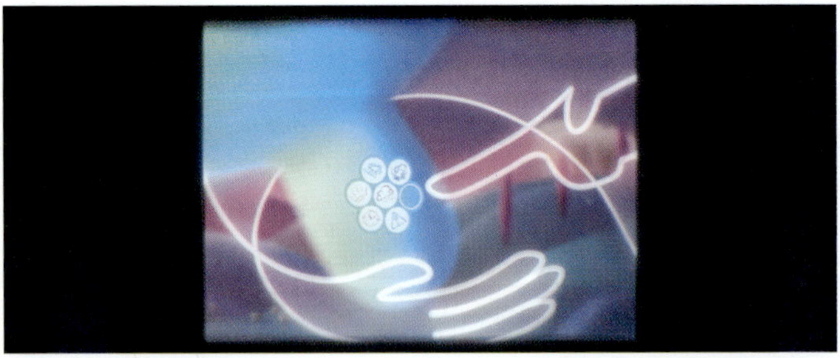

새 영혼들이 성격 프로필을 들고 카메라를 보며 말을 한다 - 성격 프로필은 배지 모양인데, 그 안에 있는 원형 아이콘은 이들이 어떤 성격관들을 방문했는지 보여 준다. 각 배지마다 원 하나가 비어 있다.

새 영혼 1 난 호감형 회의론자예요. 소심하면서도 튀는 성격이랍니다.

새 영혼 2 나는 짜증을 잘 내는 아웃사이더예요. 위험할 정도로 호기심이 많죠.

새 영혼 3 나는 남을 조종하길 좋아하는 과대망상가예요. 엄청 기회주의적이죠.

카운슬러 제리 C 오호! 이 아이는 골치 꽤나 썩이겠네요! 하지만 그건 지구의 문제니까.

조가 이 모든 상황을 유심히 바라본다.

카운슬러 제리 C 이 영혼들 모두 뭐 하나가 없다는 것을 눈치채셨을 거예요.

카운슬러가 한 영혼의 완성되지 않은 배지에 있는 마지막 칸의 빈 원을 가리킨다.

testify 증언하다, 진술하다 **badge** 배지 **agreeable** 쾌활한, 유쾌한 **skeptic** 회의론자 **flamboyant** 눈에 띄는, 튀는 성격의 **irritable** 짜증을 잘 내는 **wall flower** 사교적이지 않은 사람 **manipulative** 사람을 조종하는 **megalomaniac** 과대망상증 환자 **opportunistic** 기회주의적인 **handful** 다루기 힘든 사람, 동물 **unfinished** 완료되지 않는

COUNSELOR JERRY C — What goes in this spot? Well, these souls need their Spark. And that's where YOU come in!

In the Hall of Everything, the video continues by showcasing an immense space filled with everything on Earth.

COUNSELOR JERRY C — (O.S.) Maybe you will find their Spark in the Hall of Everything, where literally anything on Earth could inspire!

We see a New Soul shoot an arrow from a bow and become inspired. Their last box fills in with their Spark and the badge turns into an Earth Pass.

COUNSELOR JERRY C — Or Perhaps you'll prefer the Hall of You, featuring a selection of moments from your own inspiring life.

Back in the theater: Joe's eyes go wide as he gets an idea.

COUNSELOR JERRY C — And just what is this Spark?

카운슬러 제리 C 이 자리에는 뭐가 들어갈까요? 자, 이 영혼들은 자기만의 불꽃이 필요해요. 그래서 여러분이 이 자리에 오신 거죠!

영상은 '모든 것의 전당'을 보여 주는데, 지구에 있는 모든 물건으로 채워진 어마어마한 공간이 화면에 보인다.

카운슬러 제리 C (화면 밖 목소리) 어쩌면 '모든 것의 전당'에서 그들의 불꽃을 찾을 수 있어요. 말 그대로 지구에 있는 모든 것들이 영감을 줄 수 있으니까요!

새 영혼이 화살을 쏘며 매우 감동한다. 그들의 마지막 칸이 불꽃으로 채워지자 배지는 지구 통행증으로 변한다.

카운슬러 제리 C 아니면 '당신의 전당'이 더 좋으실 수도 있죠. 이곳은 여러분의 감동적인 인생에서 중요한 순간들을 보여 주는 장소입니다.

다시 극장 안: 조의 눈이 커진다. 좋은 수가 떠오른 것이다.

카운슬러 제리 C 그러면 이 불꽃이란 무엇일까요?

spot 점, 자리 **immense** 어마어마한, 엄청난 **literally** 그야말로, 말 그대로 **inspire** 영감을 주다 **shoot an arrow** 화살을 쏘다 **eyes go wide** 눈이 커지다

But Joe isn't listening. Instead, he imagines his plan:

Joe's daydream – In the Hall of Everything, Joe plays a lively tune on a piano for a new soul. In no time, the soul is inspired and its badge turns into an Earth Pass! Joe smiles, not surprised. Without a thought, Joe yanks the Earth Pass away, tosses the new soul into the piano, and jumps straight to Earth. Back in New York, he lands back in his stricken body. It jolts back to life. Joe launches out of the manhole, runs straight to his performance with Dorothea Williams, and receives the applause of the entire city.

Back in the theater: As the video ends, Joe smiles assuredly.

COUNSELOR JERRY C I know you're all excited to get to work, so good luck finding the Spark!

JOE (to himself) Find the Spark.

The lights come on. Another Counselor steps onto the stage.

COUNSELOR JERRY B Wow, that was informative. Now it's time for my favorite part of the program: matching you Mentors with your Soul Mates!

A group of giggling New Souls make their way towards the stage as the Counselor looks into the audience of Mentors.

그런데 조는 설명을 듣지 않는다. 대신, 자신의 계획을 상상한다:

조의 상상 - 모든 것의 전당에서, 조가 새 영혼을 위해 즐거운 노래를 피아노로 연주한다. 곧바로, 그 영혼은 영감을 받게 되고 배지가 지구 통행증으로 변한다! 미소를 짓는 조, 이게 놀랍지도 않다. 조는 주저 없이 지구 통행증을 낚아채고, 새 영혼을 피아노 속으로 던져 버리고는 곧장 지구를 향해 뛰어든다. 뉴욕으로 돌아와 자신의 쓰러진 몸속으로 다시 들어간다. 그의 몸이 벌떡 일어난다. 조가 맨홀에서 빠져나와, 곧장 공연장으로 뛰어가 도로테아 윌리엄스와 공연을 하고, 뉴욕에 있는 모든 사람들에게 박수갈채를 받는다.

다시 극장 안: 영상이 끝나고, 조는 확신의 미소를 짓는다.

카운슬러 제리 C 일을 할 생각에 다들 흥분되시죠? 그럼 불꽃 찾기 잘 하시길 바랍니다!

조 (혼잣말로) 불꽃 찾기라.

조명이 켜진다. 또 다른 카운슬러가 무대 위로 올라온다.

카운슬러 제리 B 와, 유익한 시간이었네요. 이제 제가 가장 좋아하는 순서입니다: 바로 여러분 멘토들을 영혼 친구들과 이어 주는 시간입니다!

새 영혼들이 웃으면서 무대 위로 올라오자 카운슬러가 멘토들을 바라본다.

daydream 몽상, 백일몽 **lively** 활발한, 활기 넘치는 **in no time** 즉시, 당장에 **yank** 잡아당기다 **stricken** 병에 걸린, 아픈 **jolt** 갑자기 움직이다 **applause** 박수갈채 **assuredly** 분명히 **informative** 유용한 정보를 주는, 유익한 **giggle** 킥킥거리다 **make one's way** 나아가다, 가다, 전진하다 **audience** 청중, 관중, 관객

COUNSELOR JERRY B — Our first Mentor is Maria Martinez! Maria, come on down!

Polite applause as Maria steps on stage.

COUNSELOR JERRY B — Maria was a rare disease specialist from the University of Mexico.

On the screen – In a doctor's office – The human form of Dr. Maria Martinez successfully treats a patient.

PATIENT — I'm cured!

The other mentors applaud, impressed.

COUNSELOR JERRY B — She'll be matched with, one of my favorites, soul number 108 billion, 210 million, 121 thousand, four hundred and 15.

The adorable and cute New Soul steps on stage. The new soul and Maria embrace, giggle, and walk off hand in hand.

COUNSELOR JERRY B — Congratulations! Off you go! Our next mentor is Bjorn T. Börgensson!

카운슬러 제리 B　첫 번째 멘토는 마리아 마르티네즈입니다! 마리아, 이쪽으로 내려오시죠!

의례적인 박수 소리가 들리고 마리아가 무대 위로 올라온다.

카운슬러 제리 B　마리아는 멕시코 대학에서 희귀병 전문가로 활동하셨습니다.

화면에 - 진료실이 보인다 - 인간의 모습을 한 의사 마리아 마르티네즈가 성공적으로 환자를 치료한다.

환자　다 나았어요!

다른 멘토들이 감동을 받아 박수 친다.

카운슬러 제리 B　마리아는 제가 가장 좋아하는 영혼 중에 하나인 1082억 1012만 1415번과 짝을 이루겠습니다.

사랑스럽고 귀여운 모습의 새 영혼 하나가 무대 위로 올라온다. 새 영혼과 마리아가 포옹을 하고 손을 잡고 웃으면서 걸어 나간다.

카운슬러 제리 B　축하합니다! 이제 가 보도록 하세요! 다음 멘토는 비욘 T. 보겐슨입니다!

polite 예의 바른 **rare disease** 희귀병 **specialist** 전문의, 전공자 **cure** 치료하다, 고치다 **adorable** 사랑스러운 **walk off** 떠나다

Immediate applause. Everyone looks at Joe. He's confused, until he reads his name tab: Dr. Börgensson. Joe rushes up on stage.

COUNSELOR JERRY B — Dr. Börgensson is a world-renowned child psychologist who was recently awarded a Nobel Prize!

On the screen – In a psychologist's office, Greta, a troubled teenager, looks at a Rorschach blot held up by a very different looking Dr. Börgensson.

GRETA — I see pain, death, destruction!

DR. BÖRGENSSON — Hmmm. How about now?

He flips it the other way.

GRETA — A pretty butterfly.

The audience of Mentors are extremely impressed. Joe forces a smile.

COUNSELOR JERRY B — Dr. Börgensson will be matched with soul number… 22!

소개가 끝나자 박수가 이어진다. 모두들 조를 바라본다. 조는 어리둥절해하다가 자신의 이름표를 확인하는데, 보겐슨 박사라고 적혀 있다. 조가 황급히 무대 위로 올라간다.

카운슬러 제리 B　보겐슨 박사님은 세계적으로 저명한 아동 심리학자로, 최근에 노벨상을 수상하셨습니다!

화면에 – 심리학자의 사무실이 보인다. 문제의 십 대 소녀, 그레타가 지금과는 아주 다르게 생긴 보겐슨 박사가 들고 있는 로르샤흐 반점을 바라보고 있다.

그레타　고통, 죽음, 파멸이 보여요!

보겐슨 박사　흐음. 지금은 뭐가 보이니?

그가 반점을 반대로 뒤집는다.

그레타　예쁜 나비요.

멘토들이 큰 감동을 받는다. 조는 억지로 미소를 짓는다.

카운슬러 제리 B　보겐슨 박사님과 맺어질 영혼은… 22입니다!

world-renowned 세계적으로 유명한 **child psychologist** 아동 심리학자 **be awarded** 상을 받다 **troubled teenager** 골칫거리 십 대 아이

A spotlight shines on an empty spot.

COUNSELOR JERRY B (annoyed) Oh, we're gonna get into this now. [25] Excuse me.

Impossibly, the Counselor descends into the floor, into another dimension. As Joe watches the empty stage he hears:

COUNSELOR JERRY B (O.S.) 22, you come out of this dimension right now!

22 (O.S.) How many times do I have to tell you? I don't wanna go to Earth!

COUNSELOR JERRY B (O.S.) Stop fighting this, 22. You will go to Earth and have a life!

22 (O.S.) Make me! [26]

스포트라이트 조명이 비추는 곳에는 아무도 나타나지 않는다.

카운슬러 제리 B (짜증 내며) 오, 지금 바로 알아보겠습니다. 잠시만요.

말이 안 되는 것 같지만, 카운슬러가 바닥으로 내려가더니 또 다른 차원으로 들어간다. 텅 빈 무대를 바라보는 조, 잠시 후 어떤 소리가 들리는데:

카운슬러 제리 B (화면 밖 목소리) 22, 지금 당장 그 차원에서 나오라고!

22 (화면 밖 목소리) 대체 몇 번을 말해야 알아듣겠어요? 난 지구에 가기 싫어요!

카운슬러 제리 B (화면 밖 목소리) 이제 좀 그만해, 22. 넌 지구에 가서 인생을 사는 거야!

22 (화면 밖 목소리) 싫어요!

annoyed 짜증이 난 impossibly 믿기 어려울 정도로 descend 내려오다, 내려가다 dimension 차원, 관점

Off-screen we hear the sounds of running and grabbing. Something breaks. Finally, Jerry's upper half emerges from the other dimension, wrestling with a soul who doesn't want to come out.

COUNSELOR JERRY B 22 has been at the You Seminar for quite some time and has had such notable mentors as Gandhi, Abraham Lincoln and Mother Theresa.

Finally, Jerry yanks 22 out of the dimension. 22 struggles in the Counselor's arms like a wildcat.

22 Ha, ha! I made her cry!

COUNSELOR JERRY B Ignore that.

22 Put me down! Hey! Quit it!

COUNSELOR JERRY B We're truly glad to have you here, Dr. Börgensson. It is an honor having you prepare 22 for Earth.

The Counselor struggles to hold 22 who melts in his arms like a belligerent toddler. 22 glares at Joe:

22 I'm gonna make you wish you'd never died.

화면 밖에서 도망가고 붙잡으려는 소리가 들린다. 뭔가 깨지는 소리도 들린다. 마침내 다른 차원에서 제리의 상체 부분이 나타나는데, 나오기 싫어하는 영혼을 끌어내려고 애쓰고 있다.

카운슬러 제리 B　22는 유 세미나에 오래 머물면서 간디, 에이브러햄 링컨, 테레사 수녀님과 같은 유명한 멘토들을 만났습니다.

드디어, 제리가 다른 차원에서 22를 끌어낸다. 22는 카운슬러의 팔에 안겨 살쾡이처럼 몸부림친다.

22　하하! 내가 수녀님을 울렸지!

카운슬러 제리 B　저 말은 무시하세요.

22　내려놔요! 저기요! 그만해요!

카운슬러 제리 B　보겐슨 박사님을 모실 수 있게 되어 정말 기쁩니다. 22가 지구에 갈 수 있도록 준비해 주신다니 영광입니다.

카운슬러는 포악한 아이처럼 자신의 팔에서 흘러내리는 22를 붙잡고 있느라 고생을 하고 있다. 22가 조를 노려보면서:

22　죽은 걸 아쉬워하게 해 주지.

upper half 상체　notable 주목할 만한, 눈에 띄는　struggle 발버둥치다　wildcat 살쾡이, 길고양이　honor 명예, 영예, 영광
belligerent 적대적인, 공격적인　toddler 유아, 걸음마를 배우는 아이　glare at ~을 노려보다, 눈을 부릅뜨고 보다

COUNSELOR JERRY B Most people wish that, 22.

The Counselor "drapes" 22 over Joe. Before he can protest, the Counselor opens a portal and quickly pushes them out.

COUNSELOR JERRY B Off you go![27] Bye!

카운슬러 제리 B   다들 죽은 걸 아쉬워한다고, 22.

카운슬러가 22로 조의 몸을 "덮어" 버린다. 그가 뭐라고 하기 전에, 카운슬러는 포털을 열고 이들을 재빨리 밀어넣는다.

카운슬러 제리 B   가 보도록 하세요! 안녕!

drape 씌우다 protest 이의를 제기하다

CHAPTER 7

The Hall of You

INT. THE HALL OF YOU

Joe tosses 22 off.

JOE Where are we?

Joe gawks at the room they are now in – it's the Hall of Dr. Börgensson. The museum-like displays are filled with pop-up moments of Dr. Börgensson's illustrious life. Glass-encased exhibits hold artifacts and awards while holograms recreating his greatest successes play on an endless loop.

BJORN That's great progress. You should be proud. Step by step.

FEMALE AWARD PRESENTER In celebration of Dr. Börgensson's body of work, we are pleased to present him this honorary…

실내. 당신의 전당

조가 22를 던져 버린다.

조 여긴 어디야?

조는 그들이 있는 공간을 얼빠진 표정으로 살펴본다 - 이곳은 보겐슨 박사의 전당이다. 보겐슨 박사의 빛나는 인생에서 일어난 찰나의 순간들이 박물관처럼 가득 전시되어 있다. 유리 진열대에는 의미 있는 물건들과 상들이 채워져 있고, 박사의 위대한 업적을 재현하는 홀로그램이 반복해서 상영되고 있다.

비욘 많이 발전했구나. 자랑스럽게 생각하렴. 차근차근 해 나가는 거야.

여성 시상자 보겐슨 박사님의 업적을 치하하며 기쁜 마음으로 이 영예로운 상을 수여하고자…

gawk 얼빠진 듯 바라보다 **illustrious** 걸출한 **glass-encased** 유리관에 보관된 **artifact** 물건, 공예품 **hologram** 홀로그램 **recreate** 되살리다, 재현하다 **loop** 계속 반복, 고리

BJORN These past few weeks, I have seen such growth.

BJORN So many people I'd like to thank, of course.

22 Okay, look, I'm sure your life was amazing and you did a-mazing things but here's what we're gonna do. We're gonna stand in here in silence for a little bit, then we go back out, you say you tried. I go back to not-living my non-life and you go to the Great Beyond.

JOE No, look—

22 Talk all you want, Bjorn.[28] It's not gonna work, anyway. I've had thousands of mentors who failed and now hate me. Mother Teresa...

A series of flashbacks – In The You Seminar, 22 drives the soul of Mother Teresa crazy:

비욘 요 몇 주 동안 많이 좋아진 게 보이네요.

비욘 너무 많은 분들께 감사를 전하고 싶습니다.

22 저기, 아저씨 인생이 정말 대단했고 진짜 대~단한 일도 많이 했다는 거 알지만, 이제 이렇게 해요. 여기서 잠시 조용히 있다가, 다시 나가서 노력해 봤지만 정말 안 되겠다고 하는 거예요. 그럼 나는 아직 살지 않은, 태어나기 전의 인생으로 돌아가고 아저씨는 머나먼 저세상으로 가는 거죠.

조 싫어, 이봐—

22 하고 싶은 말 있으면 다 하세요, 비욘 씨. 어차피 안 먹힐 테니까. 나한테 실패를 맛보고 날 증오하는 멘토들도 수천 명은 된다고요. 테레사 수녀님…

여러 회상 장면들이 등장한다 - 유 세미나에서 22가 테레사 수녀의 영혼을 미치게 만든다:

SOUL MOTHER TERESA
I have compassion for every soul. Except you. I don't like you.

22
Copernicus…

In the Hall of Everything, Copernicus is furious at 22:

SOUL COPERNICUS
The world doesn't revolve around YOU, 22!

22
Muhammad Ali…

Muhammad Ali has also had it with 22:

SOUL MUHAMMAD ALI
You are the greatest… pain in the BUTT!

22
Marie Antoinette…

In the Hall of Everything, the disembodied head of Marie Antoinette yells at 22:

SOUL MARIE ANTOINETTE
Nobody can help you! Nobody!

Back in the Hall of Dr. Börgensson – 22 continues, to JOE:

테레사 수녀 영혼 난 모든 영혼들에게 연민을 느낀단다. 너만 빼고. 네가 싫어.

22 코페르니쿠스…

모든 것의 전당에서 코페르니쿠스가 22에게 크게 화를 낸다:

코페르니쿠스 영혼 세상은 너를 중심으로 돌아가지 않아, 22!

22 무하마드 알리…

무하마드 알리 역시 22에게 질려 버렸다:

무하마드 알리 영혼 넌 정말로… 짜증 지대로야!

22 마리 앙투아네트…

모든 것의 전당에서, 참수형을 당한 마리 앙투아네트의 머리가 22에게 고함을 지른다:

마리 앙투아네트 영혼 널 도와줄 수 있는 사람은 아무도 없어! 그 누구도!

다시 보겐슨 박사의 전당 – 22가 조에게 말을 이어 간다:

compassion 연민, 동정심 furious 몹시 화가 난 pain in the butt 골칫거리 disembodied 육체에서 분리된

22 Thanks but no thanks, Doc.[29] I already know everything about Earth, and it's not worth the trouble.[30]

JOE Come on, don't you want to fill out your pass?

22 Ehh, you know, I'm comfortable up here. I have my routine. I float in mist, I do my Sudoku puzzles, and then, like, once a week, they make me come to one of these You Seminars. It's not great but I know what to expect.

JOE Look kid. I'm not… Can I just be honest with you? I'm not Bjorn Borgenstein or whatever his name is. I'm not even a mentor.

22 Not a mentor? Ah, ha ha! Reverse psychology! You really are a good shrink, doctor. Carl Jung already tried that.

Flashback – At the You Seminar, Carl Jung fights with 22:

SOUL CARL JUNG Stop talking! My unconscious mind hates you!

Back in the Hall of Dr. Börgensson.

JOE Is there any way to show a different life in this place?

22 고맙지만 사양할게요, 박사님. 난 이미 지구에 대해 다 알고 있는데, 수고스럽게 그럴 필요가 없다고요.

조 이봐, 통행증을 다 채우고 싶지 않는 거야?

22 글쎄, 난 여기가 편해요. 매일같이 하는 루틴도 있어요. 안개 속을 떠다니기도 하고, 스도쿠 퍼즐도 하죠. 그리고 일주일에 한 번 정도 이런 유 세미나에 불려 오는 거예요. 그렇게 훌륭하진 않지만 뭐 다 아는 거니까.

조 꼬마야. 난 말이야… 솔직히 말해 줄까? 난 비욘 보르겐스타인인지 뭔지 하는 사람이 아니야. 멘토도 아니라고.

22 멘토가 아니라고요? 아, 하하! 반대 심리학이군요! 정말 훌륭한 심리학자이시군요, 박사님. 그건 칼 융이 벌써 써먹었다고요.

회상 장면 – 유 세미나에서 칼 융이 22와 다툰다:

칼 융 영혼 그 입 좀 다물어! 내 무의식도 널 싫어해!

다시 보겐슨 박사의 전당으로 돌아온다.

조 여기서 다른 인생을 보여 줄 수 있는 방법은 없는 거야?

routine 일상, 루틴 **float** 뜨다, 떠다니다 **mist** 옅은 안개 **Sudoku puzzle** 스도쿠 퍼즐 **reverse psychology** 반심리학 **shrink** 정신과 의사, 심리학자 **unconscious** 무의식의, 의식이 없는

A look of suspicion comes over 22's face. 22 brings up a control panel from the ground, takes Joe's hand, and places it flat onto a scanner. All around them, the Dr. Börgensson exhibits vanish. After a flourish of light and sound, 22 and Joe find themselves standing in The Hall of Joe. It dawns on 22:

22 Wait, you're really not Bjorn Börgensson?

Joe looks around at the space. Dr. Börgensson's awards, citations, and victorious moments have all been replaced with elements of Joe's life.

JOE It's… my life!

The museum displays are comprised of much less inspiring, more underwhelming exhibits.

22 …umm excuse me. What's going on here?

22 points to a display of Binaca Breath Spray and a bottle of cheap Drakkar Noir cologne.

22 Binaca breath spray? Cheap cologne?

JOE Man, who curated this exhibit?

22는 의심스러운 표정을 짓는다. 22가 바닥에서 제어판을 올리더니 조의 손을 잡고 스캐너 위에 올린다. 그들 주변에 있던 보겐슨 박사의 전시물들이 사라진다. 번쩍하는 불빛과 함께 어떤 소리가 들리더니 '조의 전당'이 22와 조 앞에 나타난다. 이를 보고 22는 무언가를 깨닫는데:

22 잠깐, 정말로 비욘 보겐슨 씨가 아니라고요?

조가 주위를 둘러본다. 보겐슨 박사의 상들과 업적을 기리는 말들 그리고 영광의 순간들이 조의 인생을 구성하는 것들로 바뀌었다.

조 저건… 내 인생이야!

훨씬 감흥이 떨어지고, 신나지도 않는 것들이 박물관처럼 전시되어 있다.

22 …저기요. 이게 도대체 어떻게 된 거죠?

22는 비나카 구취 제거 스프레이와 싸구려 드레이카 느와르 향수병이 진열된 곳을 가리킨다.

22 비나카 구취 제거 스프레이? 싸구려 향수?

조 아이고, 누가 이 전시품들을 선정한 거야?

suspicion 의혹, 의심 **control panel** 계기 조종판, 제어판, 컨트롤 패널 **flourish** 과장된 동작, 인상적인 활동/방식 **dawn on** 깨닫게 되다, ~에게 분명해지다 **citation** 인용구, 표창장 **victorious** 승리한, 승리를 거둔 **replace** 대신하다, 바꾸다 **element** 요소, 성분 **be comprised of** ~으로 구성되다/이루어지다 **underwhelming** 아무런 감흥이 없는 **curate** 전시를 기획하다

22 Heh. YOU did.

22 walks over to a Photo of a Teenage Joe, awkwardly standing behind a keyboard, next to a much hipper Three-man Hip Hop Group.

22 Hahahahahahah!

Joe is mortified.

JOE Oh my goodness, it's Cedric's rap group. Nooo!

RAPPER (Rap) *Now Everybody bow down to the Kings of Queens.*

Joe pulls 22 away.

JOE No, don't look at that stuff, let's look over here!

Joe leads 22 to a Hologram – a Young Joe is being dragged into the Half Note Jazz Club by his dad, Ray Gardner.

YOUNG JOE Dad, I don't wanna go! I don't like jazz!

22 헤. 아저씨잖아요.

22는 청소년 시절 조의 사진으로 다가간다. 사진 속에서 조는 키보드 뒤에 어색하게 서 있고, 그 옆으로 훨씬 더 힙해 보이는 3인조 힙합 그룹의 모습이 보인다.

22 하하하하하하!

조가 굴욕감을 느낀다.

조 맙소사, 세드릭의 랩 그룹이잖아. 안 돼!

래퍼 (랩을 한다) *다들 퀸즈의 제왕들에게 절을 해.*

조가 22를 끌고 간다.

조 안 돼, 저건 보지 마. 여기에 뭐가 있는지 살펴보자고!

조가 22를 끌고 홀로그램이 있는 곳으로 간다 – 어린 조가 자신의 아빠인 레이 가드너의 손에 이끌려 하프 노트 재즈 클럽으로 들어가고 있다.

어린 조 아빠, 가기 싫다고요! 재즈가 싫어요!

awkwardly 어색하게, 어설프게 **hip** 유행에 밝은, 힙한 **mortify** 굴욕감을 주다 **drag** 끌다, 힘들게 움직이다

RAY Black improvisational music. It's one of our great contributions to American culture. At least give it a chance, Joey![31]

Joe and 22 watch as Ray brings Young Joe into the club, where a Pianist is jamming with his Band. Young Joe locks in on the pianist as Joe explains to 22:

JOE This is where it all started. This is the moment where I fell in love with jazz.

We see Young Joe enthralled by the pianist's playing.

JOE Listen to that! See, the tune is just an excuse to bring out the YOU.

Joe leads 22 through more of his life.

JOE THAT's why I became a jazz musician!

But they walk up to a Hologram of Joe auditioning for an unimpressed Club Owner.

CLUB OWNER 1 It's not what we're looking for.

레이 흑인들의 즉흥 음악이야. 미국 문화에 크게 기여한 것이라 할 수 있지. 일단 한번 들어 보라고, 조이!

조와 22는 레이가 어린 조를 데리고 클럽으로 들어가는 모습을 바라본다. 클럽 안에서 피아노 연주자가 밴드와 함께 연주를 하고 있다. 어린 조는 그 피아노 연주자에게서 시선을 떼지 못한다. 조가 22에게 설명한다:

조 여기서 모든 것이 시작되었지. 내가 재즈와 사랑에 빠지게 된 순간이야.

어린 조는 피아노 연주자의 연주에 완전히 반한 모습이다.

조 들어 봐! 멜로디는 너의 진정한 모습을 꺼내기 위한 도구일 뿐이야.

조가 22를 데리고 본인의 인생 장면들을 지나간다.

조 그래서 나는 재즈 뮤지션이 됐어!

이들은 별 관심이 없어 보이는 클럽 사장 앞에서 조가 오디션을 보는 홀로그램으로 다가간다.

클럽 사장 1 우리가 찾는 음악은 아니네요.

improvisational 즉흥 연주의 **contribution** 기여 **jam** 즉흥적으로 연주하다 **lock in on** ~에 모든 관심을 집중하다 **enthrall** 마음을 사로잡다, 매혹시키다 **excuse** 구실, 이유, 핑곗거리 **bring out** ~을 끌어내다, 발휘되게 하다 **unimpressed** 감명받지 않은

Confused, Joe walks away as 22 trails him.

JOE Wait. That's not how I remember it going down. I mean I...

But they come across more rejection holograms from other Club Owners:

CLUB OWNER 2 Come back when you have something.

CLUB OWNER 3 Sorry, Joe.

CLUB OWNER 4 Sorry.

CLUB OWNER 5 We're looking for something different.

They keep walking through Joe's life, past holograms of Joe teaching middle school kids, sitting alone in a diner, waiting for a subway. A pathetic monument depicts him washing clothes at the laundromat. Joe is stunned.

JOE My life was meaningless.

Finally, they come to a hologram of Joe in a hospital bed, unconscious after the fall. This is the current state of his body – still alive, but soulless. It's a sad end to what appears to be a depressing life. But as Joe regards this, he becomes determined:

당황한 조가 그 자리를 뜨고 22가 뒤따라간다.

조 잠깐. 내 기억으로는 저렇게 된 게 아닌데. 난 말이야…

하지만 이들은 다른 클럽 사장들이 여러 번 거절하는 홀로그램을 마주한다:

클럽 사장 2 보여 줄 게 있을 때 다시 오세요.

클럽 사장 3 미안하네, 조.

클럽 사장 4 죄송하게 됐네요.

클럽 사장 5 우린 다른 걸 찾고 있어요.

이들은 계속 조의 인생을 지나간다. 홀로그램에는 조가 중학생들을 가르치는 모습, 식당에 혼자 앉아 있는 모습, 지하철을 기다리는 모습이 나타난다. 그가 빨래방에서 빨래를 하는 모습을 묘사한 불쌍한 기념비도 보인다. 조는 놀란 표정이다.

조 내 인생은 무의미했어.

마지막으로, 이들은 병원 침대에 누워 있는 조의 홀로그램으로 다가간다. 추락한 후에 의식이 없는 상태이다. 살아 있긴 하지만 영혼이 없는, 현재 그의 몸 상태를 보여준다. 우울한 인생의 슬픈 결말이다. 이를 보고 조는 결심한다:

trail 뒤쫓다, 추적하다 **come across** 우연히 마주치다 **rejection** 거절 **pathetic** 한심한, 딱한 **monument** 기념비 **depict** 묘사하다, 설명하다 **laundromat** 빨래방 **current state** 현재 상태 **depressing** 우울한 **regard** 생각하다, 보다

JOE No, no, no! I will not accept this! (to 22) Kid, give me that badge. I'm going back to my body.

22 Oh yeah. Sure. Here.

22 removes the badge and hands it to Joe. But it vanishes and returns onto 22. The soul removes it again and tosses it into the distance. Again, it returns. 22 shreds it into pieces, even lights it on fire. But it always materializes back onto the soul.

22 Unless it becomes an Earth Pass, I'm stuck with it.

JOE Well, what if I help you turn that into an Earth Pass? Will you give it to me then?

22 Wait! I've never thought of that! I'd get to skip life. So yes! But we've gotta get this thing to change first, and I've never been able to get it to change.

JOE Come on! I know all about Sparks, because mine is piano!

조 안 돼, 안 돼, 안 된다고! 그냥 이렇게 받아들일 순 없어! (22에게) 꼬마야, 그 배지를 줘. 내 몸으로 돌아가야겠어.

22 네. 좋아요. 여기요.

22가 배지를 떼서 조에게 건네 준다. 그러나 배지가 사라지더니 다시 22에게 돌아온다. 22가 다시 배지를 떼어내 멀리 던져 버린다. 하지만 다시 돌아온다. 22가 갈기갈기 찢기도 하고 불태워 버리기도 하지만, 그럴 때마다 원래 모양대로 22에게 다시 나타난다.

22 이게 지구 통행증으로 변하지 않은 한, 나와는 떨어질 수 없어요.

조 음, 지구 통행증으로 바뀌도록 내가 도와주면 어떨까? 그러면 그걸 나한테 줄래?

22 잠깐! 지금까지 그런 생각을 못 했네! 그럼 인생을 건너뛸 수 있는 거잖아. 좋아요! 한데 그러려면 먼저 이것부터 바꿔야 하는데, 지금까지 그래 본 적이 없어요.

조 알겠어! 불꽃이라면 내가 잘 알지. 내 불꽃은 피아노거든!

materialize 구체화되다

22 follows Joe through the Hall. They find what he's looking for: a Hologram of Joe's playing piano for Dorothea Williams – the moment that was supposed to change his life. Joe looks at 22's badge, assured it will work. But still no Spark, the circle remains empty.

JOE Really? Nothing at all?

22 Eh. oh, no, not jazz, just music. I don't like music sounds. It feels like a little too much.

JOE Well, I am not going out like this. Where's that Hall of Everything?

EXT. THE YOU SEMINAR

The Hall of Everything looms in the distance. Joe and 22 walk toward it, passing the Earth Portal. Joe leans to Earth:

JOE I'll be right back.

22 Don't get ahead of yourself, pal.[32]

JOE By the way, why do you sound like a middle aged white lady?

22가 조를 따라 전당을 지나간다. 이들은 그가 찾는 것을 발견한다: 바로 조가 도로테아 윌리엄스를 위해 피아노를 연주하는 홀로그램이다 – 그의 인생을 송두리째 바꾸게 되는 순간이다. 조는 22의 배지를 바라보며, 이렇게 하면 불꽃이 생길 것이라고 확신한다. 하지만 여전히 불꽃은 생기지 않고 원은 계속 비어 있다.

조 이거 실화야? 아무 감동도 없다고?

22 어, 아니, 재즈가 아니라, 음악이 문제라고요. 난 음악 소리가 싫어요. 좀 '투 머치'하다고나 할까.

조 흠, 그냥 이렇게 나갈 순 없어. 그 '모든 것의 전당'이란 곳은 어디에 있지?

실외. 유 세미나

저 멀리 모든 것의 전당이 어렴풋이 보인다. 조와 22는 그곳을 향해 걸어가는데, 지구 포털을 지나간다. 조가 지구를 들여다보며:

조 금방 돌아올게.

22 김칫국부터 마시지 마요, 아저씨.

조 그건 그렇고, 넌 왜 중년 백인 아줌마처럼 말하니?

assured 확실한, 자신감 있는 **loom** 어렴풋이 나타나다 **lean** 몸을 기울이다 **middle-aged** 중년의

22	I don't. This is all an illusion.
JOE	Huh?
22	This whole place is hypothetical.
	22's voice changes:
OLD MAN	I could sound like THIS if I wanted to…
YOUNG GIRL	Or sound like THIS instead.
22	I could even sound like YOU.
	22 changes into an exact replica of Joe:
22	(in Joe's voice) Life is so unfair! I don't wanna die! Somebody call the wambulance! Wahhhhh!
	22 switches back:
22	I just use this voice because it annoys people.
JOE	It's very effective.

22 그럴 리가요. 이건 모두 착각일 뿐이에요.

조 뭐라고?

22 여기 있는 거 모두 가상일 뿐이라고요.

22의 목소리가 변한다:

노신사 내가 원하면 이렇게 말을 할 수도 있고…

어린 소녀 아니면 이렇게 말할 수도 있죠.

22 심지어는 아저씨처럼 말할 수도 있어요.

22가 조를 완벽하게 복제한 모습으로 변신한다:

22 (조의 목소리로) 인생은 너무 불공평해! 난 죽기 싫어! 누가 왜앰뷸런스 좀 불러 줘요! 왜애애애애!

22가 원래 모습으로 돌아온다:

22 사람들이 이 목소리를 들으면 짜증 내니까 이렇게 말하는 거예요.

조 그럼 효과가 있네.

illusion 환상, 착각 **hypothetical** 가상의, 가설의 **exact** 정확한, 정밀한 **replica** 복제품 **effective** 효과적인

A ball of new souls rolls past and smacks into a pavilion, which tips over and CRASHES on top of them.

22 Don't worry, they're fine. You can't crush a soul here. That's what life on Earth is for.[33]

Joe shoots her a look.

JOE Hm. Very witty.

새 영혼 여럿이 공처럼 뭉쳐 굴러가더니 전시관에 부딪힌다. 전시관이 쓰러지면서 영혼들을 덮친다.

22 걱정 안 해도 돼요, 쟤들은 멀쩡하니까. 여기서는 영혼을 깔아뭉갤 수 없어요. 지구에서의 인생이 그렇지는 몰라도.

조가 그녀를 힐끗 쳐다본다.

조 흠. 아주 재미있어.

tip over 뒤집히다 crash 충돌하다, 들이받다 shoot ~ a look ~을 힐끗 보다, 째려보다

CHAPTER 8

The Hall of Everything

INT. THE HALL OF EVERYTHING

The Hall is gigantic. Everything on Earth is in here!

22 Okay. Here we are. This is the Hall of Everything.

Amazed, Joe looks around at all of the activity. New souls are everywhere trying out different tasks from fishing to soccer to photography to basketball. We see some badges turn into Earth Passes. A Soccer Ball rolls up to Joe's feet. He kicks it, and it flies over to a new soul standing next to its Mentor. The ball hits its head and the new soul's badge changes to an Earth Pass.

NEW SOUL Whoa.

MENTOR Congratulations!

실내. 모든 것의 전당

모든 것의 전당은 어마어마한 규모이다. 지구에 있는 모든 것들이 이곳에 있다!

22 자. 도착했네요. 여기가 바로 모든 것의 전당이에요.

조가 감탄하며 이곳에서 일어나는 모든 활동을 살펴본다. 새 영혼들이 여기저기 흩어져 낚시, 축구, 사진, 농구 등 다양한 활동들을 경험해 본다. 몇몇 배지들이 지구 통행증으로 변하는 모습이 보인다. 축구공 하나가 조의 발 앞으로 굴러온다. 조가 공을 차는데, 공이 저 멀리 멘토 옆에 서 있던 새 영혼을 향해 날아가더니 그의 머리를 맞힌다. 그러자 그 새 영혼의 배지가 지구 통행증으로 바뀐다.

새 영혼 와.

멘토 축하해!

gigantic 거대한 task 일, 과제

22 So where do you wanna start?

JOE Come on!

Joe looks around the enormous room, filled with literally everything on Earth. He grabs 22 and pulls the soul towards a French bakery.

INT. FRENCH BAKERY

Joe and 22 tour the aisles, loaded with every sort of delicious, baked item imaginable.

JOE Croissants, cakes!

JOE Baking could be your Spark!

22 Yeah! But um, I don't get it.[34]

22 자, 어디부터 시작할까요?

조 가자고!

조가 매우 거대한 공간을 둘러본다. 이곳은 이름 그대로 지구에 있는 모든 것들로 채워져 있다. 조는 22의 손을 잡고 프렌치 베이커리로 끌고 간다.

실내. 프렌치 베이커리

조와 22는 진열대를 구경한다. 상상으로 떠올릴 수 있는, 온갖 종류의 맛있는 구운 음식들이 담겨 있다.

조 크루아상, 케이크!

조 제빵이 네 불꽃이 될 수 있어!

22 그래요! 근데 음, 감이 안 오는데요.

enormous 막대한, 거대한 **loaded** 가득 찬, 가득한 **sort** 종류, 유형 **imaginable** 상상할 수 있는

Joe pulls out a steamy slice of pizza.

JOE Just smell it!

22 Can't. And neither can you.

JOE Wha—?

Joe sniffs it, gets nothing.

JOE (confused) You're right, I can't smell—

Joe eats the pizza, but it comes out his bottom end, still fully formed.

JOE We can't… We can't taste, either!?

22 All that stuff is in your body.

22 eats a whole slice of pizza. It comes out the other end, still perfect.

JOE No smell, no taste.

22 Or touch.

조가 김이 나는 피자 한 조각을 꺼내 든다.

조 냄새 맡아 봐!

22 냄새 못 맡아요. 아저씨도 그럴 걸요.

조 뭐—?

조가 킁킁 냄새를 맡는데, 아무 냄새도 나지 않는다.

조 (당황하며) 네 말이 맞네, 냄새를 맡을 수가 없어—

조가 피자를 먹지만, 완전한 형태의 피자가 그의 몸 아래로 빠져나온다.

조 우리는… 맛도 못 느끼는 거야!?

22 그런 건 다 몸속에 있는 거예요.

22가 피자 한 조각을 통째로 집어삼킨다. 피자가 뒤로 빠져나오는데, 원래 모양 그대로다.

조 냄새도, 맛도 느낄 수 없다니.

22 촉감도 없죠.

steamy 김이 자욱한 **sniff** (킁킁) 냄새를 맡다 **taste** 맛, 맛을 느끼다 **come out** 나오다

22 slaps him.

22 See?

22 slaps him a second time. And a third. And a fourth, etc. Finally, Joe stops it.

JOE Okay, I get it! Moving on.

INT. HALL OF INTERESTS — FIRE FIGHTING AREA

22 tries putting out a burning building as a fire fighter.

JOE Isn't this exciting?

22 (entranced) The fire is so pretty. I kinda wanna let it spread—

Joe quickly cancels the idea:

JOE Nope!

INT. HALL OF INTERESTS — ART STUDIO

22 tries painting a portrait of Joe, but gives up:

22 Hands are hard!

22가 조의 뺨을 때린다.

22 봤죠?

22가 그의 뺨을 또 때린다. 세 번째. 네 번째, 그러고는 계속 때린다. 결국에는 조가 중단시킨다.

조 알겠어, 알았다고! 계속 가 보자.

실내. 관심의 전당 — 소방 구역

22가 건물에 난 불을 소방관처럼 진화하려고 한다.

조 재미있지 않아?

22 (완전히 빠져들어서) 불이 너무 이뻐요. 더 번지게 하고 싶어요—

조는 재빨리 이건 아니라고 생각한다:

조 이건 아니군!

실내. 관심의 전당 — 미술 작업실

22가 조의 초상화를 그리다가 이내 포기한다:

22 손은 너무 어려워요!

slap 찰싹 때리다 **move on** 넘어가다, 이동하다 **fire fighting** 소방, 화재 진압 **put out** (불, 전깃불 등을) 끄다 **entrance** 황홀하게 하다 **portrait** 초상화, 인물사진

INT. HALL OF INTERESTS — LIBRARY

22 and Joe walk through the stacks.

JOE How 'bout a librarian? They're cool!

22 Yes, amazing! Who wouldn't like working in a thankless job you're always in danger of losing due to budget cuts? Though I do like the idea of randomly shushing people.

JOE Look, obviously this isn't–

22 Shhh!! Oh yeah, that's good.

In a Laboratory – 22 tries to be a scientist. The experiment explodes but 22 shrugs, uninterested.

22 Meh.

In a Gymnasium – 22 tries being an Olympic gymnast, completing an impressive dismount off the beam. But no Spark:

22 Meh.

실내. 관심의 전당 — 도서관

22와 조가 책장들을 지나간다.

조　　도서관 사서는 어때? 멋지지!

22　　물론, 훌륭하죠! 고마워하는 사람은 아무도 없고, 예산 삭감으로 항상 잘릴 위험에 있는 직업을 마다할 사람이 누가 있겠어요? 아무에게나 조용히 하라고 눈치 주는 건 좋네요.

조　　이봐, 분명히 이건-

22　　쉬쉬쉬!! 오, 좋네요.

실험실에서 - 22는 과학자가 되어 본다. 실험 대상이 폭발하지만 22는 어깨를 으쓱하며 별 관심 없다는 표정이다.

22　　이것도 아니에요.

체육관에서 - 22는 올림픽 체조 선수가 되어 평균대에서 멋지게 착지하며 연기를 마친다. 하지만 불꽃은 생기지 않는다:

22　　이것도 별로.

stack 더미, (도서관의) 서가 **librarian** (도서관) 사서 **thankless job** 보상이 적은 일 **budget cut** 예산 삭감 **randomly** 무작위로, 임의로 **shush** 조용히 시키다 **obviously** 확실히, 분명히 **laboratory** 실험실 **experiment** 실험 **uninterested** 무관심한 **gymnasium** 체육관 **dismount** (말, 자전거 등에서) 내리다, 착지 **beam** (체조의) 평균대

In the Oval Office – As President, 22 signs a bill into law. But is still unimpressed:

22 Meh.

In the Air-And-Space Department – A massive rocket lifts off with 22 and Joe inside, filling the Hall with smoke. But yet again:

22 (O.S.) Meh.

JOE (O.S.) Ughh!!

<u>EXT. THE YOU SEMINAR — OUTSIDE THE HALL OF EVERYTHING</u>

22 and Joe leave the Hall. Joe is more annoyed than ever. 22 is simply bored.

JOE Well, I think that's… everything.

22 Sorry.

JOE You told me you'd try!

22 I did! I'm telling the truth. If there's one thing I'm not, it's a liar.[35] Unlike Abraham Lincoln…

대통령 집무실에서 – 22가 대통령이 되어, 법안을 서명해서 통과시킨다. 하지만 여전히 감흥을 느낄 수 없다:

22 이것도 아니에요.

항공우주국에서 – 22와 조를 태운 거대한 로켓이 이륙하자 전당은 연기로 자욱하다. 하지만 이번에도:

22 (화면 밖 목소리) 아니야.

조 (화면 밖 목소리) 어어어억!!

실외. 유 세미나 — 모든 것의 전당 밖

22와 조가 전당 밖으로 나온다. 조는 매우 화가 났다. 22는 그냥 지루할 뿐이다.

조 자, 이제… 다 해 봤어.

22 죄송해요.

조 노력하겠다고 했잖아!

22 그랬죠! 진짜예요. 다른 건 몰라도 전 거짓말은 안 해요. 에이브러햄 링컨하고는 다르다고요…

Oval Office 백악관 대통령 집무실 **sign a bill into law** 법안에 서명하여 법으로 만들다 **Air-And-Space department** 항공우주국 **lift off** 이륙하다, 발사되다

Flashback – to 22 talking to her mentor, Abraham LINCOLN:

22 You're really okay being on a penny?

LINCOLN Of course! It's an honor.

22 Okay, but... they put Andrew Jackson on the twenty.

Lincoln angrily explodes, throwing his hat on the ground:

LINCOLN Jackson?!

Back to scene:

22 What can I say, Joe? [36] Earth is boring.

JOE Well, what else can we do then? Because we're running out of time!

22 You know, time's really not a thing here. [37]

COUNSELOR JERRY B (O.S.) Time's up!

회상 장면 - 22가 자신의 멘토인 에이브러햄 링컨에게 말을 한다:

22 겨우 1센트 동전에 나오는 게 정말 괜찮다고요?

링컨 당연하지! 영광이잖아.

22 그렇죠, 하지만… 앤드류 잭슨은 20달러 지폐에 등장한다고요.

링컨이 크게 화를 내며 모자를 바닥에 던져 버린다:

링컨 잭슨 따위가?!

다시 현재 장면:

22 제가 어쩌겠어요, 아저씨? 지구는 지루한 곳인걸.

조 그럼, 또 할 수 있는 건 없어? 시간이 없단 말이야!

22 저기요, 여기서는 시간이란 게 존재하지 않아요.

카운슬러 제리 B (화면 밖 목소리) 시간 다 됐어요!

penny 1센트, 1센트짜리 동전 **Andrew Jackson** 앤드류 잭슨(미국의 제7대 대통령) **run out of** ~을 다 써버리다, ~이 바닥나다
Time's up! 시간 다 됐어!

A Counselor appears.

COUNSELOR JERRY B Nice try, Bjorn. But no need to feel bad. [38] 22 here can be a bit of a challenge.

Jerry pats 22 on the head.

22 Even though I can't feel it, please don't touch me.

Ignoring 22, the Counselor opens a portal to the Great Beyond for Joe:

COUNSELOR JERRY B So, let's get you to the Great Beyond.

22 Umm, wait! We forgot to try... uh, breakdancer! Yeah, I think that's gonna be my thing. [39] Popping and locking. Windmills. Settling my disputes with dance. Can we have one more minute to go back and try breakdancer? Please, Jerry? You look really good today, Jerry.

COUNSELOR JERRY B Oh, ok. I've never seen 22 this enthused. Good for you, Dr. Börgennson!

카운슬러가 나타난다.

카운슬러 제리 B 수고하셨어요, 비욘. 기분 나빠하실 필요 없어요. 여기 있는 22는 좀 까다롭거든요.

제리가 22의 머리를 쓰다듬는다.

22 제가 촉감을 못 느끼긴 하지만 만지지는 마세요.

22의 말을 무시하며, 카운슬러가 조를 위해 머나먼 저세상의 포털을 연다:

카운슬러 제리 B 이제 머나먼 저세상으로 보내 드릴게요.

22 음, 잠시만요! 깜박하고 안 해 본 게 있는데… 어, 브레이크 댄서예요! 그래요, 저한테 딱일 것 같아요. 팝핑에, 락킹, 윈드밀도 하고. 춤으로 내 문제를 해결하는 거예요. 딱 1분만 다시 돌아가서 브레이크 댄서를 해 보면 안 될까요? 제발, 제리? 오늘 정말 근사하네요, 제리.

카운슬러 제리 B 오, 알았어. 22가 이렇게 열정적인 걸 본 적이 없는데. 정말 잘하셨어요, 보겐슨 박사님!

challenge 도전, 시험대, 힘든 일 **pat** (애정을 담아) 쓰다듬다, 토닥거리다 **my thing** 내 적성에 잘 맞는 일 **settle a dispute** 분쟁을 수습하다 **enthuse** 열광하게 만들다 **Good for you!** 잘했어!, 잘됐네!

22 waits for the Counselor to disappear before saying:

22 Run!

22 takes off! Joe follows. She runs to an opened cardboard box.

22 In here!

22는 카운슬러가 사라지기를 기다리더니 조에게 말한다:

22 도망가요!

22가 도망친다! 조가 그 뒤를 따라간다. 22는 열려 있는 종이 상자를 향해 달린다.

22 이 안으로 들어가요!

take off 이륙하다, (서둘러) 떠나다 **cardboard box** 종이 상자

CHAPTER 9

Astral Plane

INT. CLUBHOUSE

They emerge inside 22's secret clubhouse, filled with a collection of random items from Earth. Joe looks around in amazement at all the stuff. Against one wall are thousands of name tags – all former Mentors of 22. 22 opens a cabinet under a bathroom sink, revealing a mysterious shaft.

22 Here it is!

JOE Where does it lead?

22 Hey, you ask too many questions. How 'bout you zip it for a minute, 'kay?

JOE And we're going there why?

실내. 클럽하우스

이들은 22의 비밀 클럽하우스로 들어온다. 이곳에는 지구에서 가져온 잡다한 물건들이 쌓여 있다. 조는 이 물건들을 둘러보며 놀라워한다. 한쪽 벽은 수천 개의 이름표로 도배가 되어 있는데, 22를 담당했던 멘토들의 이름들이다. 22가 욕실 세면대 밑에 있는 캐비닛을 열자 신비한 통로가 나타난다.

22 여기예요!

조 이건 어디로 통하는 거지?

22 저기요, 너무 많은 걸 물어보시네. 잠깐이라도 입 좀 다물고 있는 게 어때요?

조 한데 왜 저 안으로 들어가는 거야?

clubhouse 클럽하우스, 집회소 **name tag** 명찰, 이름표 **former** 과거의, 이전의 **bathroom sink** 욕실용 싱크대, 세면대 **mysterious** 기이한, 신비한 **shaft** 통로 **zip it** 입을 닫다, 닥치다

22 Because I know a guy there. A guy who can help. A guy like YOU.

JOE Like me? As in, alive?

22 nods.

JOE Wait. Are you actually helping me?

22 Joe. I have been here for who knows how long, and I've never seen anything that's made me want to live.[40] And then you come along. Your life is sad and pathetic. And you're working so hard to get back to it. Why? I mean, this I gotta see!

JOE Okay, let's go.

They crawl inside the shaft.

EXT. ASTRAL PLANE

Joe and 22 step onto the Astral Plane. Joe looks around at the bizarre, amazing landscape. The glitter-like dust below their feet rises and lowers gently, like waves on an ocean. Suspended above them are countless SOULS engrossed in tasks like playing an instrument, writing, swimming, etc. All are in the zone. Joe is in awe.

22 저기에 내가 아는 사람이 있어요. 우리를 도와줄 수 있는 사람이죠. 아저씨 같은 사람.

조 나 같은 사람? 그러니까, 살아 있는 사람 말이야?

22가 고개를 끄덕인다.

조 잠깐. 진짜로 날 돕는 거야?

22 아저씨. 난 여기에 정말 오래 있었어요. 하지만 살고 싶다는 마음이 들게 한 건 아무것도 없었어요. 그런데 아저씨가 나타난 거예요. 아저씨 인생은 슬프고 찌질하기 그지없는데, 아저씨는 그 인생으로 기어이 돌아가려고 하잖아요. 왜 그러는 거죠? 그러니까, 그 이유를 알아보고 싶은 거예요!

조 좋아, 가 보자.

그들은 통로 안으로 기어 들어간다.

실외. 유체이탈의 세계

조와 22는 유체이탈의 세계로 들어간다. 조는 기이하고 놀라운 풍경을 둘러본다. 반짝이 가루 같은 먼지가 이들의 발 밑에서 올라와 부드럽게 다시 가라앉는데, 마치 바다 위 물결처럼 보인다. 이들 위로 수많은 영혼들이 떠다니는데 악기 연주, 글쓰기, 수영 등의 활동에 몰두한 모습이다. 모두들 무아지경에 빠져 있다. 조가 감탄한다.

crawl 기다, 기어가다 **glitter** 반짝이다, 빛 **lower** 내리다 **gently** 부드럽게, 약하게 **suspend** 매달다, 걸다 **countless** 셀 수 없이 많은, 무수한 **engross** 몰두하게 만들다 **play an instrument** 악기를 연주하다 **in awe** 경외의 눈으로

JOE — What IS this place?

22 — You know how when you humans are really into something and it feels like you're in another place?[41] Feels like you're in the zone, right?[42]

JOE — Yeah.

22 — Well, THIS is the zone! It's the space between the physical and spiritual.

Joe gets closer to a soul – a Musician deep in the music.

JOE — Wait a minute! I was here! Today during my audition! This must be where musicians come when they get into a flow.

22 — Not just musicians. Watch this.

조 여기는 어디지?

22 아저씨 같은 인간들이 뭔가를 정말 좋아하면 또 다른 세상에 있는 느낌이 든다면서요? 무아지경에 빠진 느낌이 든다고, 맞죠?

조 그래.

22 이곳이 바로 그런 곳이에요! 육체와 정신 사이의 공간이죠.

조가 한 영혼에게 가까이 다가간다 – 음악에 심취한 뮤지션이다.

조 잠깐! 나 여기에 있었어! 오늘 오디션 볼 때! 뮤지션들이 음악에 푹 빠질 때 이곳으로 오는 거구나.

22 뮤지션만 그런 게 아니에요. 잘 봐요.

physical 육체의, 물질의 **spiritual** 영적인, 정신적인

22 picks up some astral dust, packs it into a snowball, and chunks it at an Actress performing Shakespeare, hitting her square in the face. The soul "wakes up."

In a Theater – the same Actress, playing Juliet, orates from a balcony.

JULIET Ay me! O Romeo, Romeo, wherefore art thou...

She suddenly "wakes up" from the zone, confused:

JULIET Line!

In a Tattoo Parlor – an Artist is working on a Client when 22 also "wakes" her from the zone. This causes an unfortunate Scratch across the client's back with the tattoo needle:

TATTOO ARTIST Oops.

Back on the Astral Plane:
22 stands near a New York Knicks Basketball Player in the zone, dribbling in for the dunk.

22 Check this out. I've been messing with this team for decades.

22가 유체이탈 세계의 먼지를 퍼 올리더니 눈싸움을 할 때처럼 공 모양으로 만들어 셰익스피어 공연을 하는 여배우에게 던진다. 그걸 얼굴에 정통으로 맞고 여배우의 영혼이 "깨어난다".

극장에서 - 줄리엣 역할을 하는 그 여배우가 발코니에서 긴 대사를 읊고 있다.

줄리엣 오! 로미오, 로미오, 그대는 어디에 있…

그녀가 갑자기 무아지경에서 "깨어나는데" 매우 당황해한다:

줄리엣 다음 대사!

문신 시술소에서 - 타투 아티스트가 손님에게 문신 작업을 해 주고 있는데 22가 무아지경에서 그녀를 "깨운다". 불행하게도 이 때문에 손님의 등에서 문신이 삐져나간다.

타투 아티스트 이런.

다시 유체이탈의 세계:
22는 무아지경에 빠진 뉴욕 닉스 팀 농구 선수 옆에 다가선다. 그가 덩크를 하려고 드리블을 한다.

22 이거 보세요. 내가 수십 년 동안 이 팀에게 장난을 좀 쳤죠.

pack 다지다, 뭉치다 **chunk** 내던지다 **hit ~ square in the face** ~의 얼굴에 정통으로 맞히다 **orate** 연설조로 말하다, 뽐내며 말하다 **line** 대사 **tattoo parlor** 문신 시술소 **unfortunate** 불운한, 운이 없는

22 throws another snowball, hitting the player just as he sails through the air.

INT. BASKETBALL ARENA

The Knicks Player "wakes up" in mid-dunk. The ball slams onto the rim as he crumbles to the hardwood. The crowd BOOS.

ANNOUNCER (O.S.) And the Knicks lose Another one!

Back to scene:

JOE Alright, alright. Where's this guy you know? I gotta get back to my gig.

22 Okay. I mean he's usually down here.

JOE What the–?

In the distance they see strange, monstrous beasts mumbling unintelligibly. These are Lost Souls.

CREATURE Make a trade. Make a trade.

JOE What is that?

22가 먼지 눈뭉치를 던져 공중으로 솟아오른 선수를 맞힌다.

실내. 농구 경기장

닉스 팀 선수가 덩크 도중에 "깨어난다". 공이 림에 부딪히고 그는 코트 바닥으로 나가 떨어진다. 관중들이 야유한다.

아나운서 (화면 밖 목소리) 닉스가 또 찬스를 놓칩니다!

현재 화면으로 전환:

조 알았어, 알았다고. 네가 안다는 그 사람은 어디에 있어? 난 돌아가서 공연을 해야 한단 말이야.

22 알았어요. 평소에는 이쯤에 있는데.

조 저건 뭐-?

멀리서 기이하고, 괴물 같은 모습을 한 야수 생명체들이 알아들을 수 없는 소리로 무언가를 중얼거린다. 이들은 '길 잃은 영혼들'이다.

생명체 거래해. 거래해.

조 저건 뭐야!?

arena 경기장, 공연장 in mid-dunk 덩크슛을 하던 중에 rim (농구의 골망을 달아 매는) 쇠테두리, 림 monstrous 괴물 같은 beast 야수, 짐승 mumble 중얼거리다 unintelligibly 이해할 수 없게, 난해하게 creature 생명체

22 Shhh!

But too late. One Creature spots Joe and 22 and runs at them.

CREATURE Make a trade! Make a trade!

JOE Ahhh!

22 Run!

CREATURE Make a trade, make a trade, make a trade!

The creature is nearly on them when suddenly a long Lasso twirls around the beast, bringing it to the ground.

Joe and 22 stand frozen, unsure what to make of this. Ding ding! They see the rope is attached to a massive Galley Ship with Tie-dyed Sails blaring Bob Dylan music. It "sails" towards them through the astral dust. An anchor is flung over the side. Aboard the ship a long-haired, eccentric captain looks down at them. This is Moonwind. A gangplank is dropped. He bounds down it to greet them:

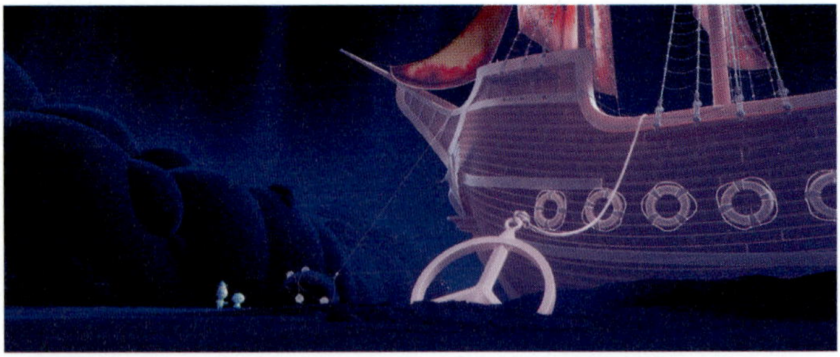

22 쉬쉬쉿!

하지만 너무 늦었다. 한 생명체가 조와 22를 발견하고 이들을 향해 돌진한다.

생명체 거래해! 거래해!

조 아아아!

22 도망가요!

생명체 거래해, 거래해, 거래해!

야수 생명체가 그들을 거의 덮치려고 하는데 갑자기 긴 올가미가 날아와 야수를 묶어, 바닥으로 끌어 내린다.

조와 22는 어쩔 줄 몰라 그 자리에서 꼼짝하지 않는다. 딩딩! 올가미 밧줄은 거대한 갤리선에 연결되어 있는데, 타이 다이로 염색한 돛을 달고 밥 딜런의 노래를 크게 틀고 있다. 배가 유체이탈 세계의 먼지를 헤치고 그들에게 "항해하듯" 다가온다. 배 옆으로 닻이 던져진다. 배 위에서 긴 머리를 하고 독특한 분위기를 풍기는 선장이 이들을 내려다본다. 이 선장의 이름은 문윈드이다. 배에서 육지로 내려오기 위한 판자가 내려온다. 선장이 판자를 걸어 내려와 그들을 맞이한다:

run at ~에게 덤비다 **lasso** 올가미 밧줄 **twirl** 빙글빙글 돌다 **galley ship** 갤리선 **tie-dye** 홀치기 염색하다 **fling** 내던지다, 내팽개치다 **eccentric** 괴짜인, 기이한 **gangplank** 배에서 걸어 내려가도록 하는 판자

MOONWIND Ah! Ahoy there, fellow Astral Travelers! Good to see you again, 22!

22 Moonwind! How are ya?

MOONWIND On the brink of madness, thanks for asking! [43]

22 Hey, got a request for ya.

22 nudges Joe forward.

JOE Uh yeah. I'm trying to get back to my body. Can you help me?

MOONWIND That's what we do! We are the Mystics Without Borders, devoted to helping the Lost Souls of Earth find their way. I'm Moonwind Stardancer at your service. [44]

He introduces his Mystic Crew, now coming down the gangplank:

MOONWIND That's Windstar Dreamermoon, Dancerstar Windmoon, and that's Dreamerwind Dreamerdreamer.

JOE These weirdoes are going to help me get back?

문윈드 아! 어이, 유체이탈 세계의 방랑자들이군! 다시 만나서 반가워, 22!

22 문윈드! 잘 지내죠?

문윈드 안부 물어봐 줘서 고맙긴 하지만, 미치기 일보 직전이야!

22 저기, 부탁할 게 있어요.

22가 조를 앞으로 민다.

조 그러니까, 제 몸으로 다시 들어가려고 하거든요. 도와주실 수 있나요?

문윈드 그게 우리가 하는 일이야! 우린 '국경 없는 신비주의자들'이지. 지구의 길 잃은 영혼들이 길을 찾는 걸 헌신적으로 도와주고 있어. 내 이름은 문윈드 스타댄서, 말만 하면 언제든 도와드리지.

그가 자신의 신비주의 선원들을 소개한다. 이들도 판자를 걸어 내려온다:

문윈드 쟤는 윈드스타 드리머문, 댄서스타 윈드문, 그리고 저쪽은 드리머윈드 드리머드리머야.

조 이 이상한 사람들이 내가 돌아가도록 도와준다고?

on the brink of ~의 직전에 mystic 신비주의자 weirdo 괴짜, 별난 사람

Just wait.

Dancerstar unwraps the now calm Lost Soul from the net.

DANCERSTAR Let's get this lost soul back home.

CREATURE Make a trade. Make a trade.

The Mystics seat the Lost Soul down and begin dancing and chanting around it. The Lost Soul continues to Mumble in incoherently.

MOONWIND Poor fellow. Some people just can't let go of their own anxieties and obsessions, leaving them lost and disconnected from life.[45] And this is the result. (beat) Looks like another Hedge Fund Manager.

CREATURE Make a trade. Make a trade.

As the Mystics continue the ceremony, the monstrous Lost Soul transforms into the soul of a Hedge Fund Manager. The mumbling turns out to be:

HEDGE FUND MANAGER Make a trade?

22 기다려 보세요.

댄서스타가 이제 차분해진 길 잃은 영혼을 그물에서 풀어 준다.

댄서스타 이 길 잃은 영혼이 집으로 돌아가도록 해 주자고.

생명체 거래해. 거래해.

신비주의자들이 길 잃은 영혼을 앉히더니 그 주위를 돌면서 춤을 추며 주문을 외우기 시작한다. 길 잃은 영혼은 두서없이 무언가를 계속 웅얼거린다.

문윈드 불쌍한 친구. 어떤 사람들은 불안과 집착을 떨쳐 버리지 못해서 인생에서 길을 잃고 단절되어 버리지. 그러면 결국 이렇게 되는 거야. (잠시 정적) 또 헤지 펀드 매니저 같군.

생명체 거래해. 거래해.

신비주의자들이 의식을 계속하자, 괴물 같던 길 잃은 영혼이 헤지 펀드 매니저의 영혼으로 변한다. 웅얼거리는 말투도 변하는데:

헤지 펀드 매니저 거래하라고?

make a trade 교환하다, 거래하다 **seat** 앉히다 **incoherently** 두서없이 **let go of** (생각 등을) 버리다, 포기하다 **obsession** 강박 상태, 집착 **disconnect** (연결을) 끊다 **ceremony** 의식, 예식 **transform into** ~으로 변형시키다, 변화되다 **turn out to be** ~인 것으로 드러나다

He looks around as if woken from a nightmare.

DANCERSTAR Now, to reconnect to your earthly body.

Dreamerwind takes a walking stick and draws a circle in the dust. The dust falls away, revealing a portal to a trading floor. Through it they see the Hedge Fund Manager's human form surrounded by computers, working a soulless job. The soul recognizes himself:

HEDGE FUND MANAGER Whoa! That's me. Thank you!

The soul jumps through it, landing straight back into his body.

INT. HEDGE FUND MANAGER'S CORNER OFFICE

The Hedge Fund Manager, surrounded by screens dripping with numbers and graphs, "wakes up."

그는 악몽에서 깨어난 듯 주위를 둘러본다.

댄서스타 이제 지구에 있는 육체와 다시 연결하는 거야.

드리머윈드가 지팡이를 잡더니 먼지에 원 하나를 그린다. 먼지가 원 안으로 떨어져 사라지면서 증권 거래소로 가는 포털이 나타난다. 포털 속에서 헤지 펀드 매니저의 인간 형상이 보인다. 사방이 컴퓨터로 둘러싸인 채, 영혼 없이 일을 하고 있다. 그 영혼이 자신을 알아본다:

헤지 펀드 매니저 와! 나야. 고마워요!

영혼이 포털 속으로 뛰어들어 다시 자신의 육체로 들어간다.

실내. 헤지 펀드 매니저의 구석진 사무실

숫자와 그래프로 가득한 모니터에 둘러싸인 헤지 펀드 매니저가 "깨어난다".

walking stick 지팡이 **fall away** (크기가) 서서히 줄어들다, 사라지다 **trading floor** (증권의) 거래소 **surrounded by** ~에 둘러싸인, ~에 포위되어 **soulless** 삭막한, 영혼이 없는 **land** 내려앉다, 착륙하다 **straight** 곧장, 곧바로 **drip with** ~으로 넘치다

HEDGE FUND MANAGER What am I doing with my life!?

Suddenly, he THROWS the screens off his desk and stands up.

HEDGE FUND MANAGER I'm alive! I'm alive! Free yourselves! Ha ha! It's beautiful!

He happily runs out of the office, knocking away the screens and flipping over the desks of his (former) Colleagues.

Back to scene: Seeing this excites Joe.

JOE Whoa. He got back just like that!?

Joe grabs the walking stick from Dreamerwind and draws another circle.

JOE So, this is all I have to do to get back to my body?

But instead of his human body, the Great Beyond appears!

JOE Aaahhh!

MOONWIND Ahh! Egads, man!

헤지 펀드 매니저 내가 도대체 인생을 어떻게 살고 있는 거지!?

갑자기 그가 책상에 있던 모니터들을 쓸어 버리고 일어선다.

헤지 펀드 매니저 살아났어! 내가 살아났다고! 다들 자유를 찾아! 하하! 정말 아름다운 인생이야!

그가 행복하게 사무실을 뛰쳐나가면서, (옛) 동료들의 모니터를 넘어뜨리고 책상을 뒤집어 버린다.

다시 현재 장면으로: 이를 보고 조는 흥분한다.

조 우와. 저렇게 쉽게 돌아갔다고!?

조가 드리머윈드에게서 지팡이를 낚아채더니 또 다른 원을 그린다.

조 그러니까, 이렇게만 하면 내 몸으로 돌아갈 수 있는 거죠?

하지만 원 속에 나타난 것은 그의 육체가 아니라 머나먼 저세상이다!

조 아아아아!

문윈드 아아! 에구머니나, 이봐!

alive 살아있는 **knock away** 쳐서 떨어뜨리다 **flip ~ over** ~을 홱 뒤집다 **colleague** 직장 동료 **egad(s)** (감탄사) 야! 이런!

Moonwind quickly cover up the hole.

MOONWIND Joe! Are you… dead!?

JOE No! No, no. Well, not yet. Can you help me get back?

MOONWIND We've never connected an untethered soul back to its body before. But perhaps if we travel to a thin spot… Yes! All aboard!

He leads them up the gangplank.

MOONWIND Anchors away!

EXT. ASTRAL PLANE

The ship sails through the sands. Moonwind is at the wheel, as 22 and Joe look on. The other Mystics enjoy tea-time on the main deck.

JOE So, if your souls are here, where are your bodies?

MOONWIND Well, on Earth, of course!

문윈드가 재빨리 구멍을 덮어 버린다.

문윈드 조! 자네… 죽은 거야!?

조 아니! 아니, 아니. 음, 아직은 아니에요. 돌아갈 수 있게 도와줄 수 있죠?

문윈드 자유 영혼을 다시 몸에 연결시켜 본 적은 없어. 하지만 약한 지점으로 이동하면 어쩌면… 그래! 다들 배에 타!

문윈드가 그들을 데리고 판자를 올라간다.

문윈드 닻을 올려라!

실외. 유체이탈의 세계

배가 모래를 가르며 항해한다. 문윈드가 조종을 하고, 22와 조가 이를 바라본다. 다른 신비주의자들은 중앙 갑판에서 차를 마시고 있다.

조 당신들 영혼이 여기 있으면, 몸은 어디에 있는 거죠?

문윈드 당연히, 지구에 있지!

cover up ~을 완전히 덮다, 가리다 **untethered** 매여 있지 않은 **thin** 얇은, 가는 **be at the wheel** 조종하다 **look on** 구경하다, 지켜보다 **deck** 갑판

WINDSTAR My body is in a trance in Palawan.

DANCERSTAR I'm playing the Saraswati Veena in Tibet.

DREAMERWIND I'm a shamanic healer meditating in Berkeley, California.

JOE (to Moonwind) Mmhmm. Lemme guess, you're drumming, chanting, and meditating?

MOONWIND Yes… something like that. [46]

EXT. NEW YORK STREET CORNER

Moonwind's human body expertly spins a "Hot Deals" sign on a street corner.

Back to scene:

MOONWIND I'm in New York City, on the corner of 14th and 7th.

윈드스타　　내 몸은 최면 상태로 팔라완 섬에 있어.

댄서스타　　난 티베트에서 사라스와띠 비나를 연주하고 있지.

드리머윈드　　나는 무속 치료사인데, 캘리포니아 버클리에서 명상을 해.

조　　(문윈드에게) 음… 내가 맞춰 볼게요, 당신은 북을 치고, 주문도 외우고, 명상도 하죠?

문윈드　　그래… 그렇다고 할 수 있지.

실외. 뉴욕 길모퉁이
문윈드의 육체가 길모퉁이에서 "폭탄 세일" 광고판을 능숙하게 돌리고 있다.

다시 현재 화면으로:

문윈드　　나는 뉴욕 14번가와 7번가 모퉁이에 있어.

in a trance 무아지경인 **Palawan** 팔라완 섬(필리핀 제도 서남부 섬) **Saraswati Veena** 사라스와띠 비나(인도 남부의 민속 발현 악기) **Tibet** 티베트 **shamanic healer** 무속 치료사 **meditate** 명상하다, 묵상하다 **expertly** 전문적으로, 숙련되게 **hot deal** 대박 할인 **sign** 표지판, 간판

JOE Oh, that's right up from Tony Tony Tonios!

MOONWIND Yes, precisely!

JOE (to 22) And what about you? I thought you hated Earth.

22 I'm not stuck with a body, so I can go wherever I want. I'm a No-body. Get it?

MOONWIND We Mystics meet in this glorious landscape every Tuesday.

They sail past high mountains, deep valleys, and Herds of Lost Souls. Joe looks down at them.

JOE So many of them. Sad.

MOONWIND You know, Lost Souls are not that different from those in the zone.

Moonwind points at the souls floating above them.

JOE What?

MOONWIND The zone is enjoyable, but when that joy becomes an obsession, one become disconnected from life.

조 오, 거기 토니 토니 토니오스 바로 위에 있잖아요!

문윈드 맞아, 정확해!

조 (22에게) 그런데 너는? 네가 지구를 싫어하는 줄 알았지.

22 난 육체에 매여 있지 않아서 원하는 곳은 어디나 갈 수 있어요. 난 '노-바디'에요. 무슨 뜻인지 아시겠어요?

문윈드 우리 신비주의자들은 매주 화요일마다 이렇게 멋진 곳에서 만나지.

그들은 높은 산과 깊은 골짜기를 지난다. 길 잃은 영혼들도 여럿 지나간다. 조가 이를 을 바라본다.

조 저렇게 많다니. 슬프네.

문윈드 길 잃은 영혼들은 무아지경에 빠진 영혼하고 크게 다르지 않아.

문윈드가 그들 위로 떠다니는 영혼들을 가리킨다.

조 뭐라고요?

문윈드 무아지경은 즐겁지만, 그 즐거움이 집착으로 변하면 삶과 단절되는 거야.

precisely 바로, 꼭, 정확히 **glorious** 눈부시게 아름다운, 영광스러운 **landscape** 풍경, 경치 **valley** 골짜기, 계곡 **herd** (짐승의) 떼, (한 무리의) 사람들

We see a floating Soul with a Metal Detector, obsessed in the hunt.

METAL DETECTOR SOUL (muttering) Gottafindit, gottafindit, gottafindit, gottafindit...

They watch as the soul becomes Encased in Astral Dust, transforming into a Lost Soul. Its muttering becomes garbled and scary.

MOONWIND For a time, I was a Lost Soul myself.

JOE Really?

MOONWIND (nods) Tetris.

금속 탐지기를 들고 무언가를 찾는 데 혈안이 된 영혼이 떠다닌다.

금속 탐지기 영혼 (중얼거리며) 찾아야 해, 찾아야 해, 찾아야 해, 찾아야 해…

이들은 그 영혼이 유체이탈 세계의 먼지를 뒤집어쓰고 길 잃은 영혼으로 변하는 광경을 지켜본다. 그가 웅얼거리는 소리는 알아들을 수도 없고 무섭게 들리기도 한다.

문윈드 잠깐이지만, 나도 길 잃은 영혼이었지.

조 정말요?

문윈드 (고개를 끄덕인다) 테트리스 때문에.

metal detector 금속 탐지기 **obsessed** 중독된, 집착하는, 강박을 보이는 **Gottafindit.** 찾아야 해.(= I've got to find it.) **encase** 감싸다, 둘러싸다 **garbled** 잘 알아들을 수 없는

CHAPTER 10

Jump to the Earth

EXT. ASTRAL PLANE — THIN SPOT

The ship sails into a sunken spot on the Astral Plane and drops anchor.

MOONWIND There you are! We'll have you back in no time.

Everyone walks down the gangplank onto the astral sand.

MOONWIND Now, since you don't have a connection to your body, you will have to tune back into your physical surroundings.[47]

실외. 유체이탈의 세계 — 약한 지점

배가 유체이탈의 세계에서 약간 가라앉은 지점으로 이동하더니 닻을 내린다.

문윈드 다 왔어! 금방 돌려보내 주지.

모두가 판자를 걸어 내려와 유체이탈 세계의 모래사장으로 내려간다.

문윈드 자, 자네는 몸과 연결되어 있지 않으니까 자네의 몸이 있는 환경에 신호를 맞춰야 할 거야.

sunken 움푹 들어간, 가라앉은 in no time 당장에, 즉시 surroundings 환경

Moonwind uses the walking stick to draw a large circle in the dust. Dreamerwind hands 22 a tambourine and they start playing various instruments as Moonwind stands next to Joe.

MOONWIND Close your eyes. Breathe into your crown chakra.

Joe tries to focus, but can't concentrate with the bad music.

JOE Do we really need all this?

MOONWIND Yes!

JOE Do you have a piano on board? I could focus with that!

MOONWIND No, pianos, Joe! You must focus! (beat) Imagine silence… (beat) Shhhhh….

Joe rolls his eyes and gives in.

MOONWIND Now concentrate on where your body is. Listen for cues.

Joe concentrates. The dust in the circle swirls away, revealing an overhead panorama of New York.

MOONWIND That's it! [48] You're doing it!

문윈드가 지팡이를 이용해 먼지 속에 거대한 원을 그린다. 드리머윈드가 22에게 탬버린을 건네고 그들은 여러 악기들을 연주하기 시작한다. 문윈드는 조 옆에 서 있다.

문윈드 눈을 감아. 정수리로 숨을 들이마시는 거야.

조가 집중하려 하지만, 연주가 엉망이라 집중할 수가 없다.

조 이렇게까지 해야 되는 거예요?

문윈드 그럼!

조 배에 피아노 있어요? 그러면 집중할 수 있을 것 같아요!

문윈드 피아노 없어, 조! 집중해! (정적) 고요함을 떠올려 봐… (정적) 쉬이이이…

조가 못마땅한 듯 눈을 굴리고 체념한다.

문윈드 이제 자네 몸이 있는 곳에 집중해. 신호를 들어 봐.

조가 집중한다. 원 안에 있는 먼지가 소용돌이치며 사라지고 하늘에서 본 뉴욕의 전경이 나타난다.

문윈드 바로 그거야! 잘하고 있어!

crown (머리) 정수리 **chakra** 차크라(신체에서 기가 모이는 부위) **on board** 선상에, 기내에, 차내에 **roll one's eyes** 눈알을 굴리다 **give in** 굴복하다 항복하다 **cue** 신호 **swirl** 소용돌이치다 **overhead** 머리 위의 **panorama** 전경, 파노라마

Joe peeks. The overhead view begins to fall away. Moonwind quickly covers Joe's eyes:

MOONWIND No peeking! Maintain your meditative state or you'll break the connection. [49] Now, see if you can smell and feel where your body is! [50]

Joe focuses again. We hear the Beeping of a Heart Monitor.

JOE I hear… a heart monitor. I can smell… hand sanitizer!

MOONWIND Yes! Yes! Good!

JOE I think I can feel my feet! (beat) Hmm. I feel fur…?

INT. HOSPITAL — JOE'S ROOM

Joe's body lies in bed. His toes wiggle. His hand is on a Therapy Cat as a Therapy Cat Lady and Nurse talk nearby.

THERAPY CAT LADY Did you find a next of kin?

JOE'S BODY (semi-conscious) I… feel… fur…

NURSE Did you hear that!?

조가 실눈을 뜨고 슬쩍 바라본다. 전경이 사라지기 시작한다. 문윈드가 얼른 조의 눈을 가린다.

문윈드 훔쳐보지 마! 명상의 상태를 유지하지 않으면 연결이 끊어진다고. 이제, 자네 몸이 있는 곳의 냄새와 촉감을 느낄 수 있는지 확인해 봐!

조가 다시 집중한다. 심장 모니터가 작동하는 소리가 들린다.

조 소리가 들려요… 심장 모니터예요. 냄새도 나는데… 손 세정제예요!

문윈드 그래! 그래! 좋아!

조 내 발이 느껴지는 것 같아요! (잠시 정적) 흠. 털인 것 같은데…?

실내. 병원 — 조의 병실

조의 몸이 침대에 누워 있다. 그의 발가락이 꼼지락거린다. 그의 손이 테라피 고양이 위에 올려져 있는데, 테라피 고양이를 관리하는 여성과 간호사가 옆에서 이야기를 나누고 있다.

테라피 고양이 관리사 이 사람 가족은 찾으셨나요?

조의 몸 (반쯤 의식을 차리고) 털인… 것… 같은데…

간호사 방금 들었어요!?

peek 훔쳐보다, 몰래 엿보다 maintain 유지하다 meditative state 명상 상태 beep 삐 소리를 내다 heart monitor 심장(박동) 모니터 hand sanitizer 손 세정제 fur 털, 모피 wiggle 꼼지락거리다 therapy 치료, 테라피 nearby 인근에, 가까운 곳에 next of kin 가장 가까운 친척(부모, 배우자, 자녀, 형제 등) conscious 의식이 있는

THERAPY CAT LADY Oh! The therapy cat is working!

Back to the Astral Plane: Joe is getting impatient.

JOE Am I close? When can I jump in?

Joe opens his eyes.

JOE Look! There I am!

In the Hospital – Joe's body mumbles:

JOE'S BODY (semi-conscious) There… I… am…

NURSE His heart rate is increasing. I'll get the doctor.

THERAPY CAT LADY Mr. Mittens, you stay right there!

Back on the Astral Plane: Joe is on his feet!

JOE What are we waiting for!?

But the portal begins to drop away.

테라피 고양이 관리사 오! 테라피 고양이가 효과가 있네!

화면은 다시 유체이탈의 세계로 돌아온다: 조가 조바심을 낸다.

조 다 된 거예요? 언제 뛰어들면 되는 거죠?

조가 눈을 뜬다.

조 봐요! 저기 내가 있어요!

병원에서 – 조의 몸이 무언가 중얼거린다:

조의 몸 (반쯤 의식을 차리고) 저기… 내가… 있어요…

간호사 심박수가 올라가고 있어요. 의사 선생님을 모셔 올게요.

테라피 고양이 관리사 미스터 미튼즈, 거기 가만히 있어!

화면이 다시 유체이탈의 세계로 돌아온다: 조가 벌떡 일어난다!

조 뭘 기다리는 거예요!?

포털이 아래로 사라지기 시작한다.

impatient 짜증난, 안달하는 **heart rate** 심장 박동 수 **on one's feet** 일어나는

MOONWIND No! No! Joe! Don't rush this! It's not the right time!

JOE No! It's my time!

Moonwind tries to stop Joe, but Joe runs forward. In his haste he plows into 22, knocking them both into the hole.

22 Wait! Not me!

JOE Ahhh!

22 and Joe disappear through the portal as astral dust swirls back up, covering it. Moonwind and the others stare at the thin spot. Then Moonwind turns and walks away, whistling.

문윈드 안 돼! 안 돼! 조! 서두르면 안 돼! 아직은 때가 아니야!

조 아뇨! 지금 가야 해요!

문윈드가 조를 막으려 하지만 조는 앞으로 뛰어간다. 너무 급하게 서두르다가 22와 충돌하고, 둘 다 구멍 안으로 떨어진다.

22 잠깐만! 나는 왜!

조 아아아!

22와 조가 포털 속으로 사라지고 유체이탈 세계의 먼지가 다시 소용돌이치며 포털을 덮어 버린다. 문윈드와 그의 선원들은 약한 지점을 바라본다. 그러다 문윈드가 돌아서서 휘파람을 불며 유유히 자리를 뜬다.

the right time 적당한 때, 알맞은 때 **in one's haste** 서두르는 **plow into** ~과 충돌하다, 들이받다 **disappear** 사라지다 **stare** 응시하다 **whistle** 휘파람을 불다

CHAPTER 11

Switched

INT. HOSPITAL — JOE'S ROOM

POV from Joe, as he opens his eyes and looks around the hospital room.

JOE

I did it. I did it! I'm back. Ha ha!

But he looks to see his own body in front of him, lying in the hospital bed. He looks at his hands. They are cat paws.

JOE

What the—? No! No! No! No! I'm in the cat? Wait a minute! If I'm in here, then, then who…

실내. 병원 — 조의 병실

화면은 조의 시점으로 보인다. 그가 눈을 뜨고 병실을 둘러본다.

조 해냈어. 내가 해냈다고! 돌아왔어. 하하!

그런데 조는 눈앞에 자신의 몸이 병원 침대에 누워 있는 모습을 바라본다. 그리고 자신의 손을 바라보는데, 고양이의 발이다.

조 이게 뭐-? 안 돼! 안 돼! 안 돼! 안 돼! 내가 고양이 안에 있는 거야? 잠깐! 내가 이 안에 있으면, 누가…

POV 시점(= point of view) **paw** (동물의 발톱이 달린) 발

Joe's body wakes up, sounding like 22:

22 Uhhh... oh... wha...

JOE You're in my body!

22 You're in the cat!?

JOE Wait, wait. That's MY body!

22 I'm in a body!! NOOO!

JOE Why are you in my body?! I don't wanna be in a cat! I hate cats!

22 Blech! It's disgusting!

JOE That Moonwind guy, he messed this up!

A Doctor, the Nurse and the Therapy Cat Lady enter. Joe Cat turns to the Doctor, pleading with her:

JOE Doc, you gotta help me! That's my body but I'm trapped—!

조의 몸이 깨어나는데, 22처럼 말을 한다:

22 어어… 오… 뭐지…

조 네가 내 몸 안으로 들어갔어!

22 고양이 몸에 들어간 거예요!?

조 잠깐, 잠깐. 그건 내 몸이라고!

22 내가 몸 안에 들어왔다니!! 안 돼애애!

조 왜 네가 내 몸 안에 있는 거야?! 난 고양이 안에 있고 싶지 않아! 고양이를 싫어한다고!

22 으웩! 토할 것 같아!

조 망할 놈의 문윈드가 완전히 엉망으로 만들어 버렸어!

의사, 간호사, 그리고 테라피 고양이 관리사가 들어온다. 고양이가 된 조가 의사를 바라보며 간청한다:

조 선생님, 저 좀 도와주세요! 저게 내 몸인데, 난 갇힌 신세라—!

blech 윽(역겨워서 내는 소리) disgusting 역겨운, 구역질 나는 mess up 엉망으로 만들다 plead with ~에 탄원하다, 항변하다

But as the Doctor, Nurse and the Cat Lady watch, they only hear the cat Yowling at them:

CAT Meow! Meow! Meow!

Back to Joe's POV as he realizes:

JOE Oh, no! They can't understand me! They think you're me! You gotta try.

22 Uh, Ms. Doctor, we have a problem. I'm an unborn soul and I wanna stay at the You Seminar!

But the Doctor hears Joe's voice.

DOCTOR (confused, to the nurse) Yes, well, that drug doesn't seem to be working at all.

22 No, no, no. you don't understand, I'm not Mr. Gardner –

JOE Shhh! They're going to think you're nuts! I mean… that I'm nuts! Ugh. How did this happen!?

22 I fell into your body because it doesn't have a soul!

하지만 의사, 간호사, 고양이 관리사에게는 고양이가 자신들을 향해 우는 소리로만 들릴 뿐이다:

고양이 야옹! 야옹! 야옹!

화면은 다시 조의 시선으로 돌아온다. 그가 무언가를 깨닫는다:

조 오, 이런! 저 사람들이 내 말을 못 알아듣네! 네가 나라고 생각하고 있어! 니가 좀 해 봐.

22 어, 의사 여사님, 문제가 있어요. 나는 아직 태어나지 않은 영혼이라 유 세미나에 계속 있고 싶어요!

하지만 의사에겐 조의 목소리로 들린다.

의사 (당황하며, 간호사에게) 그래, 어, 그 약이 전혀 효과가 없는 것 같군.

22 아니, 아니, 아니. 이해를 못 하시네요. 전 가드너 씨가 아니에요 –

조 쉿! 저 사람들은 네가 미쳤다고 생각할 거야! 내 말은… 내가 미쳤다고! 윽. 어떻게 이럴 수가 있지!?

22 아저씨 몸에 영혼이 없으니까 내가 그 속으로 떨어진 거라고요!

yowl 울부짖다 **unborn** 아직 태어나지 않은 **nuts** 미친 사람

JOE Then why am I in a cat?

22 I don't know!

On the slidewalk – the Cat's Soul rides the escalator toward the Great Beyond, alongside an assortment of other animals.

CAT Meow?

Back to scene: The Doctor comes close to 22.

DOCTOR Is there anyone we can call, Mr. Gardner? A next of kin or friend?

JOE Tell her no!

22 Uh… no!

DOCTOR Can you tell me what day it is?

22 It's the worst day of my life! I don't want to be here! I hate Earth!

조 그럼 나는 왜 고양이 몸속에 있는 거야?

22 나도 모르죠!

무빙워크 위 - 고양이의 영혼이 머나먼 저세상으로 가는 에스컬레이터를 타고 있다. 여러 다른 동물들의 모습도 보인다.

고양이 야옹?

다시 현재 장면으로: 의사가 22에게 가까이 다가온다.

의사 가드너 씨, 우리가 연락할 만한 사람이 있나요? 가족이나 친구 없어요?

조 없다고 말해!

22 어… 없어요!

의사 오늘이 무슨 날인지 말해 보시겠어요?

22 내 인생 최악의 날이요! 전 여기에 있기 싫다고요! 지구가 싫어요!

alongside ~ 옆에, 나란히 **assortment** 모음, 종합

DOCTOR Tell you what, we're going to keep you here for observation. Just for a bit. Perhaps our therapy cat can go to his next appointment.

The Doctor starts to pick up Joe. But he hisses at her. The Doctor pulls back.

DOCTOR Okay! Okay!

JOE (to 22) You gotta talk to her!

22 Umm… Ms. Doctor, this body's soul is in this cat—

JOE Stop talking!

22 So, naturally he wants to stay close.

DOCTOR Uhhh, keep the cat. Just get some rest. A lot of it, okay?

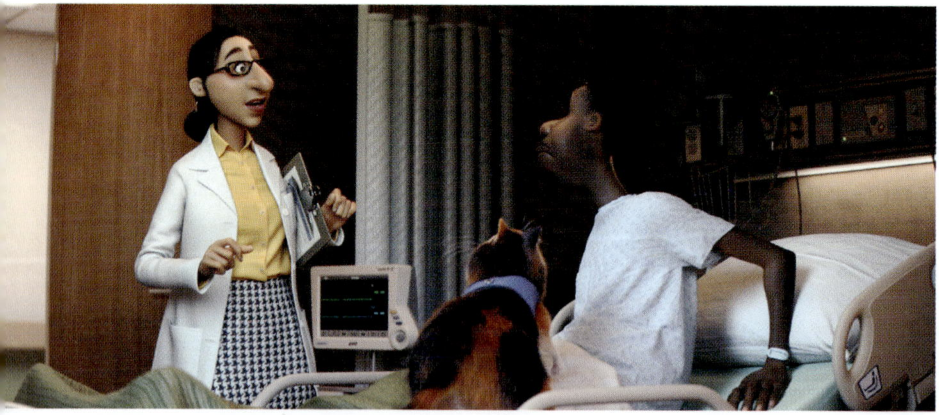

의사 이렇게 해요. 상태를 더 지켜봐야 하니까 여기에 계시도록 하세요. 잠시만 말이죠. 우리 테라피 고양이는 다음 진료 약속이 있어 가야겠네요.

의사가 조를 들어 올리려고 하자, 그가 그녀를 위협하며 쉬익 하는 소리를 낸다. 의사가 뒤로 물러난다.

의사 알았어! 알았어!

조 (22에게) 의사한테 말 좀 해 봐!

22 음… 의사 여사님, 이 몸의 영혼이 이 고양이 속으로 들어가서

조 그만해!

22 그래서, 가까이 있으려고 하는 거예요.

의사 어어, 고양이는 데리고 있으세요. 쉬세요. 충분히, 아셨죠?

observation 관찰, 관측 **for a bit** 잠시 동안 **hiss** (화를 내며) 씩씩 하는 소리를 내다 **pull back** 후퇴하다, 물러서다

As she leaves, the Therapy Cat Lady says:

THERAPY CAT LADY I'll come get Mr. Mittens in ten minutes.

22 and Joe are now alone.

JOE Ten minutes! We gotta get outta here!

22 No way! [51] I am NOT moving! I can't believe I'm in a body! On this hellish planet! I have bendy meat sticks! I can feel myself feeling myself. Ah!

Joe slaps 22's face with his paws.

JOE Hey! Focus! Listen to me! We gotta get out of here before they take me away!

22 Take you away? You're gonna leave me!?

JOE No way. That's my body you're in! Okay, do you think you can walk?

22 I don't know! I failed Body Test Drive like 436 times.

JOE But will you try?

의사가 나가고, 테라피 고양이 관리사가 말을 한다:

테라피 고양이 관리사 10분 뒤에 미스터 미튼즈를 데리러 올게요.

이제 22와 조 둘만 남아 있다.

조 10분이라니! 여길 벗어나야 해!

22 싫어요! 난 안 가요! 내가 몸속에 있다니 믿을 수가 없어! 더구나 이 끔찍한 지구에! 구부러지는 고기 산적 같은 게 붙어 있네! 내가 나를 느끼는 게 느껴져. 아악!

조가 고양이 발로 22의 얼굴을 때린다.

조 이봐! 집중해! 내 말 잘 들어! 저 사람들이 날 끌고 가기 전에 여기를 빠져나가야 해!

22 아저씨를 끌고 간다고요? 나를 혼자 두고 간단 말이에요!?

조 아니야. 내 몸속에 네가 들어가 있잖아! 좋아, 너 걸을 수 있겠니?

22 잘 모르겠어요! 몸 운전 면허 시험을 436번 정도 떨어졌거든요.

조 그래도 해 볼 거지?

hellish 지옥 같은 bendy 잘 휘어지는, 굴절된 take away 제거하다, 치우다

22 finally nods.

JOE Okay. Gotta find Moonwind. He can fix this.

Joe gets up on his feet, looks down at the floor. It seems like a long way down.

JOE I'm a cat. I can make this.

He jumps, belly-flopping on the linoleum.

22가 그제야 고개를 끄덕인다.

조 좋아. 문윈드를 찾아야 해. 그 사람이 해결할 수 있을 거야.

조가 일어서서 바닥을 내려다본다. 바닥이 저 아래 멀리 있는 것처럼 느껴진다.

조 난 고양이야. 할 수 있다고.

그가 뛰어내리는데, 리놀륨 바닥에 철퍼덕하며 배가 먼저 떨어진다.

fix 수리하다, 바로잡다 **long way** 먼 곳, 동떨어진 **belly-flop** 배가 먼저 떨어지다 **linoleum** 리놀륨(건물 바닥재로 쓰이는 물질)

CHAPTER 12

Into the New York Streets

INT. HOSPITAL — HALLWAY

Joe peeks out from the door and down the hall. The coast is clear. He stumbles into the hall, struggling to control his new cat body.

JOE Okay, come on. You're doing great. Keep going. Keep going.

22 staggers after him, doing even worse in Joe's body. The two fumble and lurch, banging into everything.

22 I'm just gonna rest here for a minute.

JOE No, no, no, no. They'll be back any minute. Come on!

실내. 병원 — 복도

조가 문 밖으로 고개를 내밀고 복도를 엿본다. 아무도 없다. 그가 비틀거리면서 복도로 나가는데, 고양이 몸을 조종하는 데 애를 먹는다.

조 자, 가자. 잘하고 있어. 계속 가. 가라고.

22가 비틀거리며 그를 따라가는데, 조의 몸속에 더 애를 먹는다. 두 사람은 제대로 움직이지 못하고 휘청거리며 여기저기 부딪힌다.

22 그냥 여기서 좀 쉴게요.

조 안 돼, 안 돼, 안 돼, 안 돼. 사람들이 곧 온다고! 어서!

stumble 비틀거리다, 휘청거리다 **stagger** 비틀거리다 **fumble** (손으로) 더듬거리다, 몸을 잘 가눌 수 없다 **lurch** 휘청거리다 **bang into** ~에 부딪히다

22 Okay!

They finally turn a corner. Joe sees the elevator. But the Doctor approaches, looking at a file, unaware. Before she sees them, Joe pushes 22 into another room.

JOE (whispers) In here!

The Doctor passes by outside, oblivious.

JOE Okay, good.

They rush out and head towards the elevator.

JOE Now push the down button.

22 tries, but lacks fine motor control, pressing everything but the elevator call button.

JOE Move your... Nope. Careful! Those fingers are my livelihood!

Frustrated, Joe jumps into her arms and pushes the elevator button. The doors open.

22 알았어요!

그들이 이제 모퉁이를 돈다. 조가 엘리베이터를 발견한다. 그런데 의사가 다가오고 있다. 서류 파일을 보느라 이들을 알아차리지 못한다. 의사가 그들을 보기 전에 조가 22를 다른 방으로 밀어 넣는다.

조 (속삭이며) 여기로 들어가!

의사가 밖에서 지나가는데, 알아채지 못한다.

조 좋아.

그들은 서둘러 나와 엘리베이터로 이동한다.

조 내려가는 버튼을 눌러.

22가 해 보지만, 미세하게 움직임을 조절하는 능력이 부족해서 엘리베이터 버튼 빼고 다른 곳만 계속 누른다.

조 손가락을 움직… 아니. 조심해! 그 손가락은 내 밥줄이라고!

답답해하던 조가 22의 팔 위로 뛰어올라 엘리베이터 버튼을 누른다. 문이 열린다.

down button 하강 버튼 livelihood 생계

JOE Now get in.

They rush in.

INT. HOSPITAL — ELEVATOR

The two collapse in the elevator. 22 inspects Joe's glasses, causing a bright spot on the floor. Joe can't stop his cat instincts and tries to pounce on it. He catches himself and sits back down.

JOE Okay. What did Moonwind say? He said on the corner of 14th and 7th.

22 Yeah, that's Chelsea. Near Jackson Square Park.

JOE Exactly. Wait. How do you know all that?

22 It's all in this stupid brain of yours.

JOE Hey! Stay out of there!

22 Oh, relax, there's not much here. Jazz, jazz, jazz, more jazz. Oh, and someone named Lisa. Who's that?

JOE Uh, never mind!

조 이제 들어가.

그들이 재빨리 엘리베이터에 탄다.

실내. 병원 — 엘리베이터

둘은 엘리베이터 안에서 쓰러진다. 22가 조의 안경을 살펴보자 바닥에 환한 점이 생긴다. 조는 고양이의 본능을 억제하지 못하고 그 점을 덮치려고 한다. 하지만 이내 행동을 멈추고 다시 앉는다.

조 좋아. 문윈드가 뭐라고 했지? 14번가와 7번가의 모퉁이라고 한 것 같은데.

22 네, 거긴 첼시에요. 잭슨 스퀘어 공원 근처.

조 맞아. 잠깐, 네가 그걸 어떻게 다 아는 거야?

22 아저씨의 이 멍청한 머릿속에 다 들어 있으니까요.

조 이봐! 거기에서 나오라고!

22 진정해요. 들어 있는 것도 많이 없는 걸요. 재즈, 재즈, 재즈, 또 재즈. 오, 리사라는 사람도 있네요. 누구죠?

조 으, 신경 꺼!

collapse 쓰러지다, 무너지다 **inspect** 점검하다 **instinct** 본능, 직감 **pounce** 덮치다, 덤비다

EXT. HOSPITAL — LOBBY

22 holds Joe as they emerge from the elevator and into the lobby. They walk toward the frosted glass EXIT doors. 22 stands in front of the doors. They can hear the muffled sounds of the busy city behind them. 22 tries to gather courage.

22 I ummm... This is all happening too fast. Let's just take a minute and –

JOE Come on, let's go! They could be here any second!

EXT. NEW YORK STREETS — DAY

The doors open and 22 steps out into: The Cacophony of New York is overwhelming to 22 – a barrage of sight and sound. 22 freezes in fear, but is swept up in a passing crowd of people.

22 Ahh!

JOE Don't worry, it's okay. Just keep walking.

실외. 병원 — 로비

22가 조를 안고 엘리베이터에서 나와 로비로 간다. 그들은 불투명 유리 출입문을 향해 걸어간다. 22가 문 앞에 선다. 문 뒤에서 북적거리는 도시의 소음이 나지막이 들려온다. 22는 용기를 내려고 노력한다.

22 음… 모든 게 너무 급작스럽게 벌어지네요. 좀 쉬면서 –

조 자, 가야 돼! 사람들이 곧 올 거라고!

실외. 뉴욕 거리 — 낮

문이 열리고 22가 거리로 나오는데: 뉴욕의 부산함과 시끄러움은 22에게 너무 벅차다 – 눈과 귀가 폭격을 맞은 것 같다. 너무 무서워서 꼼짝할 수 없는 22, 지나가는 인파 속에 휩쓸린다.

22 아아!

조 걱정하지 마, 괜찮아. 그냥 계속 걸어가.

frosted 잘 보이지 않은, 불투명의 **muffled** 소리가 잘 안 들리는 **gather courage** 용기를 내다 **cacophony** 불협화음 **barrage** 연속적인 타격, 공격 **swept up** ~에 휩쓸린

But it's too much – A Jackhammer! A police whistle! A fire truck! 22 panics and freezes.

JOE No, no! Don't stop! What are you doing!? This is New York City! You don't stop in the middle of the street. Go, go, go!!!

Insistent, Joe inadvertently scratches 22.

22 Aahhhh!

22 drops Joe and runs across the street! Joe rushes after her, nearly getting hit by traffic. But 22 is gone.

JOE Oh, no. 22! 22!

He runs up and down the block, panicking.

JOE 22!!! Oh, no! Oh, no! 22! 22!

EXT. NEW YORK — DOOR STOOP — DAY

Joe finally finds 22 hiding in the corner of a sub-level stoop.

JOE 22! I didn't know I had claws, okay? Look, I'm sorry, but come on, let's go.

하지만 감당할 수 없을 정도이다 - 착암기! 경찰 호루라기! 소방차! 22는 겁에 질려 그 자리에 얼어붙는다.

조 안 돼, 안 돼! 멈추지 마! 뭐 하는 거야!? 여긴 뉴욕이라고! 길 한가운데서 멈추면 안 돼. 가라고, 가, 어서!!!

조가 계속 강요하다가 실수로 22를 할켜 버린다.

22 아아아!

22가 조를 떨어뜨리고 길 건너로 도망친다! 조가 22를 쫓아가다가 차에 치일 뻔한다. 22의 모습이 보이지 않는다.

조 오, 안 돼. 22! 22!

조가 당황해서 주변을 왔다 갔다 뛰어다닌다.

조 22!!! 오, 안 돼! 오, 안 돼! 22! 22!

실외. 뉴욕 — 현관 입구 계단 — 낮

조가 마침내 22를 발견하는데 아래로 내려가는 계단 구석에 숨어 있다.

조 22! 내게 발톱이 있는지 몰랐어, 응? 이봐, 미안해. 한데 얼른 가자고.

jackhammer 드릴, 착암기 **fire truck** 소방차 **insistent** 고집하는, 주장하는 **inadvertently** 무심코, 부주의로 **traffic** 차량, 교통 **door stoop** 입구 앞의 작은 계단 **sub-level stoop** 층간 계단 **claw** 발톱

But 22 is overwhelmed.

22 No way. I am staying right here until your stupid body dies! Which will happen any minute now, because your stomach is earthquaking.

Joe is confused for a bit, then understands. He gets an idea.

하지만 22는 이 상황이 너무 힘들다.

22 싫어요. 아저씨의 바보 같은 몸뚱어리가 죽을 때까지 여기서 꼼짝 하지 않을 거예요! 지금 뱃속에서 지진이 일어났으니까 곧 그렇게 되겠죠.

조가 잠시 어리둥절하다가 이 말의 뜻을 이해한다. 어떤 생각이 떠오른다.

overwhelmed 압도된, 어쩔 줄 몰라 하는 **for a bit** 잠시 동안

CHAPTER 13

I Love Pizza

INT. PIZZERIA

Steaming slices of pizza sit under heat lamps. A cat paw grabs one.

EXT. NEW YORK SIDEWALK — DAY

Joe carries the slice. He passes a Rat walking in the opposite direction, also carrying its own slice of pizza. They both stop, regard one another, shrug, then continue on.

실내. 피자 가게

김이 나는 피자 조각들이 음식을 데워 주는 램프 밑에 놓여 있다. 고양이 발이 피자 한 조각을 슬쩍한다.

실외. 뉴욕 인도 — 낮

조가 피자를 가지고 간다. 맞은편에서 다가오는 쥐 한 마리를 지나가는데, 그 쥐도 똑같이 피자를 가지고 가고 있다. 둘이서 걸음을 멈추고, 서로를 바라보다가, 어깨를 으쓱하더니, 가던 길을 계속 간다.

pizzeria 피자 전문점 heat lamp 전열등, 적외선등 rat 쥐

EXT. NEW YORK — DOOR STOOP — DAY

22 watches Joe approach with the slice.

22 Yeah, this place is worse than I thought. It's loud and bright and— (sniff sniff) What is that in my nose?

JOE That's smell.

22's eyes widen slightly.

JOE And if you think that's good, just imagine what it tastes like.

He walks forward to give it to 22.

JOE Go on.

22 takes the pizza and bites, eyes widening instantly. We zip inside Joe's body – to see 22, as a soul, careen joyfully around inside Joe:

22 It's soooooo good!!! Ahhhh!!!

Back outside:

실외. 뉴욕 — 현관 입구 계단 — 낮

22가 피자를 들고 오는 조를 바라본다.

22 그래, 이곳은 내가 생각했던 것보다 더 끔찍해. 시끄럽고 너무 밝고, 또 – (킁킁거리며 냄새를 맡는다) 내 코에 이건 뭐지?

조 '냄새'라고 하는 거야.

22의 눈이 약간 커진다.

조 냄새가 이렇게 좋으면, 맛은 어떨지 상상해 봐.

조가 22에게 피자를 주려고 앞으로 다가간다.

조 먹어 봐.

22가 피자를 받아 들고 한 입 베어 물자, 즉시 눈이 커진다. 화면이 조의 몸속으로 빠르게 들어가는데 – 22의 영혼이 기뻐하며 조의 몸속을 이리저리 돌아다닌다:

22 저저저정말 맛있어!!! 아아아!!!

화면이 몸 밖으로 나온다:

widen 넓어지다, 확대하다 **slightly** 약간, 조금 **instantly** 즉각, 즉시 **zip** 쌩 하고 가다 **joyfully** 기쁘게, 기쁨에 차서

22 It's, uh… It's not… horrible.

JOE Good! You can eat on the way, let's go.

But 22 chows down, completely enthralled by pizza.

JOE Or you just take a few minutes. Sure.

22 finishes, licking her fingers.

22 Hmm. Strange. I don't feel so angry anymore.

JOE That's great. Ready to find Moonwind?

22 Maybe.

EXT. NEW YORK STREET

Calmer, 22 now gnaws on a gyro, making slow progress. Joe Cat rides impatiently on her shoulders.

22 I'm telling you, Joe, it's pronounced Yee-row![52]

JOE Yeah, but in New York, we call 'em Gyros. It's Greek.

22 이거, 어… 나쁘진… 않네요.

조 좋아! 가면서 먹어도 돼, 가자.

하지만 22가 피자에 푹 빠져서 우적우적 씹어 먹는다.

조 아님 잠시 쉬어 가도 되지. 그러자고.

22가 피자를 해치우고 손가락을 빨아 먹는다.

22 흠. 이상해요. 이젠 화를 못 느끼겠어요.

조 잘됐네. 이제 문윈드 찾으러 갈 거지?

22 글쎄요.

실외. 뉴욕 거리

한결 평온해진 22가 자이로를 야금야금 씹어 먹는다. 천천히 좋아지고 있는 듯하다. 고양이 조가 초조하게 22의 어깨에 앉아 있다.

22 정말이에요, 조 아저씨. '이-로'라고 발음한다니까요!

조 맞아, 하지만 뉴욕에서는 자이로라고 불러. 그리스 말이라고.

on the way ~ 가는 중에, ~ 도중에 **chow down** 먹다, 식사하다 **completely** 완전히 **lick** 핥다, 핥아먹다 **gnaw** 물어뜯다, 갉아먹다 **make progress** 진행하다, 전진하다 **pronounce** 발음하다 **Greek** 그리스어

22 No, I got in a fight with Archimedes about this. He said it's –

Flashback – At the You Seminar, 22 and Archimedes argue:

ARCHIMEDES Yee-row.

22 Yo-Yo?

ARCHIMEDES YEE-row.

22 Yo-Lo?

ARCHIMEDES Yee-ROW!

22 Sergio?

ARCHIMEDES YEE-ROW!

Back to scene:

22 (reminiscing) I miss that guy.

22 아니에요, 이 문제로 아르키메데스와 싸운 적이 있다니까요. 그분 말로는 –

회상 장면 – 유 세미나에서, 22와 아르키메데스가 논쟁을 벌인다:

아르키메데스 이-로.

22 요-요?

아르키메데스 이이-로우.

22 욜-로?

아르키메데스 이-로우!

22 세르지오?

아르키메데스 이이-로우!

현재 장면으로 돌아온다:

22 (회상하며) 그분 다시 보고 싶네.

Archimedes 아르키메데스(고대 그리스의 수학자) reminisce 추억/회상에 잠기다

They come to an intersection.

JOE This is 14th and 7th.

Across the street, they spot Moonwind twirling his sign, headphones in his ears, eyes closed and in the zone.

JOE That's gonna be him.

22 drops her gyro and bolts across traffic to Moonwind. She grabs him.

22 Moonwind! You gotta help me!

EXT. ASTRAL PLANE — MOONWIND'S SHIP

Soul-Moonwind is sailing his ship when he's suddenly yanked from deck and pulled back down to Earth.

이들은 교차로에 도착한다.

조 여기가 14번가와 7번가 사이라고.

이들이 길 건너편에서 문윈드를 발견한다. 그는 헤드폰을 쓰고 광고판을 빙빙 돌리면서 눈을 감고 무아지경에 빠져 있다.

조 저 사람이네.

22가 자이로를 떨어뜨리고 차들을 쏜살같이 지나 문윈드에게 다가간다. 그녀가 그를 붙잡는다.

22 문윈드! 나 좀 도와줘요!

실외. 유체이탈의 세계 — 문윈드의 배

배를 타고 항해하던 문윈드의 영혼이 갑자기 갑판에서 날아가 지구로 끌려간다.

MOONWIND Whoaaa!

Back to scene: Moonwind's eyes open as he "wakes up" from the zone. He looks at 22.

MOONWIND Joe! You made it into your body!

22 No, he didn't!

JOE THAT is my body!

Joe Cat points to 22. Moonwind can understand him.

MOONWIND You're in a cat?! That's marvelous!

MARGE (O.S.) Hey, Moonwimp!

Behind them an angry Store Owner emerges from the store.

MARGE That sign won't spin by itself, hear me?

MOONWIND But Marge! Look! I put this man's soul in a cat!

문윈드 워우어!

현재 장면: 문윈드가 눈을 뜨며 무아지경에서 "깨어난다". 그가 22를 바라본다.

문윈드 조! 자네 몸으로 돌아왔군!

22 아니, 그렇지 않아요!

조 저건 내 몸이에요!

고양이 조가 22를 가리키다. 문윈드가 조의 말을 이해한다.

문윈드 고양이 안으로 들어갔다고?! 정말 대단한걸!

마지 (화면 밖 목소리) 이봐, 문약골!

그들 뒤로 화가 난 가게 주인이 가게에서 나온다.

마지 그 광고판이 저절로 돌아가진 않을 텐데, 내 말 듣고 있어?

문윈드 하지만 마지! 보라고! 내가 이 남자의 영혼을 고양이 속에 넣었어!

marvelous 놀라운, 훌륭한, 경이로운 **wimp** 겁쟁이, 약골

MARGE Who cares? (to 22) And you. We only have room for one weirdo here, so scram! Get back to work!

The Store Owner goes back inside. Moonwind picks up his sign.

MOONWIND (grumbles to himself) No one understands my art…

Moonwind gets back to spinning:

JOE Moonwind, listen! I gotta get out of HERE and back in THERE!

MOONWIND Oh! Well, we'll have to perform an old-fashioned astral transmigration displacement.

JOE A what?

MOONWIND It's simply a way to get your souls back where they belong! And it's a glorious ritual indeed, full of chanting, dancing, and best of all, bongos!

JOE I need to be at The Half Note by 7, so this needs to happen right now!

마지　그래서 어쩌라고? (22에게) 그리고 당신. 괴짜는 저 사람 하나로 족하니까, 꺼지라고! 당장 일해!

가게 주인이 다시 안으로 들어간다. 문윈드가 광고판을 집어 든다.

문윈드　(투덜거리며 혼잣말로) 아무도 나의 예술을 이해하지 못하는군…

문윈드가 다시 광고판을 돌린다.

조　문윈드, 잘 들어요! 난 여기에서 나가서 저 안으로 들어가야 한다고요!

문윈드　오! 그러면, 옛날 스타일로 유체이탈 환생 이동술을 해야겠군.

조　뭐라고요?

문윈드　영혼이 있어야 할 곳으로 보내 주는 작업이야! 아주 화려한 의식이지. 주문을 외우고, 춤도 추고, 내가 제일 좋아하는 봉고도 두드리고!

조　7시까지는 하프 노트에 가야 해요. 지금 당장 하자고요!

room 공간, 여지 **Scram!** 꺼져! **grumble** 투덜거리다 **transmigration** 환생, 윤회 **displacement** 변환, 치환 **ritual** 의식 절차, 의례

MOONWIND Whoa, whoa, whoa. Not so fast! [53] You must wait for another thin spot to open between Earth and the Astral Plane. And that won't occur until Orcus moves into the House of Gemini!

JOE When is that?

MOONWIND Well, the government calls it 6:30. Look, I'll meet you at The Half Note.

JOE 6:30? You serious?

MOONWIND I'll gather all of the necessary provisions—

The angry Store Owner suddenly comes at them.

MARGE I said, get out of here! Go!

문윈드 워, 워, 워. 너무 서두르지 마! 지구와 유체이탈의 세계 사이에 약한 지점이 다시 열릴 때까지 기다려야 해. 오르쿠스가 쌍둥이자리로 들어갈 때나 할 수 있다고.

조 그게 언젠데요?

문윈드 정부는 그걸 6시 반이라고 부르지. 자, 이따가 하프 노트에서 만나.

조 6시 반이요? 장난하는 거 아니죠?

문윈드 그동안 난 필요한 것들을 다 챙기도록 하지—

화난 가게 주인이 갑자기 이들에게 다가온다.

마지 꺼지라고 했어! 가라고!

Orcus 오르쿠스(로마 신화에 나오는 죽음/저승의 신) **Gemini** 쌍둥이자리 **provisions** 보급품, 식량

Scared, 22 runs off with Joe on her shoulders.

22 Aahhhh!

MOONWIND See you at The Half Note at 6:30! I'll take care of everything!

MARGE And stay away!

INT. THE HALL OF RECORDS

Terry, the Accountant continues to rifle through the endless file drawers.

TERRY (muttering to herself) Sure are a lot of Garcias in here.

Terry slams shut a drawer and looks into the distance, at the millions of files still to go.

TERRY You're out there somewhere, little soul. And I'm going to find you.

EXT. NEW YORK STREET — LATER

22 walks, nibbling on another slice. Joe still on her shoulders.

22가 겁에 질려 어깨 위에 있는 조와 함께 도망친다.

22 아아아!

문윈드 6시 반에 하프 노트에서 만나! 내가 다 알아서 할게!

마지 얼씬거리지 마!

실내. 기록의 전당

회계사 테리가 끝없이 이어진 파일 서랍들을 계속 뒤지고 있다.

테리 (혼잣말로 투덜대며) 도대체 가르시아는 왜 이렇게 많은 거야.

테리가 서랍을 쾅 닫고 저 멀리 바라보는데, 아직 봐야 할 파일들이 수백만 개이다.

테리 넌 여기에 분명히 있어, 애송이 영혼 같으니라고. 내가 널 꼭 찾아낼 거야.

실외. 뉴욕 거리 — 잠시 후

22가 또 피자 한 조각을 야금야금 먹으면서 걸어간다. 조는 계속 22의 어깨 위에 있다.

run off 황급히 뛰어가다 **rifle** 샅샅이 뒤지다 **slam shut** 쾅 닫다 **nibble** 야금야금 먹다

JOE All right, this is the last snack! I can barely fit into my pants as it is. 6:30 is cutting it close.[54] Too close. We gotta get back to my place and get you cleaned up and...

Joe instinctively tries cleaning himself, but catches himself:

JOE Bleck! Ugh. We gotta hail a cab. Hold your hand out. Hold it up and out.

22 tries hailing a cab. But they speed by, not stopping.

JOE Man, this would be hard even if I wasn't wearing a hospital gown.[55]

A cab finally stops a few yards away, about to let out passengers.

JOE Go! Go, go, go! Just run to that one!

22 hobbles over to the cab door just as it opens. They suddenly come face to face with Dorothea Williams, the cab's departing passenger.

DOROTHEA WILLIAMS Ahh!

조 좋아, 이게 마지막 간식이야! 지금 상태로는 바지가 터져 나갈 것 같아. 6시 반은 너무 촉박해. 너무 빠듯하다고. 일단 우리 집에 가서 너를 씻기고…

조가 본능적으로 자기 몸을 훑다가, 이내 동작을 멈춘다:

조 웩! 으웩. 택시를 잡아야겠어. 손을 뻗어. 위로 들고 내밀라고.

22가 택시를 잡으려고 한다. 하지만 택시들은 서지 않고 빨리 지나갈 뿐이다.

조 이건 환자복을 입고 있지 않아도 힘든 거지.

드디어 택시 한 대가 몇 야드 떨어진 곳에 멈춰 서고, 승객들이 내리려고 한다.

조 어서 가! 가, 가, 가! 저 택시로 빨리 뛰어가라고!

22가 뒤뚱거리며 택시 문으로 다가가는데 문이 열린다. 이들은 택시에서 내리는 도로테아 윌리엄스와 딱 마주친다.

도로테아 윌리엄스 아!

as it is 있는 그대로 **instinctively** 본능적으로, 무의식적으로 **hail a cab** 택시를 잡다 **hobble** 절뚝거리다 **come face to face** 얼굴을 마주하다

Curley and Miho get out on the other side and gasp at 22. Dorothea looks over 22, in stained hospital gown and gnawing on a slice without a care.

DOROTHEA Is that… Teach!?

22 (mouth full) Mm, pepperoni.

Horrified, Joe shoves 22 inside the cab, pushing 22's head down. The cab takes off. Dorothea, Curley and Miho watch the cab drive off. Dorothea turns to Curley, angry.

컬리와 미호가 다른 쪽에서 내리더니 22를 보고 허걱 놀란다. 도로테아가 22를 훑어 보는데, 22는 얼룩진 환자복을 입고 아무렇지 않게 피자를 뜯어 먹고 있다.

도로테아 혹시… 선생!?

22 (입에 피자를 한가득 물고) 음, 페퍼로니예요.

조는 화들짝 놀라 22를 택시 안으로 밀어 넣고는, 그녀의 머리를 아래로 짓누른다. 택시가 출발한다. 도로테아와 컬리, 미호는 택시가 멀어지는 모습을 멀뚱히 바라보고만 있다. 도로테아가 컬리를 돌아보며 화를 낸다.

stained 얼룩이 묻은 **horrified** 겁에 질린, 공포에 빠진 **shove** (거칠게) 밀치다, 떠밀다

CHAPTER 14

Joe Got a Second Chance

EXT. QUEENS SIDEWALK — DAY

22 and Joe come out of the cab, walking up to an apartment building in Queens.

JOE Ugh! Dorothea Williams saw me! What am I going to do!? She's gonna think I'm crazy! Maybe you should call her up and tell her that we're not crazy!

22 I've only been a person for an hour and even I know that's a bad idea.

They walk into the building.

INT. JOE'S APARTMENT

22 and Joe step inside his small apartment. Floor-to-ceiling shelves against a wall are lined with vinyl, surrounding an upright piano. Next to it, an upright bass. Classic jazz posters hang on other walls.

실외. 퀸즈 인도 — 낮

22와 조가 택시에서 내려 퀸즈에 있는 한 아파트 건물로 걸어간다.

조 으억! 도로테아 윌리엄스가 나를 봤어! 어떻게 하지!? 내가 미쳤다고 생각할 거야! 네가 도로테아한테 전화해서 미치지 않았다고 말해 봐!

22 내가 사람이 된 지 한 시간밖에 안 되었지만 그건 정말 좋은 생각이 아니라는 느낌이 드네요.

그들이 건물 안으로 들어간다.

실내. 조의 아파트

22와 조가 그의 작은 아파트로 들어간다. 한 벽면에 바닥부터 천장까지 선반들이 있는데 레코드판이 빼곡히 꽂혀 있다. 그 옆에는 피아노가 놓여 있다. 그리고 그 옆으로 베이스가 놓여져 있다. 다른 벽에는 클래식 재즈 포스터들이 걸려 있다.

sidewalk 보도, 인도 **floor-to-ceiling shelf** 바닥에서 천장까지 이르는 선반 **vinyl** 음반, 레코드판

JOE I just gotta get back in my body and really bring it tonight.

22 smells the body's armpit, then forearm.

22 How come this part is stinky, but this part smells fine?

Joe points to a laundry pile.

JOE Never mind, just put those pants on! Sheesh, I can't believe I've been walking round in this city with no pants on.

22 I don't even want to be here, remember!?

Joe walks into a sunbeam.

JOE I don't want you here, either. (yawn) I just… I just want to get back in my … (yawn) body and get back to … (yawn) the club.

He flops down and starts purring.

22 What's the matter with you?

JOE (sleepy) I… don't know. It's the sun… It's just so… My phone!

Joe's cell phone in 22's hospital gown pocket rings. Joe bolts up!

조 그냥 내 몸으로 돌아가서 오늘 밤 완벽한 공연만 하면 돼.

22가 겨드랑이와 팔뚝 냄새를 맡는다.

22 어째서 이 부분은 역한 냄새가 나는데 이 부분은 괜찮은 거죠?

조가 빨래 너미를 가리킨다.

조 그건 신경 쓰지 말고, 저 바지나 입어! 아이고, 바지도 안 입고 시내를 돌아다녔다니 웃기지도 않네.

22 난 여기에 오고 싶지도 않았다고요, 기억하죠!?

조는 햇살이 비치는 곳으로 다가간다.

조 나도 네가 여기에 있는 걸 원하지 않는다고. (하품한다) 난… 그냥 돌아가고 싶다고… (하품한다) 내 몸으로 말이야. 그래서 클럽으로… (하품한다) 돌아가고 싶다고.

그가 벌러덩 누워서 가르랑거리기 시작한다.

22 왜 그러는 거예요?

조 (졸려서) 나도… 모르겠어. 햇볕 때문에… 그냥 너무… 내 휴대폰!

22의 환자복 주머니에 있는 조의 휴대폰이 울린다. 조가 벌떡 일어난다!

armpit 겨드랑이 **forearm** 팔뚝 **stinky** 악취가 나는 **sunbeam** 햇살, 햇빛 **yawn** 하품하다 **flop down** 털썩 주저앉다, 무너지다 **purr** (고양이가) 가르랑거리다 **sleepy** 졸음이 오는 **bolt up** 꼿꼿이 앉다/서다

22 Um… Okay, your clothes are rumbling again.

22 pulls out Joe's phone. Joe sees it's Curley.

JOE Curley!

Joe tries to grab it but can't. Instead he fumbles the phone all over the floor, like a cat with a toy. Finally, the phone goes silent.

JOE Augh! No, no.

Joe sees a "voicemail" pop up. He pushes play.

CURLEY (O.S.) Hey, Mr. G. It's Curley. Um… I hope you're doing okay. Dorothea freaked out when she saw you.[56] And she called this other guy, Robert. He's got the gig now. I'm sorry.

JOE No, no, no!

22 어… 저기, 아저씨 옷이 또 진동하잖아요.

22가 조의 휴대폰을 꺼낸다. 조가 휴대폰을 보는데 컬리다.

조 컬리야!

조가 휴대폰을 집으려고 하지만 그럴 수 없다. 고양이가 장난감을 가지고 놀듯이 바닥에서 이리저리 휴대폰을 집적거리고 있을 뿐이다. 결국 휴대폰이 잠잠해진다.

조 어어억! 안 돼, 안 돼.

조는 "음성 메시지"가 뜬 것을 보고 재생 버튼을 누른다.

컬리 (화면 밖 목소리) 저기, 선생님. 저 컬리에요. 음… 별일 없으신 거면 좋겠네요. 도로테아가 선생님을 보고 완전 기겁하더라고요. 그래서 로버트라고 하는 사람한테 연락을 했어요. 이제 그 사람이 공연을 하게 되었어요. 죄송해요.

조 안 돼, 안 돼, 안 돼!

rumble 우르릉 거리다, 갑자기 진동하다 **pull out** 빼내다 **fumble** 더듬거리다 **go silent** 침묵하다, 조용해지다 **pop up** 불쑥 나타나다, 갑자기 튀어나오다 **freak out** 질겁하다, 몹시 흥분하다

CURLEY (O.S.) Look. Honestly, your class was the only reason I went to school at all. Like, I owe you a lot.[57] So…

Joe stares nervously at the phone as Curley finishes:

CURLEY (O.S.) Here's the plan. Clean yourself up, put on a killer suit, and get to the club early.[58] I'm going to try to talk to her.

Joe gasps, spirits lifting.

CURLEY (O.S.) Just make sure you show up looking like a million bucks, alright?[59] I hope I see you, man. Alright, Peace.

JOE Ohhh! I can get the gig back! 22, I need your help! I have a suit. I'm gonna need you to try it on. And then, I can line up my hair a little bit and I can—

22 No, no, no. Nope. Nope. Nope. Nope. No way! No way, no how.

JOE 22!

Knock, knock, knock! 22 and Joe freeze, staring at the front door.

컬리 (화면 밖 목소리) 저기. 솔직히, 선생님 수업 때문에 제가 학교를 계속 다닐 수 있었어요. 선생님께 제가 빚이 많네요. 그래서…

조는 초조하게 전화기를 바라본다. 컬리가 통화를 마무리한다:

컬리 (화면 밖 목소리) 이렇게 해요. 깔끔하게 씻으시고 죽여주는 양복을 입고서 클럽에 일찍 오세요. 제가 도로테아한테 잘 이야기해 볼게요.

허걱 하고 놀라는 조, 기운이 솟는다.

컬리 (화면 밖 목소리) 정말 근사하게 하고 오세요, 아셨죠? 이따 뵐 수 있으면 좋겠어요. 안녕.

조 오오오오! 공연을 다시 할 수 있다니! 22, 네가 좀 도와줘! 양복은 있어. 그걸 입어 주면 돼. 그리고 내가 머리를 좀 만지고 또 –

22 아니, 아니, 아니요. 싫어요. 싫어요. 싫어. 싫다고요. 절대 안 돼요! 안 된다고요. 싫어요.

조 22!

똑, 똑, 똑! 22와 조가 갑자기 행동을 멈추고 현관문을 바라본다.

owe 빚지다, 신세 지다 **nervously** 초조하게, 불안해하며 **gasp** 헉하고 놀라다 **show up** 나타나다 **try on** 입어 보다, 신어 보다 **no how** 절대 안 돼

CONNIE (O.S.) Mr. Gardner?

JOE Ah! It's Connie. She's here for her lesson.

22 What do I do!?

CONNIE I can hear you!

JOE Just tell her you can't do it today.

22 goes to the door, talking through it:

22 Hi, Connie. Sorry, but Joe can't do it today.

JOE You're Joe!

22 I mean me… me can't do it today.

JOE Good. Now, let's go check out that suit –

CONNIE (O.S.) I came to tell you that I quit!

22 (mildly intrigued) Quit?

JOE Ugh. We don't have time for this. The suit is in the closet…

코니 (화면 밖 목소리) 가드너 선생님?

조 으아! 코니야. 레슨 받으러 왔네.

22 어떻게 하죠!?

코니 선생님 목소리 다 들려요!

조 그냥 오늘은 못 한다고 해.

22가 문 쪽으로 가서 문에 대고 말을 한다:

22 안녕, 코니. 미안한데, 조가 오늘은 못 한대.

조 네가 조잖아!

22 아니 내가… 내가 오늘은 안 돼.

조 잘했어. 이제, 양복을 살펴보-

코니 (화면 밖 목소리) 저 그만둔다고 말씀드리러 왔어요!

22 (약간 관심을 보이며) 관둔다고?

조 으으. 이럴 시간 없어. 양복은 옷장에 있어…

quit 그만두다 mildly 약간, 가볍게 intrigued 아주 흥미로워하는/궁금해하는

CONNIE (O.S.) Band is a stupid waste of time!

22 (more intrigued) This kid is talking sense.[60]

22 opens the door.

JOE What are you doing!?

코니 (화면 밖 목소리) 밴드는 멍청하게 시간 낭비하는 거예요!

22 (더 관심이 생겨서) 얘가 말이 되는 소리를 하네.

22가 문을 연다.

조 뭐 하는 거야!?

waste of time 시간 낭비 **talk sense** 이치에 맞는 말을 하다

CHAPTER 15

Connie's Spark

INT. JOE'S APARTMENT — HALLWAY

22 and Joe peek out behind the chained apartment door. Outside is Connie, the trombonist from Joe's middle school band class. She holds out her trombone to 22, angry.

CONNIE Here, I quit! I think jazz is pointless!

22 Oh, yeah, jazz is definitely pointless.

JOE Hey!

CONNIE In fact, all of school is a waste of time.

실내. 조의 아파트 — 복도

22와 조가 잠금줄이 걸린 아파트 문 뒤에서 밖을 엿본다. 조의 중학교 밴드 수업에서 트롬본을 연주하는 코니가 밖에 있다. 코니가 22에게 트롬본을 내미는데, 화가 난 표정이다.

코니 여기요, 저 관둘래요! 재즈는 의미가 없는 것 같아요!

22 오, 그래, 재즈는 확실히 의미 없는 거지.

조 이봐!

코니 사실, 학교에서 하는 건 다 시간 낭비예요.

trombonist 트롬본 연주자 pointless 무의미한

22 Of course. Like my mentor George Orwell used to say: state sponsored education is like the rattling of a stick inside a swill bucket.

Connie's eyes go wide:

CONNIE Yeah!

22 The ruling class's core curriculum stifles dissent. It's the oldest trick in the book.

JOE What are you talking about!? She doesn't care about any of that—!

CONNIE I've been saying that since the third grade!

JOE Ugh.

22 You know, you seem really smart. What is your position on pizza?[61]

CONNIE Uh… I like it?

22 Me, too!

22 물론 그렇지. 나의 멘토였던 조지 오웰이 이런 말을 했어: 정부가 주관하는 교육은 여물통 속에 있는 막대기가 달그락거리는 것과 같다.

코니의 눈이 커진다:

코니 맞아요!

22 지배 계급의 핵심 교육과정은 반대 의견을 억누르지. 그건 정말 낡은 수법이라고.

조 무슨 말을 하는 거야!? 재는 그런 거에 관심 없다고–!

코니 제가 3학년 때부터 계속 그 얘기를 했다니까요!

조 으으.

22 넌 참 똑똑한 것 같아. 피자는 어떻게 생각하니?

코니 어… 좋아하는데요?

22 나도 그래!

state sponsored education 정부가 주도하는 교육 **core** 핵심, 중심 **curriculum** 커리큘럼, 교육과정 **stifle** 억누르다, 억압하다 **dissent** 반대 의견 **oldest trick** 고전적인 수법

22 unchains the door and swings it open, tossing Joe off her shoulder.

JOE What are you doing?

22 I'd rather hang with Connie.[62]

22 shuts the door, leaving Joe alone in the apartment.

JOE What? Come back here!

Connie and 22 watch Joe's paws reach for them from under the apartment door.

JOE (O.S.) You open this—!

But from Connie's POV, we hear Joe yowling.

CONNIE Um, I think your cat wants to get out.

22 Ugh, he thinks he knows everything.

Inside Joe's Apartment – Joe looks under the door, frantic, yelling at 22:

22가 잠금줄을 풀고 문을 활짝 연다. 그러고는 어깨에 있던 조를 던져 버린다.

조 뭐 하는 거야?

22 난 코니하고 있는 게 더 좋아요.

22가 아파트에 조를 혼자 남겨 두고 문을 닫는다.

조 뭐야? 이리 돌아와!

코니와 22는 아파트 문 밑에서 조의 고양이 말이 그들을 향해 뻗이 나오는 모습을 바라본다.

조 (화면 밖 목소리) 이 문 열라고—!

하지만 코니의 시점에서는 조의 고양이 울음소리로만 들린다.

코니 어, 선생님 고양이가 나오고 싶어 하는 것 같아요.

22 으윽, 재는 자기가 다 안다고 생각한다니까.

조의 아파트 안 – 문 밑으로 바라보는 조, 미친 듯 22에게 소리를 지른다:

unchain 사슬을 풀다 **swing open** 활짝 열다 **hang with** ~와 함께 시간을 보내다 **frantic** 제정신이 아닌

JOE 22! Don't you walk away from me![63] Come here right now! I'm gonna go in and I'm gonna scratch up the sofa! (catching himself) Wait a minute, that's my sofa.

Back in the stairway: 22 and Connie sit on the stairs.

22 You really got things figured out, Connie.

CONNIE I'd better give this back. It belongs to the school.

22 Sure.

Connie passes 22 her trombone. 22 quickly takes it. But as 22 talks Connie looks as if she's just given up her dog.

22 You know, I really am glad there's someone else who sees how ridiculous this place is. You're right to quit, I learned about quitting just—

But Connie starts to have second thoughts. She takes back the trombone case, opens it and pulls out the trombone:

CONNIE (interrupting) Uh, you know what Mr. G? I was practicing this one thing yesterday and... maybe you can listen to it and tell me to quit after, okay?

조 22! 그냥 가기만 해 봐! 당장 이리 와! 가서 소파 다 긁어 놓을 거야! (말을 멈추고) 잠깐, 내 소파지.

화면은 다시 계단을 보여 준다 – 22와 코니가 계단에 앉는다.

22 넌 많은 걸 알고 있구나, 코니.

코니 이거 돌려드리는 게 좋겠어요. 학교 거잖아요.

22 그래.

코니가 22에게 트롬본을 건네자 22가 재빨리 받는다. 22가 말을 하는데, 코니는 아끼던 강아지를 건네준 것 같은 표정이다.

22 저기 말이야, 여기가 얼마나 터무니없는 곳인지 아는 사람이 있어서 다행이야. 잘 그만두는 거야. 나도 그만두는 게 뭔지 알게 된 건—

그런데 코니는 다시 생각해 보더니, 트롬본 케이스를 도로 가져가 열어서 트롬본을 꺼낸다:

코니 (22의 말을 끊으며) 그런데, 선생님? 제가 어제 이걸 연습했는데… 들어 보시고 그만두라고 해 주세요, 네?

catch oneself 말, 행동을 갑자기 멈추다 **stairway** 계단 **stairs** 계단, 층계 **figure out** 이해하다 **ridiculous** 말도 안 되는, 터무니없는 **have second thoughts** 다시 생각해 보다 **interrupt** 방해하다, 중단시키다

Connie starts playing.

22 Uh, okay.

22 listens politely, not expecting much. But Connie is good. 22 becomes inspired while watching Connie get lost in the music.

Back in the stairway – Connie finishes her solo. 22 is awestruck.

22 Wow. You really love this!

CONNIE Yeah. So maybe I'd better stick with it?[64]

22 Yeah!

Inside Joe's apartment – Panicked, Joe has nearly given up when he hears:

코니가 연주를 시작한다.

22 어, 그래.

22는 큰 기대를 하지 않고 정중하게 듣는다. 그런데 코니가 잘한다. 코니가 음악에 푹 빠져든 모습을 보며 22는 크게 감동한다.

화면은 다시 계단으로 돌아온다 - 코니가 솔로 연주를 마친다. 22는 감격한다.

22 와. 너 정말 이걸 좋아하는구나!

코니 네. 그러니까 계속하는 게 좋겠죠?

22 당연하지!

조의 아파트 안 - 조가 패닉 상태에 빠져 거의 포기하려고 하는데 어떤 소리가 들린다:

awestruck 경이로운, 위압 당한 **stick with** ~을 계속하다

CONNIE (O.S.) Bye, Mr. G. See you next week!

He looks under the door to see Connie walk away. Joe jumps on the doorknob, determined, hanging there desperately:

JOE 22!

The door swings open, tossing him off. 22 walks in, trying to figure something out:

22 So, Connie came here to quit, but then she didn't?

JOE 22, forget about that, listen—

22 I need to know this, Joe. Why didn't she quit?

JOE Because she loves to play. She might say she hates everything, but trombone is her thing. She's good at it. Maybe trombone is her Spark, I don't know.

22 ponders this.

JOE Please. If I'm going to get this gig back, I need your help.

22 (beat) Okay.

코니 (화면 밖 목소리) 안녕히 계세요, 선생님. 다음 주에 봬요!

문 밑으로 보니 코니가 자리를 뜬다. 조는 단단히 결심하고 문 손잡이로 뛰어오르는데, 간신히 거기에 매달린다.

조 22!

문이 활짝 열리면서 조가 날아간다. 22가 들어오는데, 무슨 생각에 빠져 있다:

22 그러니까, 코니가 그만둔다고 왔다가, 다시 그만두지 않기로 했거든요?

조 22, 그건 됐고, 잘 들어—

22 전 알아야겠어요, 아저씨. 왜 걔는 그만두지 않은 거죠?

조 연주를 좋아하니까. 모든 게 다 싫다고는 하지만, 트롬본은 걔한테 맞는 거야. 정말 잘하거든. 어쩌면 트롬본이 그 애의 불꽃일 수도 있지.

22가 곰곰이 생각한다.

조 제발. 다시 공연을 하려면 네 도움이 절실하다고.

22 (잠시 정적) 알았어요.

doorknob 손잡이 **determined** 단단히 결심한, 단호한 **hang** 매달리다 **desperately** 필사적으로, 절박하게, 절망적으로 **ponder** 숙고하다, 곰곰이 생각하다

JOE (surprised) Really?

22 I'll help you. But I… wanna try a few things. 'Cause, I don't know. Some of it's not as boring as it is at the You Seminar. If Connie can find something she loves here, maybe I can too.

JOE Great!

22 So… what do we do first?!

조 (놀라며) 정말이니?

22 도와드릴게요. 그런데 나도… 몇 가지 해 보고 싶어요. 왜냐면, 글쎄요. 몇 가지는 유 세미나 때처럼 지루하지 않거든요. 코니가 여기서 좋아하는 걸 찾았다면 나도 그럴 수 있을지도 모르죠.

조 좋아!

22 그럼… 이제 뭐부터 해야 하죠?!

CHAPTER 16

Hair Disaster

CUT TO:

Joe paces outside the bathroom as 22 takes a shower:

22 (O.S.) Woeoweoweooewoweee! This water hurts!

JOE (calling through the door) It's okay. You just have to turn the other knob.

22 (O.S.) Oh, okay, that's better.

JOE And I wouldn't be mad if you put a little lotion on me when you're done.

22 (O.S.) I washed your butt for you.

In the bathroom – 22 spits toothpaste into the sink:

장면 전환:

조가 욕실 밖에서 서성이고 22는 샤워를 한다.

22 (화면 밖 목소리) 으아아아우아아아워우우! 물이 너무 아파요!

조 (문에 대고 소리친다) 괜찮아. 다른 손잡이를 돌리라고.

22 (화면 밖 목소리) 오, 알았어요, 이게 더 낫네요.

조 샤워 다 하고 내 몸에 로션 좀 발라 주면 고맙겠어.

22 (화면 밖 목소리) 아저씨 엉덩이도 씻었어요.

욕실에서 – 22가 세면대에 치약을 뱉는다:

pace (초조해서) 서성거리다 **take a shower** 샤워를 하다 **toothpaste** 치약

Bleck! Spicy! Spicy!

In the living room – As Joe tends to his suit jacket, 22 tries to put on socks but falls.

EXT. THE YOU SEMINAR

A pair of Counselors is directing a flock of new souls into several Pavilions.

COUNSELOR JERRY A You five will be insecure. And you twelve will be self-absorbed.

COUNSELOR JERRY B We really should stop sending so many through that pavilion—

TERRY (O.S.) Found him!

Terry runs up with file.

TERRY See that, everybody? Who figured out why the count's off? That's right, Terry did! It's Terry time!

COUNSELOR JERRY A Wow. Nice work!

COUNSELOR JERRY B Well, who is it?

22 뷁엑! 매워! 매워!

거실에서 - 조가 양복 재킷을 손질하고 있고, 22는 양말을 신으려다가 넘어진다.

실외. 유 세미나

카운슬러 둘이서 새 영혼들을 여러 전시관으로 보내고 있다.

카운슬러 제리 A 너희 5명은 불안한 성격일 거야. 그리고 너희 12명은 자기만 아는 성격이 될 거고.

카운슬러 제리 B 저 전당으로 너무 많이 보내면 안 되겠어—

테리 (화면 밖 목소리) 찾았어!

테리가 파일을 들고 뛰어온다.

테리 다들, 봤지? 계산이 왜 안 맞는지 알아낸 사람이 누구라고? 그래 맞아. 테리라고! 테리 타임!

카운슬러 제리 A 우와. 정말 잘하셨어요!

카운슬러 제리 B 대체 누구죠?

spicy 매운, 양념 맛이 강한 **tend** 돌보다, 장식하다 **direct** 총괄하다, 안내하다 **a flock of** ~의 떼, 무리 **insecure** 불안정한, 불안한 **self-absorbed** 자신에게만 몰두한

Terry flips through the file:

TERRY Right. Joe Gardner is his name. It looks like he's back down on Earth.

COUNSELOR JERRY A That's not good.

COUNSELOR JERRY B That's the mentor we set up with 22.

TERRY All right, all right. Easy on the hysterics. [65] Terry's got this under control. [66] I'll handle it.

COUNSELOR JERRY B How?

Terry opens a portal down to Earth.

TERRY I'll go down there and get him. Set the count right, lickety-split.

테리가 파일을 휘리릭 넘긴다:

테리 그래. 이름은 조 가드너. 다시 지구로 내려간 것 같은데.

카운슬러 제리 A 그럼 안 되는데요.

카운슬러 제리 B 22하고 맺어 준 멘토네.

테리 괜찮아, 괜찮아. 다들 침착하라고. 테리가 다 해결할 테니까. 내가 처리하지.

카운슬러 제리 B 어떻게요?

테리가 지구로 내려가는 포털을 연다.

테리 내가 저기로 내려가서 그 사람을 잡아 올 거야. 그리고 계산을 바로 하는 거지, 눈 깜박할 사이에 말이야.

set up 맺어 주다, 설정하다 **handle** 다루다, 처리하다 **set ~ right** ~을 바로잡다, 정리하다 **lickety-split** 매우 빨리, 즉시

COUNSELOR JERRY B Okay, whoa, are you sure that's a good idea?

TERRY Look, you all are the ones who beefed it. I'm trying to un-beef it.

COUNSELOR JERRY A But you cannot be seen.

COUNSELOR JERRY B By anyone!

TERRY Don't worry. I'll make sure no one else sees me. I'll move among the shadows, like a ninja.

COUNSELOR JERRY A Please, just do it quickly and quietly.

COUNSELOR JERRY B And also quickly. And quietly as well.

Terry salutes, then jumps down towards Earth. The Counselors look down after Terry.

COUNSELOR JERRY B This won't be a disaster, that's for sure.

INT. JOE'S APARTMENT

Joe admires 22, now wearing his ill-fitting brown suit.

카운슬러 제리 B　근데 그게 과연 좋은 생각일까요?

테리　이봐, 불평을 늘어놓은 건 너희잖아. 난 불평을 잠재우려고 하는 거라고.

카운슬러 제리 A　하지만 눈에 띄면 안 되잖아요.

카운슬러 제리 B　누구도 봐선 안 되죠!

테리　걱정 마. 아무도 날 못 보게 할 테니까. 그림자 사이로만 다닐 거라고, 닌자처럼.

카운슬러 제리 A　제발 빠르게 조용히 처리해 주세요.

카운슬러 제리 B　그리고 빠르게. 그리고 조용히.

테리가 거수 경례를 하고, 지구로 뛰어내려 간다. 카운슬러들이 테리를 따라 아래를 내려다본다.

카운슬러 제리 B　큰 사고는 없을 거야, 확실히.

실내. 조의 아파트

22가 몸에 안 맞는 갈색 양복을 입은 것을 보고 조가 감탄한다.

beef 불평하다 **seen** 보이는, 볼 수 있는 **salute** 경례하다, 경의를 표하다 **for sure** 확실히, 틀림없이 **ill-fitting** 잘 맞지 않는

JOE Mmm. Trusty old brown suit. Still a perfect fit!

22 It's a little tight in the back-here part.

22 points to the rear.

JOE It'll loosen. Sit down.

22 sits on the floor. Joe pushes over a tall stack of records in front of 22, to use as a stool. He picks up electric clippers.

22 I'll do it.

JOE You couldn't call an elevator, remember? No way. I just need to line me up. Now be still.

Joe turns on the clippers. His entire cat body vibrates unsteadily. He shakes as he reaches the clipper forward to 22's hairline. 22 looks at him, leery.

22 Ahhh… it's like a little tiny chainsaw.

JOE Don't move!

22 I'm not moving! You're moving!

조 음. 오래되긴 했지만 이 갈색 양복이라면 언제라도 믿을 수 있지. 여전히 핏이 완벽하군!

22 여기 뒤가 좀 끼는데요.

22가 엉덩이를 가리킨다.

조 늘어날 거야. 앉아 봐.

22가 바닥에 앉는다. 조가 높이 쌓아 올린 음반 더미를 22 앞으로 밀고 간다. 의자로 사용하려는 것이다. 그가 전동 이발기를 집어 든다.

22 내가 할게요.

조 엘리베이터도 못 잡았던 거 기억 안 나? 안 돼. 그냥 라인 정리만 하는 거야. 가만히 있어.

조가 전동 이발기를 켠다. 고양이 몸 전체가 불안정하게 진동한다. 그가 몸을 떨면서 22의 헤어라인 쪽으로 이발기를 가져간다. 22는 불안한 표정으로 그를 바라본다.

22 아아… 꼬마 전기톱 같아요.

조 움직이지 마!

22 난 안 움직여요! 아저씨가 움직이는 거지!

trusty 믿을 수 있는 **loosen** 느슨하게 하다, 느슨해지다 **stool** 스툴 의자 **electric clippers** 전동식 이발기 **vibrate** 진동하다 **unsteadily** 불안정하게 **leery** ~을 경계하는, 미심쩍어하는 **chainsaw** 전기톱

Joe loses his footing on the stack of records. They shoot out from under him. The clippers sail out of his paws and take a big, long divot of hair out of 22's scalp. They hit the floor across the room, shattering. Joe looks at the reverse-mohawk on 22's scalp, horrified:

JOE Aahhhh! Oh, no!

22 Don't worry. I'm okay.

JOE No, no, no! My hair! My hair is not okay! This is a disaster! We gotta fix this! Right now!

22 Okay! How?

JOE We gotta go see Dez!

22 Great. Who's Dez?

조가 음반 더미 위에서 발을 헛디딘다. 음반들이 조의 발 밑에서 미끄러지며 빠져나간다. 전동 이발기가 고양이 발에서 튀어 나가더니 22의 두피 위로 거대한 고속도로를 만들어 버린다. 이발기가 방을 가로질러 날아가더니 바닥에 떨어져 박살 난다. 조는 가운데가 완전히 밀린 22의 머리를 보고 경악한다:

조 아아아아! 오, 안 돼!

22 걱정 마요. 난 괜찮으니까.

조 아냐, 아냐, 안 돼! 내 머리! 내 머리가 안 괜찮다고! 이거 큰일이야! 빨리 바로 해야 돼! 지금 당장!

22 알았어요! 근데 어떻게요?

조 데즈한테 가야 해!

22 좋아요. 근데 데즈가 누구죠?

lose footing 발을 헛디디다 **divot** 디벗(골프채에 뜯긴 잔디 조각) **shatter** 산산이 부서지다 **reverse-mohawk** 중간이 밀린 머리 스타일

CHAPTER 17

Barber Shop

INT. BARBER SHOP

Inside the neighborhood barber shop, hair gently falls to the ground as the loud buzzing sound of multiple hair clippers fills the shop. Barbers are cutting and trimming the hair of Men and Boys while razzing each other:

BARBER Yo, man. How'd you get that big peanut head? What happened to you?

CUSTOMER Man, shut up. You know, I'm sensitive about that. I lost my hair at an early age.

EXT. BARBER SHOP — DAY

Joe and 22 peer through the window. The hair disaster is hidden under a hat.

실내. 이발소

화면이 동네 이발소 안을 보여 준다. 머리카락이 사뿐히 바닥에 떨어지고 여러 개의 이발기가 크게 진동하는 소리가 이발소 안을 가득 채운다. 이발사들이 남자들과 소년들의 머리를 자르고 다듬으면서 시끌벅적하게 대화를 한다:

이발사 이봐, 어쩌다가 그렇게 대왕 땅콩 머리가 된 거야? 머리에 뭐 한 거야?

손님 아, 그런 말 하지 마. 난 머리에 정말 민감하다고. 어릴 때부터 머리가 빠졌단 말이야.

실외. 이발소 — 낮

조와 22가 창 너머로 안을 들여다본다. 처참한 머리는 모자로 가렸다.

trim 다듬다, 손질하다 **razz** 유쾌하게 장난치며 놀리다 **sensitive** 예민한, 민감한 **peer** 응시하다, 바라보다

JOE Dez is the guy in the back. He can fix this. Talk about having a Spark! This guy was born to be a barber.

22 But I can't pass for you in front of all your friends.

JOE Dez is the only one that I talk to. We usually talk about jazz, but this time just sit there, get the cut and get out.

INT. BARBER SHOP

22 carries Joe into the shop. The customers and barbers all give a synchronized silent "nod," then go back to their conversations. Joe's barber, Dez, is about to take on a Customer.

DEZ Hey, Joe! What're you doing here on a weekday? You didn't call for an appointment, man. It's gonna be a while.

JOE (to 22) Aw, I was afraid of this. Go ahead and sit down.

22 looks for a seat. Unthinking, she takes off her hat, revealing the Awful Clipper Disaster. Everyone reacts:

조 저 뒤에 있는 남자가 데즈야. 데즈가 이 머리를 해결해 줄 거야. 불꽃이 있는 친구지! 쟤는 타고난 이발사라고.

22 근데 아저씨 친구들 앞에서 아저씨인 척할 수 없다고요.

조 내가 말하는 사람은 데즈밖에 없어. 보통은 재즈에 대해서 말을 하지만, 이번에는 저기 앉아서 머리만 자르고 나오는 거야.

실내. 이발소

22가 조를 안고 이발소로 들어간다. 손님들과 이발사들 모두 아무 말 없이 동시에 고개를 "끄덕"하고 다시 대화를 이어 나간다. 조의 이발사 데즈가 한 손님의 머리를 손질하려는 참이다.

데즈 안녕하세요, 조! 평일에 여긴 어쩐 일이세요? 예약을 안 잡으셨네요. 시간이 좀 걸릴 것 같아요.

조 (22에게) 아, 이럴 것 같았다니까. 저기 가서 앉아.

22가 앉을 곳을 찾는다. 아무 생각 없이 모자를 벗는 22, 이발기 사고 때문에 생긴 참혹한 모습이 드러난다. 이를 보고 모두들 반응한다:

give a nod 고개를 끄덕이다 synchronize 동시에 움직이다 unthinking 생각이 없는, 무모한 take off 벗다, 벗기다 react 반응하다

CUSTOMERS & BARBERS Daaaaaang!

DEZ Oh my Lawd!!!

Dez pushes away his CUSTOMER:

DEZ You gotta wait, son. This is an emergency!

CUSTOMER What?! That ain't cool, Dez!

DEZ You could always let Harold cut your hair. His chair's wide open.[67]

Harold, another barber, looks up from the newspaper he's reading while sitting in his empty barber chair. Through his bottle-thick eyeglasses, he silently blinks and smiles, too eager for a customer.

CUSTOMER Nah. I can wait.

The customer takes a seat in the waiting area.

DEZ Joe, get your butt in this chair. Now.

22 sits, still holding Joe. Paul, the customer next to Dez, scowls at Joe. They have a history.

손님들과 이발사들 이런!

데즈 맙소사!!!

데즈가 손님을 밀어낸다:

데즈 좀 기다려야겠어요. 비상이라고요!

손님 뭐요?! 이러면 안 되죠, 데즈!

데즈 해롤드에게 잘라 달라고 해요. 저 자리 비었어요.

또 다른 이발사 해롤드가 빈 이발 의자에 앉아 신문을 보다가 고개를 든다. 두꺼운 안경을 끼고 아무 말 없이 눈만 깜빡이더니 씩 미소를 짓는다. 손님을 받고 싶은 마음이 간절하다.

손님 아니에요. 기다릴 수 있어요.

손님은 대기석에 앉는다.

데즈 조, 여기 엉덩이 붙이고 앉아요. 당장.

22가 의자에 앉는데, 조를 계속 안고 있다. 데즈 옆에 있던 손님, 폴이 조를 째려본다. 과거에 이들 사이에는 무슨 일이 있었다.

bottle-thick eyeglasses 두꺼운 안경 **blink** 눈을 깜박이다 **eager** 열렬한, 간절히 바라는 **scowl** 노려보다, 쏘아보다 **have a history** 사연이 있다

DEZ Should I even ask you how this happened?

22 The cat did it.

JOE (to 22) Stop sounding insane.

22 I mean, I was distracted getting ready to play with Dorothea Williams tonight.

DEZ Dorothea Williams?! That's big time, Joe! Congratulations!

PAUL Joe ain't getting no gig, Dez. You know he's Mr. Close-But-No-Cigar.

JOE Psh. This guy.

DEZ Joe, ignore him. Now, let's fix you up.

DEZ You keeping that cat on your lap?

22 Is it okay that I do that?

Dez throws an apron around 22 and Joe. Joe quickly pushes out of it, staying on 22's lap.

데즈 어쩌다가 이렇게 된 거예요?

22 고양이가 이런 거예요.

조 (22에게) 미친 소리 그만하라고.

22 내 말은, 오늘 밤 도로테아 윌리엄스하고 공연하는 거 준비한다고 정신이 팔려서 그랬어요.

데즈 도로테아 윌리엄스요?! 그거 대단한데요, 조! 축하해요!

폴 조는 그 공연 못 해, 데즈. 골대까지 가서 헛발실하는 축구 선수 같다니까.

조 이 사람이.

데즈 조, 그냥 무시하세요. 이제, 이 머리를 해결해 보자고요.

데즈 고양이는 계속 무릎에 안고 있을 거예요?

22 그래도 괜찮아요?

데즈가 22와 조 위로 이발용 천을 씌워 준다. 조는 재빨리 천 밖으로 빠져나와 22의 무릎에 앉는다.

insane 정신 이상의, 미친 **distracted** 정신이 산만한 **fix up** ~을 수리하다, 단장하다

DEZ Suit yourself.[68] You're the boss.

22 I am?

DEZ When you're in this chair, yeah, you are.

22 So… can I have one of those?

22 points to a jar full of lollipops.

DEZ Uhh, sure, Joe.

Dez hands one to her. She quickly unwraps it and pops it into her mouth, smiling.

22 Cool. I like being in the chair.

Everyone stares at 22. Joe, the cat chides her.

JOE Hey, get your head in the game![69]

Dez fires up his hair clippers, startling 22.

22 Ah! Little chainsaw!

데즈 좋을 대로 하세요. 손님이 왕이니까.

22 제가요?

데즈 이 의자에 앉으면 왕이죠.

22 그럼… 저거 하나 먹어도 돼요?

22는 막대사탕이 가득 들어 있는 통을 가리킨다.

데즈 어, 물론이죠, 조.

데즈가 22에게 막대사탕 하나를 건넨다. 그녀가 잽싸게 사탕을 까서 입에 넣고 미소짓는다.

22 좋아. 이 의자에 앉는 거 마음에 드는걸.

모두가 22를 바라본다. 고양이 조가 그녀를 나무란다.

조 이봐, 딴생각하지 말고 집중하라고!

데즈가 이발기를 켜자 22가 깜짝 놀란다.

22 아! 꼬마 전기톱이다!

lollipop 막대사탕(= lolly) **chide** 꾸짖다, 책망하다 **get one's head in the game** 집중하다 **fire up** (기계 등을) 작동시키다

JOE You need to settle down! If you keep this—

But from Dez's POV – he sees a cat yowling at Joe. He puts a hand on 22's shoulder:

DEZ Look, I can deal with some freaky stuff, but if this cat don't chill, we're gonna have to put it outside.

22 (smug) Well, what's it gonna be, kitty?[70]

JOE Meow.

Dez regards 22's reverse Mohawk and gets to work.

DEZ Sometimes change is good. You have been rocking that same style for a while.

22 Well, Dez, for hundreds of years, I've had no style at all.

조 진정해! 자꾸 이러면—

데즈 시점으로 – 고양이가 조에게 울부짖는 것으로 보인다. 데즈가 22의 어깨에 손을 얹는다:

데즈 저기, 웬만한 건 괜찮은데, 고양이가 얌전하게 있지 않으면 밖에 둘 수밖에 없어요.

22 (거 보란 듯 웃으며) 자, 이제 어떻게 할 거야, 야옹아?

조 야옹.

데즈는 가운데 고속도로가 난 22의 머리를 보고 바로 작업을 시작한다.

데즈 가끔 변화를 주는 것도 좋죠. 오랫동안 똑같은 스타일만 고수했잖아요.

22 글쎄, 데즈, 난 수백 년 동안 스타일이란 게 없었어요.

freaky 기이한, 괴상망측한 **chill** 열을 식히다, 진정하다 **smug** 우쭐한 **rock** 특정 스타일을 고수하다

PAUL — You can say that again![71]

The others start laughing. 22 looks around, misreading it.

22 — But then my life changed.

DEZ — Oh, yeah? What happened?

22 — I was existing as a theoretical construct in a hypothetical way-station between life and death.

FEMALE BARBER — I heard that.

Later. 22 is relaxed now, happily sucking on the lolly as Dez finishes. Everyone in the store has pulled up a chair, now listening intently to 22's story.

22 — And by the time I got to mentor number 266, I was seriously asking what is all the fuss about.[72] Like, is all this living really worth dying for? You know what I mean?

DEZ — I never knew you had such an interesting education, Joe. I just thought you went to music school.

폴 이제 바른 말 하시네!

다른 사람들이 웃기 시작한다. 주위를 둘러보는 22, 이 말을 오해한다.

22 하지만 내 인생이 바뀌었어요.

데즈 어, 그래요? 무슨 일이라도 있었어요?

22 난 삶과 죽음 사이에 있는 가상의 중간 정착지에서 이론상의 구성으로 존재하고 있었어요.

여자 이발사 저거 어디서 들어 본 것 같아.

잠시 후. 마음이 편해진 22는 행복한 표정으로 막대사탕을 빨아 먹고 데즈는 이발을 마무리한다. 이발소에 있는 모든 사람들이 의자를 가져와, 22의 이야기를 경청하고 있다.

22 그러다가 266번 멘토를 만났을 때 도대체 왜 이렇게 난리를 떠는지 심각하게 물었죠. "이렇게 살아가는 게 정말 가치가 있는 거에요?" 라고 말이죠. 무슨 말인지 알겠어요?

데즈 난 당신이 이렇게 흥미로운 교육을 받은 사람인지 몰랐어요, 조. 그냥 음악 학교만 다닌 줄 알았는데.

misread 잘못 해석하다, 오해하다 **theoretical** 이론의, 이론적인 **hypothetical** 가설의, 가상의 **way-station** 중간역, 중간 기착지 **suck on** ~을 빨다, 빨아 먹다 **pull up** 당기다 **intently** 골똘하게, 여념 없이 **be worth dying for** 죽어도 될 만큼 가치가 있다

22 And another thing… They say you're born to do something, but how do you figure out what that thing is? And what if you pick up the wrong thing. Or somebody else's thing, you know? Then you're stuck!

The others nod in agreement. One of the customers motions to the lolly jar.

CUSTOMER (whispers) I'll take one of those.

DEZ (chuckles) I wouldn't call myself stuck but I never planned on cuttin' heads for a living.

22 Wait, but… you were born to be a barber. Weren't you?

DEZ I wanted to be a veterinarian.

Joe looks at Dez, surprised by this.

22 So, why didn't you do that?

DEZ I was planning to. When I got out of the Navy. Then my daughter got sick, and… barber school is a lot cheaper than veterinarian school.

22 그리고 또… 사람은 뭘 하기 위해 태어났다고 하지만, 그게 뭔지 어떻게 알겠어요? 엉뚱한 걸 선택할 수도 있고 다른 사람의 것을 택할 수도 있죠, 안 그래요? 그러면 이도 저도 못하고 갇히게 되는 거잖아요!

다른 사람들이 동의하듯 고개를 끄덕인다. 손님 중 한 명이 막대사탕 통을 가리킨다.

손님 (속삭이며) 나도 저거 하나만 먹을게요.

데즈 (웃으며) 나는 갇혔다고 생각하진 않지만, 머리를 커트하며 먹고살려고 했던 건 아니었어요.

22 잠깐, 하지만… 이발사가 천직이잖아요, 안 그래요?

데즈 난 수의사가 되고 싶었어요.

조가 데즈를 바라보는데, 놀란 표정이다.

22 그럼, 왜 그렇게 하지 않았어요?

데즈 그럴 계획이었죠. 해군에서 전역을 했을 때는 말이에요. 그런데 딸아이가 아파서, 그리고… 미용 학교가 수의사 학교보다 훨씬 더 쌌거든요.

stuck 꼼짝 못 하는, 갇힌 veterinarian 수의사

22 Well, that's too bad. You're stuck as a barber and now you're unhappy.

DEZ Whoah, whoa, slow your roll there, Joe.[73] I'm happy as a clam, my man.[74] Not everyone can be Charles Drew inventing blood transfusions.

22 ...or me, playing piano with Dorothea Williams. I know.

Paul guffaws sarcastically.

PAUL Haha. You are not all that.[75] Anyone could play in a band if they wanted to.

JOE (to 22) Don't pay Paul any mind.[76] People like him just bring other people down so they can make themselves feel better.

22 Oh, I get it. He's just criticizing me to cover up the pain of his own failed dreams.

The others erupt with a collective "Dang!" Everyone in the shop laughs at 22's inadvertent, razor-sharp comeback. Humbled, Paul sniffs on his way out:

PAUL You cut deep, Joe...

22 정말 안타깝네요. 어쩔 수 없이 이발사가 되어서 불행한 거네요.

데즈 워, 워, 그렇게 급하게 단정 짓지 말아요, 조. 난 정말 행복하니까. 모든 사람이 수혈을 만들어 낸 찰스 드류가 될 순 없는 거니까.

22 …아니면 나처럼 도로테아 윌리엄스하고 피아노를 칠 수도 없는 거죠. 알아요.

폴이 비아냥거리듯 크게 웃는다.

폴 하하. 넌 그런 급이 아니야. 원하면 누구나 밴드에서 연주를 할 수 있을걸.

조 (22에게) 폴은 신경 쓰지 마. 저런 사람들은 다른 사람을 깎아내려야지 기분이 더 좋아지는 부류니까.

22 오, 알겠어요. 꿈을 실현시키지 못해서 고통스러운 걸 감추려고 나를 공격하는 거군요.

사람들이 다 같이 "허걱" 하는 소리를 낸다. 22가 무심코 뱉은 날카로운 반격에 이발소에 있는 모든 사람들이 크게 웃는다. 폴은 굴욕감을 느끼고 훌쩍이며 밖으로 나간다.

폴 너무 심하잖아, 조…

blood transfusion 수혈 **guffaw** 크게 웃다 **sarcastically** 비꼬듯 **bring ~ down** ~를 깎아내리다 **criticize** 비판하다, 비난하다 **cover up** 숨기다, 은폐하다 **erupt** 터뜨리다, 폭발하다 **collective** 집단의, 단체의 **inadvertent** 고의가 아닌, 우연의 **razor-sharp** 극도로 날카로운, 지극히 예리한 **comeback** 재빠른 응수 **humbled** 창피한 **cut deep** 깊이 베다

22 I wonder why sitting in this chair makes me want to tell you things, Dez.

DEZ That's the magic of the chair. That's why I love this job. I get to meet interesting folks like you. Make them happy...

Dez picks up a small hand mirror and shows 22 his work.

DEZ And make them handsome.

22 looks at the excellent cut in the mirror and smiles. Joe is impressed.

22 Wow! Am I crazy or do I look younger?

DEZ I may not have invented blood transfusions, but I am most definitely saving lives.

22 이 의자에 앉으니까 왜 당신에게 여러 말을 하게 되는지 모르겠네요, 데즈.

데즈 그게 이 의자의 마법이죠. 그래서 전 이 일이 좋아요. 조처럼 흥미로운 사람을 만나게 되니까. 사람들을 행복하게 해 주고…

데즈가 작은 손거울을 들고 22에게 머리를 보여 준다.

데즈 그리고 핸섬하게 만들어 주죠.

22는 거울에 비친 멋지게 정돈된 머리를 보고 미소 짓는다. 조가 감탄한다.

22 와! 내가 미친 거야 아니면 더 젊어 보이는 거야?

데즈 내가 수혈을 개발하진 못했지만, 확실히 생명을 살리는 일을 하는 거죠.

folks 사람들 **hand mirror** 손거울 **definitely** 분명히, 확실히

EXT. BARBER SHOP — DAY

Dez shows 22 and Joe out.

DEZ I don't know about this crazy cat guy thing man, but it is nice to finally talk to you about something other than jazz, Joe.

22 Huh. How come we, uh, never talked about your life before?

DEZ You never asked. But I'm glad you did this time.

The other customers call out:

CUSTOMERS Looking good, brother. Have a great show!

Dez heads back inside. 22 pulls out a handful of lollipops showing them proudly to Joe.

22 I grabbed a couple road lollies.

22 pops one into her mouth and walks off. Joe follows, impressed with how 22 handled it all.

실외. 이발소 — 낮

데즈가 22와 조를 배웅한다.

데즈 갑자기 왜 고양이를 데리고 온 건지는 모르겠지만, 드디어 재즈 말고 다른 이야기를 하게 돼서 너무 즐거웠어요, 조.

22 허. 왜 우리는, 당신의 인생에 대해서 이야기를 한 적이 없는 거죠?

데즈 안 물어봤잖아요. 이번에는 그래 줘서 좋네요.

다른 손님들이 소리친다:

손님들 인물이 사네요. 공연 잘해요!

데즈는 안으로 다시 들어간다. 22가 손 한가득 막대사탕을 꺼내 뿌듯한 표정으로 조에게 보여 준다.

22 사탕 몇 개 집어 왔어요.

22이 입 안에 사탕을 넣고 걸어간다. 조가 따라가는데, 22가 이 모든 것을 해결하는 모습에 감탄한다.

show ~ out ~를 배웅하다 **a handful of** 한 움큼의, 몇 개의 **road lolly** 싼 막대사탕

CHAPTER 18

Terry Time!

INT. HOSPITAL — JOE'S ROOM

Inside Joe's former hospital room, a Heart Monitor beeps, suddenly flatlines – then becomes Terry.

Terry leaps from the monitor and looks around the room for clues.

Terry examines Joe's empty hospital bed, ducking out of sight just as a Doctor enters the room.

EXT. NEW YORK — DOOR STOOP — DAY

Terry moves, snake-like, up to the sunken alcove where 22 had been hiding earlier. Terry examines the spot where 22 had been sitting.

INT. JOE'S APARTMENT

Terry slithers among Joe's things, over his album collection and onto his piano, searching.

실내. 병원 — 조의 병실

조가 전에 있던 병실 안, 심장 모니터가 뛰다가 갑자기 심정지 신호가 나타나더니 - 잠시 후 그 신호가 데리로 변한다.

테리가 모니터에서 뛰어내려 병실을 둘러보며 단서를 찾는다. 테리가 조의 비어 있는 침대를 살펴보다가 의사가 병실로 들어오자 발각되지 않으려고 몸을 숨긴다.

실외. 뉴욕 — 현관 입구 계단 — 낮

테리가 뱀처럼 움직이며 22가 숨어 있던 반지하 공간으로 다가간다. 테리는 22가 앉아 있던 곳을 살펴본다.

실내. 조의 아파트

테리는 조가 소장한 음반들, 피아노 위 등 조의 물건들 틈새를 비집고 다니며 탐색 중이다.

flatline (심장이 뛰지 않아) 심장 모니터가 평평한 선이 되다 **clue** 단서, 실마리 **duck** 수그리다, 숨다 **out of sight** 보이지 않는 **alcove** 벽면 우묵하게 들어간 공간 **slither** (매끄럽게) 스르르 나아가다

EXT. NEIGHBORHOOD BODEGA — DAY

Paul comes out of the small grocery store near the barber shop. He opens a bag of chips, still stung by 22's insult:

PAUL (muttering to himself) Julia Child didn't succeed till she was 49.

22 and Joe approach. 22 hold out a lolly as a peace offering:

22 Hey, Paul! Here, have a lollipop.

PAUL Oh. Thanks, man.

Across the street – Terry spots 22 as she comes out of a crosswalk light.

TERRY There you are!

Terry jumps down and snakes around the corner. The accountant draws a portal in the ground, like a lion trap. As 22 finishes making amends with Paul, Terry readies the trap:

실외. 동네 구멍가게 — 낮

폴이 이발소 근처에 있는 작은 구멍가게에서 나온다. 그가 과자 한 봉지를 뜯는데, 여전히 22의 공격적인 말로 받은 상처가 아물지 않았다:

폴 (혼잣말로 투덜대며) 줄리아 차일드도 마흔아홉에 성공했다고.

22와 조가 다가온다. 22가 화해의 선물로 사탕 하나를 내민다:

22 이봐, 폴! 여기, 사탕 먹어.

폴 오, 고마워.

길 건너편에서 - 테리가 22를 발견하고 횡단보도 신호등 밖으로 나온다.

테리 저기 있군!

테리가 뛰어내리더니 뱀처럼 코너를 돈다. 테리가 사자를 잡는 함정처럼 바닥에 포털을 그린다. 22가 폴과 화해를 마치자, 테리가 함정을 준비한다:

bodega 구멍가게, 식품 잡화점 **stung** 따끔거리는, 기분이 상한 **insult** 모욕 **peace offering** 화해의 선물 **crosswalk** 횡단보도 **trap** 덫, 올가미 **make amends** 보상해 주다, 화해하다

TERRY Come to Terry!

A body falls into the trap. Terry follows, jumping in.

TERRY Gotcha!

INT. LIMBO

Surrounded by the eerie darkness of Limbo, Terry lets "Joe" have it:

TERRY Thought you could cheat the universe?! Well, you thought wrong! I'm the Accountant, and I'm here to bring you in!

Terry pulls the soul from the body. But it's not Joe. It's Paul!

TERRY Oh, ooh! You're not Joe Gardner. Haha! My mistake.

Paul is petrified.

TERRY We'll just get you back into your meat suit.

Terry shoves Paul's soul back into his body and tosses him back up.

테리 테리한테 오거라!

몸 하나가 함정 속에 빠진다. 테리가 그를 따라 뛰어든다.

테리 잡았다!

실내. 머나먼 저세상 이전의 세계

머나먼 저세상 이전 세계의 으스스한 어두움이 화면에 가득하다. 테리가 "조"에게 크게 화를 낸다.

테리 우주를 속일 수 있다고 생각했나 본데?! 완전히 착각한 거야! 난 회계사야. 널 잡으러 여기까지 왔지!

테리가 몸에서 영혼을 끄집어낸다. 그런데 조가 아니다. 폴이다!

테리 이런! 넌 조 가드너가 아니잖아. 하하! 실수했네.

폴은 겁에 질렸다.

테리 다시 살덩이로 보내 줄게.

테리가 폴의 영혼을 그의 몸속으로 쑤셔 넣고 그를 다시 위로 던져 올린다.

eerie 괴상한, 으스스한 **let ~ have it** ~에게 공격을 가하다 **bring ~ in** ~를 연행하다, 잡아가다 **petrify** 겁주다, 위협하다 **meat suit** 몸 덩어리 **shove** 밀치다, 떠밀다

EXT. NEW YORK STREET CORNER — DAY

Paul emerges through the portal, back onto the street. He's shivering, clutching his bag of chips, horrified. Terry tries to make things right:

TERRY There ya go. No harm, no foul.

But Paul is trembling and stammering.

TERRY Oh, boy.

Terry puts an arm around him.

TERRY Look, fella. I'm thinking there's no reason we can't keep this little incident between us, eh?[77] Mistakes happen. And uh, it's not your time. Unless you keep eating those processed foods, am I right? Ha!

Terry vanishes. Paul looks around fearfully. Suddenly, Terry's stern face appears in his bag of chips.

TERRY But seriously, stay away from those processed foods.

Paul screams and throws the bag, running away.

실외. 뉴욕 길모퉁이 — 낮

폴이 포털에서 나와서 거리로 다시 돌아온다. 과자 봉지를 움켜쥐고 겁에 질린 표정으로 떨고 있다. 테리가 사태를 수습하려고 애쓴다:

테리 자 괜찮아. 안 다쳤으니까 됐어.

하지만 폴은 계속 몸을 떨며 말을 더듬는다.

테리 오, 이런.

테리가 그의 어깨를 감싼다.

테리 이봐, 친구. 이 작은 소동은 우리끼리의 비밀로 하는 게 좋겠어, 알겠지? 실수를 할 때도 있잖아. 그리고, 넌 아직 죽을 때가 아니야. 그런 가공식품을 계속 먹지만 않는다면 말이지, 안 그래? 하!

테리가 사라진다. 폴은 두려운 표정으로 주변을 둘러본다. 갑자기 테리의 근엄한 얼굴이 폴의 과자 봉지 안에 나타난다.

테리 근데 정말로 이런 가공식품들은 먹지 말라고.

비명을 지르는 폴, 과자 봉지를 던지고 도망간다.

clutch 꽉 움켜잡다 **tremble** 떨다, 떨리다 **stammer** 말을 더듬다 **fella** 친구, 남자 **processed** 가공한 **fearfully** 무서워하며, 걱정스럽게 **stern** 근엄한, 진지한

CHAPTER 19

Ripped Pants

EXT. NEW YORK SIDEWALK — DAY

22 and Joe keep walking. 22 happily sucks on a lollipop as they talk.

JOE You know what, you did all right back there. How did you know how to deal with Paul?

22 I didn't. I just let out the Me. Hey, like you said about jazz! I was jazzing!

JOE First of all, "jazzing" is not a word. And second, music and life operate by very different rules.

22 looks at a flyer on a pole, about to pull off one of the contact slips.

실외. 뉴욕 인도 — 낮

22와 조가 계속 걸어간다. 22는 막대사탕을 행복하게 빨아 먹으며 조와 이야기를 나눈다.

조 근데 말이지, 너 아까 괜찮게 하더라. 폴을 다루는 법을 어떻게 안 거니?

22 몰랐어요. 그냥 '나'를 꺼낸 것뿐이에요. 아저씨가 재즈에 대해 말한 것처럼 말이죠! 나도 재즈한 거죠!

조 첫째, "재즈한다"란 말은 없어. 그리고 둘째, 음악과 인생이 돌아가는 규칙은 매우 다르다고.

전봇대에 붙어 있는 전단지를 바라보는 22, 연락처 조각 하나를 떼어 내려고 한다.

operate 진행되다, 작동하다 **flyer** (광고, 안내용) 전단지 **pole** 기둥, 전봇대 **contact** 연락, 접촉 **slip** 종이 조각, 메모 용지

22 It says take one!

JOE Don't—

But 22 takes more than one.

JOE Or do. Okay. Fine.

22 reads it.

22 Man with a Van. I got a few, in case we need a lot of vans.

Joe rolls his eyes.

JOE Uh huh. Now, let's get back to the plan. We go to the Half Note and wait there for Moonwind. It's around 4 p.m. now...

But he sees 22 laughing, playing with the reflection in a window.

JOE You know what? You are really getting good at using those legs. Why don't you try running?

22 하나 떼 가라는데요!

조 그러지 마-

하지만 22가 여러 개를 떼어 낸다.

조 그러던가. 그래. 괜찮아.

22가 조각을 읽는다.

22 승합차 있음. 승합차가 많이 필요할 수 있으니까 여러 개 뜯어 왔어요.

조가 어처구니없다는 듯 눈을 굴린다.

조 알았어. 이제, 원래 계획했던 대로 하는 거야. 하프 노트로 가서, 문윈드를 기다리는 거지. 지금 4시쯤 됐으니까…

조는 22가 유리창에 비친 자신의 모습으로 장난을 치며 웃는 것을 바라본다.

조 너, 이제 다리를 잘 쓰네. 뛰어 보는 건 어때?

van 승합차, 밴 **roll one's eyes** 눈을 굴리다 **reflection** 거울 등에 비친 모습

22's hands run along a metal fence, making music.

22 Hey! I made a song! I'm jazzing!

JOE Okay, enough of the jazzing and everything like that.[78] We need to get somewhere. Now I suggest that—

But 22 stops over a subway grate. The blast of air from below whooshes up.

22 That tickles!

JOE What are you doing?

22 Woohoo! Ha ha!

22가 손으로 금속 울타리를 건드리며 지나가자, 음악처럼 들린다.

22 이야! 내가 노래를 만들었어요! 재즈하고 있다고요!

조 알았어, 재즈한다는 둥 이상한 소리 좀 그만하라고. 우린 갈 데가 있단 말야. 내가 제안하는—

그런데 22가 지하철 환풍구 위에 멈춰 선다. 밑에서 공기가 훅 올라온다.

22 간지러워!

조 뭐 하는 거야?

22 우후! 하하!

metal fence 금속 울타리 **grate** 쇠살대, 쇠격자 **blast of air** 강풍 **whoosh** 휙 하고 나오다 **tickle** 간지럽히다, 간지럽다

22 lies on her stomach on the grate, letting the wind ruffle the suit.

22 Hoooooohohohohohooo!

22's hat blows off and flies down the street.

22 Whoops. I got it.

22 runs over to the hat, bends over to pick it up. But stops, unable to bend out any more.

JOE Would you hurry up!?

22 Okay.

22 forces it. Rip!

22 (smiling) You were right! These pants are loosening!

But pedestrians behind 22 look at the pants in shock. A bike messenger laughs. Joe screams:

JOE Aaaaahhh!

환풍구 위에 완전히 엎드리는 22, 양복이 바람을 타고 펄럭거린다.

22 호오오오오호호호호호!

22의 모자가 벗겨져 길거리로 날아간다.

22 아이쿠. 내가 가져올게요.

22가 모자를 향해 뛰어가 허리를 숙이고 모자를 집으려고 한다. 하지만 더 이상 숙일 수 없어서 동작을 멈춘다.

조 서둘러 줄래!?

22 네.

22가 억지로 움직이는데, 바지가 찢어진다!

22 (웃으며) 아저씨 말이 맞았어요! 바지가 늘어나네요!

22의 뒤에 있던 행인들이 바지를 보고 경악한다. 자전거를 타고 가던 배달원이 웃는다. 조가 비명을 지른다:

조 아아아!

lie on one's stomach 엎드리다 **ruffle** 펄럭이게 하다 **blow** 바람에 날리다 **bend** 굽히다, 숙이다 **force** 억지로 하다 **rip** 찢다, 찢어지다 **pedestrian** 보행자

He runs over and looks at 22's rear, his polka dot underwear hangs out. Joe tries to cover it up.

JOE Oh, no, no, no, don't let people see your butt!

22 It's your butt.

JOE It doesn't matter whose butt! Take off the jacket! Tie it around your waist! Quick! Cover the butt!

22 does.

JOE Oh! What are we gonna do!? Can't find a tailor this late!

A thought hits him. A bad thought:

JOE (dread) Oh, no. We're gonna have to go to mom's.

22 Okay!

조가 황급히 달려가 22의 엉덩이를 쳐다보는데, 그의 땡땡이 무늬 속옷이 삐져나왔다. 조는 이를 가리려고 애쓴다.

조 오, 안 돼, 안 돼, 안 돼, 사람들이 네 엉덩이를 보잖아!

22 아저씨 엉덩이잖아요.

조 그 엉덩이가 누구 건지는 중요하지 않아! 재킷을 벗어! 허리에 묶으라고! 빨리! 엉덩이 가려!

22가 그렇게 한다.

조 오! 이제 어떻게 한담!? 이렇게 늦게 수선집을 찾을 수도 없고!

조에게 어떤 생각이 떠오른다. 그런데 좋은 생각은 아니다:

조 (두려운 듯) 아, 안 돼. 엄마 가게로 가야겠어.

22 알았어요!

rear 엉덩이, 궁둥이 **polka dot** 땡땡이 무늬, 물방울 무늬 **butt** 엉덩이 **tie** 묶다 **tailor** 재단사 **thought** 생각 **dread** 무서워하다, 두려워하다

JOE No, you don't understand! Mom doesn't know about this gig. And she's not gonna like it.

22 Okay.

JOE But we don't have any other choice!

22 Okay.

JOE She's the only one that can fix this!

22 Okay!

JOE Stop saying okay! We gotta catch the subway across town. Come on.

22 Oook—(stops herself) Got it.

조 아냐, 넌 이해를 못한다고! 엄마는 이번 공연에 대해서 모른단 말이야. 알면 달가워하지 않으실 거야.

22 알았어요.

조 하지만 선택의 여지가 없어!

22 알았어요.

조 이걸 고칠 수 있는 사람은 엄마밖에 없다고!

22 알았어요!

조 알았다는 말 좀 그만해! 시내로 가는 지하철을 타자. 어서.

22 알았—(말을 끊고) 그러죠.

CHAPTER 20

Subway Ride

INT. SUBWAY STATION PLATFORM

22 eats a bagel while carrying Joe down onto a subway station platform.

JOE My mom doesn't know about the gig, and I want to keep it that way, okay?[79]

22 Right, because she thinks you're a failure.

JOE What?!

22 I didn't say that! YOU did. Up here.

실내. 지하철역 플랫폼

22는 베이글을 먹으며 조를 안고 지하철역 플랫폼으로 내려온다.

조 엄마는 이 공연에 대해서 몰라, 그러니까 계속 그렇게 두는 거야, 알았지?

22 네, 아저씨를 패배자라고 생각하시니까요.

조 뭐라고?!

22 내 말이 아니고요! 아저씨가 그렇게 말했잖아요. 이 위에서.

22 points to Joe's head.

JOE Look, my mom has her own definition of what success is, and being a professional musician isn't it.

Joe jumps to the ground and starts pacing, thinking this through.

JOE (muttering to self) So, lemme see… I need the suit fixed for a school band recital. Ugh, I'm not looking forward to this. But there's no reason she needs to know.

Meanwhile, 22 notices a Busker playing his guitar and singing, guitar case open to receive loose change. Intrigued, 22 approaches. Joe still stews:

JOE I don't know. All the times I've been so close to getting to my dreams… something always gets in the way. You know what I mean?

Joe spots 22, drawn to the music. He walks over.

22 He's good. I've heard music before. But I've never felt like this inside.

JOE Of course you love music now. Because you're ME. Let's go.

22가 조의 머리를 가리킨다.

조 이봐, 우리 엄마는 성공에 대해서 본인만의 정의가 있어. 프로 뮤지션이 되는 건 성공이 아니라고.

바닥으로 뛰어내려 가는 조, 이리저리 서성이며 이 사태를 어떻게 수습할지 생각한다.

조 (혼자 중얼거리며) 그러니까, 생각 좀 해 보자… 학교 밴드 공연 때문에 양복을 수선한다고 하는 거야. 으악, 이러고 싶지는 않지만, 엄마가 알 필요는 없지.

이 와중에, 22는 기타를 치며 노래하는 길거리 뮤지션을 바라보는데, 동전을 받을 수 있도록 기타 케이스가 열려 있다. 흥미를 느끼는 22, 길거리 뮤지션에게 다가간다. 조는 여전히 애가 탄다:

조 나도 잘 모르겠어. 내 꿈에 가까이 다가갈 때마다… 항상 뭔가가 가로막는다니까. 무슨 말인지 아니?

조가 22를 바라보는데, 음악에 푹 빠져 있다. 조가 다가간다.

22 이 사람 잘하네요. 전에 음악을 들어 본 적은 있지만, 마음속에서 이런 느낌을 받은 건 처음이에요.

조 물론 지금은 음악이 좋겠지. 네가 나니까. 가자고.

definition 정의, 의미 **professional** 전문적인, 직업의 **recital** 발표회, 연주회 **meanwhile** 한편 **busker** 길거리 뮤지션 **loose change** 동전 **intrigued** 흥미로워하는 **stew** 생각하다, 마음 졸이다 **get in the way** 방해하다 **drawn to** ~에 마음이 끌린

It makes sense, yet doesn't feel right.

JOE Let's go!

22 watches a Passerby toss change into the busker's guitar case. Inspired, 22 breaks her bagel in half and drops it in, too. As 22 walks away, the busker looks at the bagel, slightly annoyed. Joe and 22 walk onto the train.

INT. SUBWAY TRAIN

Joe finds a seat and sits, like a person – on his butt, cat-feet outstretched. He folds his paws across his cat-chest and settles in for the ride like any New Yorker. A New Yorker next to him looks at this, decides to scoot over, not wanting any part of this weirdness. 22 remains standing as the doors close. The car is nearly full. The train starts moving. 22 stumbles.

22 Whoah! Ahh!

As the train moves, 22 has fun "surfing" it like a wave.

22 Woahahaho! Ha ha!

22 bumps into a Commuter.

조의 말이 맞긴 하지만, 뭔가 석연치 않다.

조 빨리 가자!

22는 한 행인이 길거리 뮤지션의 기타 케이스에 동전을 던져 주는 것을 바라본다. 이 모습에 영감을 얻은 22, 자기가 먹던 베이글을 반으로 잘라 케이스 안에 넣는다. 22가 지나가자, 길거리 뮤지션이 베이글을 보고 살짝 짜증 난 표정을 한다. 조와 22가 지하철 안으로 들어간다.

실내. 지하철

조가 자리를 발견하고 앉는데, 사람처럼 엉덩이를 의자에 대고, 고양이 다리를 쫙 벌린다. 고양이 가슴 위로 팔짱을 끼고 뉴요커처럼 지하철에 편하게 몸을 싣는다. 그의 옆에 있던 한 뉴요커가 이를 보고, 이상한 상황에 엮이고 싶지 않은 듯 옆으로 비켜 앉는다. 22는 계속 서 있고 문이 닫힌다. 객실은 거의 꽉 찼다. 지하철이 움직이기 시작한다. 22가 비틀거린다.

22 워아! 아아!

지하철이 움직이자, 22가 파도를 타듯이 "서핑"을 즐긴다.

22 워하하호! 하하!

22가 한 승객에게 부딪친다.

make sense 말이 되다, 이해가 되다 passerby 행인 annoyed 짜증이 난 outstretch 펴다, 뻗다 settle in 자리 잡다 scoot over 옆으로 움직여 앉다 weirdness 괴상함 stumble 비틀거리다, 휘청거리다 bump into ~에 부딪히다 commuter 통근하는 사람

COMMUTER Hey! Take it easy, eh?

22 I'm sorry!

22 quickly sits next to Joe, feeling self-conscious.

JOE Don't worry about it. It's the subway. It does that to some people.

22 Does what?

JOE It wears you down. [80] It stinks. It's hot. It's crowded. Every day the same thing, day in and day out. [81] (to self) But once I get on that stage tonight, all my troubles are going to be fixed. You're gonna see a brand new Joe Gardner.

Joe hears a slurping sound. He turns to see 22 listening to him, but now drinking a Big Gulp from a straw.

JOE Where'd you get that?

승객 이봐! 진정하라고, 알겠어?

22 미안해요!

22가 눈치를 보며 재빨리 조 옆에 앉는다.

조 괜찮아. 지하철이라서 그런 거니까. 지하철이 사람들을 저렇게 만들어.

22 저렇게 만든다고요?

조 지치게 만드는 거야. 냄새도 나고 더우니까. 붐비기도 하고. 똑같은 일상이 매일매일 반복되는 거라서. (혼잣말로) 그래도 오늘 밤 내가 무대에 서면, 모든 문제가 다 해결된다 이거야. 완전히 새로운 조 가드너를 만나게 될 거라고.

조는 후루룩 마시는 소리를 듣는다. 고개를 돌려 22를 바라보는데, 조의 말을 들으면서 빨대로 대형 음료를 마시고 있다.

조 그건 어디서 난 거니?

self-conscious 남을 의식하는 wear down 마모시키다 stink 악취가 풍기다 crowded 붐비는, 복잡한 day in and day out 매일 계속해서 brand new 새것의 slurp 후루룩 소리를 내며 먹다 Big Gulp 대형 음료 straw 빨대

Under the seat. Can you believe it? Still half full!

Joe slaps it out of her hands.

22 좌석 밑에서요. 놀랍지 않아요? 아직 반이나 남아 있는데!

조가 음료를 22의 손에서 쳐낸다.

half full 반쯤 찬 **slap** (손바닥으로) 때리다, 치다

CHAPTER 21

Joe Wears Dad's Suit

EXT. LIBBA'S CUSTOM TAILORING — DAY

22 and Joe walk up to his mom's tailoring shop.

JOE Alright, remember, I need the suit fixed for a band recital. Got it?

22 nods. They enter.

INT. LIBBA'S CUSTOM TAILORING

Melba and Lulu are busy behind sewing machines. 22 enters. Joe is on 22's shoulders.

MELBA & LULU Joey! I'm so proud of you! Baby boy, we heard the news!

But from the back room, they hear a pointed:

실외. 리바의 양복점 — 낮

22와 조가 엄마의 양복점으로 다가간다.

조 자, 기억해, 학교 밴드 연주회 때문에 양복을 고치는 거야. 알았지?

22가 고개를 끄덕인다. 그들이 양복점으로 들어간다.

실내. 리바의 양복점

멜바와 룰루가 재봉틀에 앉아 바쁘게 작업을 하고 있다. 22가 들어간다. 조는 22의 어깨 위에 있다.

멜바와 룰루 조이! 정말 자랑스럽구나! 우리 아기, 소식 들었어!

하지만 뒷방에서 날카로운 소리가 나자:

custom tailoring 맞춤형 재단 **tailoring shop** 양복점 **sewing machine** 재봉틀 **pointed** 날카로운, 신랄한

LIBBA (O.S.) Ahem!

Melba and Lulu freeze.

JOE Oh, crap. She knows!

Melba gestures, cautiously:

LULU Your momma's in the back.

JOE You gotta go in there.

22 No, I don't want to.

JOE You have to! We need the suit fixed!

22 gulps and starts walking. As they pass Melba:

리바 (화면 밖 목소리) 에헴!

멜바와 룰루가 얼어붙는다.

조 오, 이런. 알고 계셔!

멜바가 조심스럽게 손짓한다:

룰루 네 엄마는 뒤에 계셔.

조 저 안으로 들어가.

22 아니, 그러고 싶지 않아요.

조 들어가라고! 양복을 고쳐야지!

22가 침을 꿀꺽 삼키고 발을 뗀다. 이들이 멜바를 지나가는데:

freeze 얼다, 얼어붙다 **crap** (감탄사) 이런 **gesture** 가리키다, 손짓을 하다 **cautiously** 조심스럽게 **pass** 지나가다, 통과하다

MELBA You forgetting something, Joey?

Melba holds out her cheek, waiting.

22 What?

JOE Kiss her. I always kiss Melba when I see her.

Melba leans her cheek out.

JOE Just do it.

22 looks at Melba's cheek, then grabs her face and goes in, kissing her right on the lips. The women gasp.

JOE No, no, no! Not on the lips.

LULU (in horror) Joey! What has gotten into you, boy?[82]

22 quickly releases Melba.

MELBA (catching her breath) Let him finish!

LULU Cougar! I knew it.

멜바 뭐 잊은 거 없니, 조이?

멜바가 볼을 내밀고 기다린다.

22 네?

조 뽀뽀해 드려. 멜바 아주머니를 만나면 항상 뽀뽀를 해 드리거든.

멜바가 볼을 쭉 내민다.

조 그냥 해.

22가 멜바의 볼을 바라보다가, 얼굴을 붙잡고 접근하더니 입술에 키스해 버린다. 여자들이 헉하고 놀란다.

조 아니, 아니, 아니! 입술에 말고.

룰루 (경악하며) 조이! 너 오늘 뭐 잘못 먹었니?

22가 재빨리 멜바를 놔준다.

멜바 (숨을 고르며) 마무리를 못 했다고!

룰루 이 요망한 할망구! 내 그럴 줄 알았어.

in horror 오싹하여, 무서워서 **release** 풀어주다, 놓아주다 **catch one's breath** 호흡을 가다듬다, 숨을 고르다 **cougar** 젊은 남자를 좋아하는 중년 여성

22 and Joe walk into the back room as Melba calls after them:

MELBA I'll take another kiss when you get back, Joey!

Libba's Alterations Room – 22 and Joe slowly step in. Libba is working on a dress. She's not happy.

LIBBA So much for being done chasing after gigs, huh?

Libba spots the cat on 22's shoulder.

LIBBA I hope that cat isn't supposed to be some kind of peace offering.

In the Tailor Shop – Lulu and Melba press themselves against the door, trying to hear what's going on.

MELBA (Whisper) Come. Come on.

Back to scene: Joe whispers in 22's ear, coaching.

JOE Just say you rescued it.

22 (to Libba) Um, no. It's mine. I rescued it.

22와 조가 뒷방으로 들어가는데 멜바가 그들에게 소리친다:

멜바 다시 나와서 키스 한 번 더 해 줘, 조이!

리바의 수선실 - 22와 조가 천천히 들어간다. 리바가 드레스를 손보고 있다. 기분이 좋지 않다.

리바 공연 쫓아다니는 거 안 한다면서, 응?

리바가 22의 어깨 위에 있는 고양이를 발견한다.

리바 저 고양이를 무슨 화해의 선물이라고 가져온 건 아니겠지?

양복점 안 - 룰루와 멜바가 문에 몸을 대고 무슨 일이 벌어지고 있는지 엿들으려고 한다.

멜바 (작은 소리로 속삭이듯) 이리 와. 얼른.

다시 현재 장면으로: 조가 22의 귀에 속삭이며 지시한다.

조 그냥 네가 구조해 준 고양이라고 해.

22 (리바에게) 음, 아니에요. 제 고양이에요. 제가 구조했어요.

alteration 수선, 개선 work on ~에 노력을 들이다, 착수하다 rescue 구조하다, 구출하다

LIBBA Hm, Too bad you can't rescue your career.

Joe sighs.

JOE Just ask her nicely if she can fix my suit.

22 So, Mom… is there any way you can fix this?

22 removes the jacket and reveals the large tear and polka-dot underwear to Libba.

LIBBA Whoa! I don't need to see that!

22 I know. Embarrassing, right? So, you'll fix it?

LIBBA No.

JOE & 22 What?

LIBBA How long are you going to keep doing this, Joey? You tell me you're going to accept the full-time position…

JOE Here it comes.[83]

LIBBA Then instead I hear you've taken another gig.

리바 흠, 자기 직업은 구조하지도 못하면서.

조가 한숨을 쉰다.

조 양복을 수선해 주실 수 있는지 상냥하게 물어봐.

22 저기, 엄마… 혹시 이거 수선해 주실 수 있나요?

22가 재킷을 벗자 크게 찢어진 부분과 땡땡이 속옷이 리바의 눈에 들어온다.

리바 워! 그런 건 안 보여 줘도 돼!

22 그러니까요. 창피하네요, 그쵸? 수선해 주실 거죠?

리바 싫어.

조와 22 네?

리바 너 언제까지 이 짓거리를 할 거니, 조이? 정규직을 받아들일 거라고 했잖아…

조 또 시작이시네.

리바 근데 또 공연을 한다는 말이 들리다니.

career 직장, 경력 **sigh** 한숨을 쉬다, 한숨짓다 **tear** 찢어진 곳, 찢다 **embarrassing** 부끄러운, 당혹스러운

JOE Tell her that this one's different!

22 This one's different!

LIBBA Does this "gig" have a pension? Health insurance? No? Then, it's the same as the other ones. It's like you can't even be truthful with me anymore!

JOE Fine, we'll get the suit off the rack somewhere. My mom has never understood what I'm trying to do with my life.

22 (repeating, to Libba) Fine, we'll get a suit off the rack somewhere. My mom has never understood what I'm trying to do with my life.

JOE 22!

조 이번 거는 다르다고 말씀드려!

22 이번 거는 달라요!

리바 이 "공연"을 하면 연금이 나오니? 의료 보험은? 아니지? 그럼, 다른 거하고 똑같지 뭐야. 이제는 나한테 진실되게 말도 못 하잖아!

조 됐어. 어디 가서 양복 한 벌 사자고. 엄마는 내 인생에서 내가 하고 싶은 일을 이해한 적이 한 번도 없다니까.

22 (리바에게 조가 한 말을 되풀이한다) 됐어. 어디 가서 양복 한 벌 사사고. 엄마는 내 인생에서 내가 하고 싶은 일을 이해한 적이 한 번도 없다니까.

조 22!

health insurance 의료 보험, 건강 보험 **truthful** 정직한, 진실한 **rack** 선반, 옷걸이

LIBBA What did you just say?!?

22 (to Joe) Oof. Can I run away now, like you usually do?

Mom stares, waiting for a response from Joe. Joe considers his options.

JOE No. Not this time. Repeat after me.

Joe whispers into 22's ear. We shift to Libba's POV – to hear Joe talk to his mom in his own voice:

JOE Mom, I know we've had some rough times. But you're right. I can't be truthful with you. Because it seems like no matter what I do, you disapprove.

LIBBA Look, I know you love playing…

JOE Then how come except for church, you're happiest when I don't? I finally land the gig of my life and you're upset.

LIBBA You didn't see how tough being a musician was on your father. I don't want to see you struggle like that!

리바 방금 뭐라고 했니?!?

22 (조에게) 우, 도망가도 될까요, 평소에 아저씨가 그러는 것처럼?

엄마는 대답을 기다리며 그를 노려본다. 조는 어떻게 할지 고민한다.

조 아니. 이번엔 아니야. 내 말 그대로 따라 해.

조가 22의 귀에 대고 속삭인다. 화면은 리바의 시점으로 전환된다 – 조가 엄마에게 자기 목소리로 말한다:

조 엄마, 우리가 서로를 힘들어하는 거 알아요. 엄마 말씀이 맞아요. 전 엄마에게 솔직할 수가 없어요. 내가 무슨 일을 하든 엄마는 반대만 하시니까.

리바 얘야, 네가 연주를 좋아하는 거 알아…

조 그럼 어째서 내가 연주를 안 하면 엄마는 행복하신 거예요, 교회에서 하는 거 빼고요? 드디어 내가 인생 공연을 하게 되었는데, 엄마는 역정만 내시잖아요.

리바 네 아버지가 뮤지션으로 살면서 얼마나 힘들었는지 네가 못 봐서 그래. 네가 그렇게 고생하는 꼴은 보고 싶지 않아!

response 대답, 응답, 회신 **shift** 움직이다, 바꾸다 **rough time** 힘든 시기, 골치 아픈 시기 **disapprove** 동의하지 않다, 못마땅하다 **except for** ~을 제외하고 **tough** 힘든, 어려운 **struggle** 애써 ~하다, 힘들게 ~하다

JOE So, Dad can pursue his dreams, and I can't?

LIBBA Your father had me. Most times this shop was what paid the bills.[84] So, when I'm gone, who's gonna pay yours?

JOE Music is all I think about. From the moment I wake up in the morning to the moment I fall asleep at night.

LIBBA You can't eat dreams for breakfast, Joey.

JOE Then, I don't want to eat! This isn't about my career, Mom. It's… It's my reason for living. And I know Dad felt the same way.

Libba thinks about this.

JOE I'm just afraid that if I died today, that my life would've amounted to nothing.

LIBBA Joey…!

Libba looks into her son's eyes, moved and slightly scared. She breaks down a little, but then finally smiles. She goes to a drawer and pulls out a large garment box.

조 그러니까, 아버지가 꿈을 좇는 건 괜찮고, 난 안 된다고요?

리바 네 아버지는 내가 있었잖아. 이 가게 때문에 밥 먹고 산 거라고. 근데 내가 죽으면 누가 널 먹여 살릴 건데?

조 난 음악 생각뿐이라고요. 아침에 눈 뜨는 순간부터 밤에 잠드는 순간까지 말이에요.

리바 조이, 꿈이 밥 먹여 주지는 않잖아.

조 그럼, 안 먹을래요! 내 직업이 중요한 게 아니에요, 엄마. 이건… 이건 내가 살아가는 이유라고요. 아버지도 똑같은 심정이었을 거예요.

리바는 이 말에 대해 생각한다.

조 당장 오늘 죽으면 내 인생이 아무것도 아닌 게 될 것 같아요.

리바 조이…!

아들의 눈을 들여다보는 리바, 감동과 함께 살짝 두려움을 느낀다. 약간 울먹거리지만 이내 미소를 짓는다. 리바가 서랍으로 다가가 커다란 옷 상자를 꺼낸다.

pursue 추구하다, 원하는 것을 좇다 **most times** 대부분, 대체로 **pay the bills** 생계를 유지하게 하다 **fall asleep** 잠들다 **amount to** ~에 이르다, ~에 달하다 **break down** 감정을 주체하지 못하다, 허물어지다 **garment** 의복, 옷

LIBBA Let's make this work instead.

She opens it to reveal a tight, crisp Blue Suit. We come out of Libba's POV as: Joe immediately recognizes the suit, stunned:

JOE That's… my dad's suit.

LIBBA (calls out) Lulu! Melba! Bring your good scissors in here. We got work to do! [85]

The eavesdropping Melba and Lulu almost tip over and fall into the room as they try to cover their spying. They get to work as Joe sits on a table, touched.

Later. 22 surveys the New Suit in a full-length Mirror while Libba, Melba and Lulu make adjustments. Joe watches from the side, amazed.

22 Wow. This feels really nice!

Libba chuckles. Joe watches his mom lovingly make a few adjustments, admiring the way her son looks in the mirror.

리바 대신 이거로 해 보자.

그녀가 상자를 열자 핏이 좋고 깔끔한 파란색 양복 한 벌이 보인다. 화면은 리바의 시점에서 빠져나온다. 조는 바로 이 양복을 알아보고 깜짝 놀란다.

조 저건… 아버지 양복이잖아.

리바 (크게 소리치며) 룰루! 멜바! 가위 잘 드는 걸로 가져와 봐. 할 일이 있어!

몰래 엿듣고 있던 멜바와 룰루가 고꾸라지며 방 안으로 쓰러질 뻔한다. 두 사람은 엿듣고 있었다는 것을 애써 감추려고 한다. 그들이 작업을 시작하고 조는 탁자에 앉는데, 감동받은 표정이다.

잠시 후. 22가 전신 거울을 보며 새 양복을 살펴보고 있고 리바, 멜바, 그리고 룰루가 양복을 손본다. 조가 옆에서 이를 바라보며 놀라워한다.

22 와. 이거 정말 촉감이 좋은데요!

리바가 웃는다. 조는 엄마가 애정을 담아 양복 매무새를 만지는 모습을 바라본다. 리바는 거울에 비친 아들의 모습에 감탄한다.

crisp 멋진, (천이) 빳빳한 **eavesdrop** 엿듣다 **tip over** 넘어지다 **get to work** 일을 시작하다 **make an adjustment** 조절하다, 조정하다

Lulu & MELBA You look marvelous! This fits perfectly! Just handsome! Mhmm.

LIBBA That is one fine wool suit, if I do say so myself.[86]

22 points to a pocket-square.

22 Can I try on that?

LIBBA Of course you can.

She puts the handkerchief against the suit's breast pocket.

22 Thank you… um… Mom.

LIBBA Ray would've been so proud of you, baby. Like I've always been.

룰루와 멜바　신수가 훤하네! 정말 잘 맞아! 잘생겼다! 그럼.

리바　내 입으로 말하기는 그렇지만, 정말 좋은 모직 양복이야.

22가 장식용 손수건을 가리킨다.

22　저거 해 봐도 돼요?

리바　물론이지.

리바가 양복 가슴 주머니에 손수건을 넣어 준다.

22　고마워요… 음… 엄마.

리바　레이가 봤으면 정말 자랑스러워했을 거야, 우리 아들. 나도 항상 그렇단다.

pocket-square 양복 주머니 등에 장식용으로 꽂는 손수건 **handkerchief** 손수건 **breast pocket** 가슴 부위에 있는 주머니

Moved, Joe watches as Libba embraces 22; as Libba embraces him. He's awestruck at his mom's turn. Libba pushes 22 toward the door.

LIBBA You heard me, right? The suit is wool, not polyester.

22 picks up Joe.

LIBBA So, don't go putting that cat on your shoulders again!

22 drops Joe on the floor as they both say:

JOE & 22 Yes, ma'am!

MELBA There's a nice little taper there.

22 walks to the door as Joe looks back at his mom, lovingly:

JOE Thanks, mom.

리바가 22를 안아 주는 모습을 보며 조는 감동한다; 이번에는 리바가 조를 안아 준다. 엄마의 변화에 조는 놀란 표정이다. 리바가 22를 문 쪽으로 밀어낸다.

리바 내 말 알겠니, 응? 이 양복은 울이라고. 싸구려 폴리에스터가 아니지.

22가 조를 들어 올린다.

리바 그러니까 그 고양이를 또 어깨에 올리면 안 된다고!

22가 조를 바닥에 내려놓고 둘은 동시에 말한다:

조와 22 분부대로 하겠습니다!

멜바 바지 밑이 좁아지는 게 참 좋네.

22가 문을 향해 다가간다. 조는 뒤를 돌아 다정하게 엄마를 바라본다:

조 고마워요, 엄마.

embrace 포옹하다 **turn** 방향 전환, 회전 **look back** 돌아보다 **lovingly** 사랑스럽게, 애정을 기울여

CHAPTER 22

Regular Old Living

EXT. LIBBA'S TAILOR SHOP

Joe catches up to 22, now looking sharp in the blue suit.

JOE Oh, that was amazing! Know what that felt like? It felt like jazz!

22 Yeah! You were jazzing!

JOE Ha ha! Okay, jazzing!

EXT. NEW YORK — SUBWAY STAIRS — DUSK

Joe and 22 emerge from the subway station in another part of town, in the midst of conversation:

22 I'm telling you, Joe. You really should call Lisa again.

실외. 리바의 양복점

조가 22를 따라간다. 파란 양복을 입은 22가 너무 멋져 보인다.

조 오, 정말 굉장했어! 어떤 느낌이었는지 알아? 재즈 같은 느낌이었다고!

22 그래요! 아저씨가 재즈한 거죠!

조 하하! 그래, 재즈한 거지!

실외. 뉴욕 — 지하철 계단 — 해 질 무렵

조와 22가 뉴욕의 다른 지역에 있는 지하철역에서 나오는데, 한창 대화 중이다:

22 근데요, 아저씨. 리사한테 다시 연락해 봐요.

catch up to ~를 따라잡다 **looking sharp** 멋지게 보이는 **dusk** 해 질 녘 **emerge** 나오다, 모습을 드러내다 **in the midst of** ~의 한가운데에, ~하는 중인

JOE I don't really have time for a relationship right now, 22.[87]

22 Oh, busy right now? Want to wait until you die a second time? Cool, cool, cool.

JOE Heh, heh. I can't believe I'm getting romantic advice from an unborn soul.

22 I could think of worse.

They both laugh as they turn the corner. Ahead is the Half Note Jazz Club. They run up to the club.

JOE There it is! Ahh! We made it! This is going to work!

Joe admires 22 in his dad's suit.

조 지금은 정말로 연애할 시간이 없어, 22.

22 오, 지금은 바쁘다고요? 두 번 죽을 때까지 기다리게요? 좋아요, 좋아, 좋다고요.

조 헤, 헤. 태어나지도 않은 영혼에게 연애 조언을 받다니 기가 차네.

22 더 심한 것도 해 줄 수 있어요.

두 사람은 웃으며 모퉁이를 돈다. 앞에 하프 노트 재즈 클럽이 보인다. 이들은 클럽을 향해 달려간다.

조 저기 있다! 아아! 드디어 도착했어! 잘될 거야!

조가 아버지의 양복을 입은 22를 보며 감탄한다.

relationship 연인 관계 **ahead** 앞에 **make it** 도착하다, 성공하다 **admire** 감탄하여 바라보다, 칭찬하다

JOE Woah, I can't believe how good I look! The suit! The cut! Just look at me! Heehee! Boodie-be-da!

As he looks at himself against the Half Note marquee, he gets more excited:

JOE Ooh, just turn a little bit right there!

22 Like this?

22 tries a few poses in front of the Half Note, getting into it.

JOE Angle the shoulders, and…

22 Oh, hey, who's that? And from this side. Uh huh! Who's back here? Still me!

JOE That's a winner! [88]

22 Right?

They sit. Joe admires the jazz club as he thinks on his future:

JOE (to himself) This can't be happening now! [89] The Half Note!

조 와, 말도 안 돼, 내가 이렇게 멋져 보이다니! 양복에! 헤어 스타일에! 나를 보라고! 히히! 부디-베-다!

조는 하프 노트 광고판에 비친 자신의 모습을 보고 더 흥분한다:

조 오, 거기서 조금만 옆으로 돌아 봐!

22 이렇게요?

22가 하프 노트 앞에서 포즈 몇 가지를 취해 보는데, 서서히 도취되기 생각한다:

조 어깨를 좀 틀어 봐…

22 오, 안녕하세요, 뉘시더라? 이쪽에서 봐도. 어 허! 뒤에 뉘시라고? 나야 나!

조 정말 근사해!

22 그렇죠?

그들이 바닥에 앉는다. 조가 재즈 클럽을 감탄스럽게 바라보며 자신의 미래를 생각한다:

조 (혼잣말로) 말도 안 돼! 하프 노트라니!

marquee 대형 간판 **pose** 포즈를 잡다 **get into** ~에 빠져들다 **angle** 각을 잡다

But as Joe talks, 22's attention drifts to the world around them: A Father plays with his daughter. Two close friends at a café laugh together. A soft breeze lifts some fallen leaves, dancing them across the sidewalk. Sunlight falls across the buildings around them. 22 looks up to see propeller seeds fall from a tree above. One falls into 22's hand. 22 stares at the seed. Something changes.

JOE (O.S.) So, you ready?

22 comes out of it.

22 Huh?

JOE To go home. I bet you're ready to get off this stinky rock, huh?[90] What'd you think of Earth anyway?

22 considers this.

22 I… always said it was dumb. But… I mean… just look at what I found!

22 brings out a bunch of objects from the suit pocket – a spool of thread, part of a bagel, a half-eaten lolly, etc.

조가 말을 하는 동안 22는 이들 주변 세상에 관심을 보인다:
아버지가 딸과 함께 놀고 있다. 카페에서 친한 친구 둘이 함께 웃는다. 부드러운 산들바람에 낙엽이 날리더니, 인도 위에서 춤을 춘다. 이들 옆에 있는 건물들에 햇살이 비친다. 22는 고개를 들어 프로펠러를 닮은 단풍나무 씨앗들이 나무에서 떨어지는 광경을 바라본다. 씨앗 하나가 22의 손에 떨어진다. 22는 그 씨앗을 바라본다. 무언가 변한 것 같다.

조 (화면 밖 목소리) 그럼, 준비됐니?

22가 정신을 차린다.

22 네?

조 집에 갈 준비 말이야. 이 냄새 나는 행성에서 빨리 벗어나고 싶은 거지? 그나저나 지구는 어떤 것 같니?

22는 이 질문을 듣고 생각한다.

22 난… 항상 지구가 재미없는 곳이라고 말하고 다녔죠. 그런데… 그러니까… 내가 발견한 것 좀 보세요!

22가 양복 주머니에서 여러 물건들을 꺼낸다 - 실타래, 먹다 남은 베이글, 반쯤 먹은 막대사탕 등이 보인다.

attention 주의, 관심, 흥미 **drift** 떠가다, 표류하다 **soft breeze** 산들바람 **fallen leaves** 낙엽 **propeller** 프로펠러 **come out of** ~에서 나오다, 깨어나다 **bet** 확신하다 **stinky** 악취가 나는, 역겨운 **dumb** 바보 같은, 멍청한 **object** 물건, 물체 **a spool of thread** 실타래 **half-eaten** 반쯤 먹다 남은

22 Your mom sewed your suit from this cute spool. When I was nervous, Dez gave me this. A guy on the subway yelled at me. It was scary… but I kind of liked that too.

Joe regards 22, surprised.

22 Truth is, I've always worried that maybe there's something wrong with me. You know? Maybe I'm not good enough for living. But then you showed me about purpose, and passion and…

Excited, 22 looks out hopefully at the world.

22 Maybe sky-watching can be my Spark. Or walking! I'm really good at walking!

JOE Those really aren't purposes, 22. That's just regular old living. But, hey, when you get back to the You Seminar, you can give it an honest try.

22 But I've been at the You Seminar for thousands of years! And I have never felt this close.

MOONWIND (O.S.) Joe!

22 아저씨 엄마가 이 귀여운 실타래로 양복을 꿰매셨죠. 내가 불안해 하자 데즈가 이걸 줬고요. 지하철에서 어떤 남자가 소리를 질러서 무서웠지만… 그게 좋기도 했어요.

조가 22를 보면서 놀란 표정을 한다.

22 사실, 난 항상 걱정을 했어요. 나에게 문제가 있는 것 같아서. 그리고 내가 너무 부족해서 인생을 살 수 없을까 봐. 그런데 아저씨가 목적과 열정이란 걸 보여 줘서…

22가 흥분하며 희망에 찬 눈으로 세상을 바라본다.

22 어쩌면 하늘을 바라보는 것이 내 불꽃일 수도 있죠. 아니면 걷는 거나! 난 걷는 걸 정말 잘하니까요!

조 그런 건 진정한 목적이 아니야, 22. 그건 평범한 일상이라고. 이봐, 유 세미나로 돌아가면 다시 진지하게 해 봐도 돼.

22 하지만 유 세미나에는 수천 년 동안이나 있었다고요! 이렇게 가깝게 다가온 느낌은 처음이에요.

문윈드 (화면 밖 목소리) 조!

purpose 목적 passion 열정 hopefully 희망/기대를 갖고 give it a try 시도하다, 한번 해 보다 honest 정직한, 솔직한

They look to see Moonwind approaching, carrying an armload of stuff, including his bongos.

MOONWIND (running up) Who's ready to go home?

JOE Moonwind!

MOONWIND The stars are almost in alignment! I'll have you back in your bodies in no time.

22 No! I've gotta find it here. On Earth. This is my only chance to find my Spark.

JOE 22, you're only loving this stuff because you're in My Body. You can find your own thing to love when you get back to the You Seminar. Now come on, I need my body back. Now!

22's face hardens.

22 No.

그들은 문윈드가 다가오는 모습을 바라본다. 그는 봉고뿐만 아니라 여러 물건을 잔뜩 가져왔다.

문윈드 (뛰어오며) 집에 갈 준비됐어?

조 문윈드!

문윈드 조금 있으면 별들이 줄지어 서게 될 거야! 곧 자네 몸으로 보내 주지.

22 안 돼요! 난 여기서 찾아야 해요. 이 지구에서. 지금이 내 불꽃을 찾을 수 있는 유일한 기회라고요.

조 22, 네가 이런 걸 좋아하는 건 내 몸속에 있어서 그런 거야. 유 세미나로 돌아가서 네가 좋아하는 걸 찾으면 된다고. 자 어서, 내 몸을 돌려줘. 당장!

22의 표정이 굳어진다.

22 싫어요.

approach 다가오다 armload 한 아름, 양팔 가득 in alignment 일직선으로 in no time 당장에, 곧 harden 굳어지다, 딱딱해지다

22 stands, defiant.

22 I'm in the chair!

22 runs!

JOE 22!

22 Leave me alone! I'm trying to find my purpose!

Joe takes off after 22.

JOE 22, you come back here!

22가 일어서며 저항한다.

22 의자에 앉았으니까 내가 왕이에요!

22가 도망간다!

조 22!

22 따라오지 말아요! 내 인생의 목적을 찾을 거예요!

조가 22를 따라간다.

조 22, 이리 돌아와!

defiant 저항하는, 반항하는 **purpose** 목적 **take off** (서둘러) 떠나다

CHAPTER 23

22 Got the Earth Pass!

EXT. NEW YORK STREET — DUSK

Joe tries to keep up. 22 turns a corner and disappears down the subway stairs.

JOE 22!

But as Joe pursues, the Therapy Cat Lady comes up from the same stairway, happy to see him.

THERAPY CAT LADY Mr. Mittens.

She grabs Joe and tries forcing him into her cat carrier. But Joe goes feral on her, a spinning ball of fur and claws. The Therapy Cat Lady screams and drops Joe. He speeds down into the subway station after 22. They pass an advertisement against the subway station wall. Suddenly, the linear form of Terry appears in the ad's outlines.

실외. 뉴욕 거리 — 해 질 무렵

조가 22를 쫓아가려고 애를 쓴다. 22가 모퉁이를 돌아 지하철 계단 아래로 사라진다.

조 22!

조가 황급히 쫓아가고, 테라피 고양이 관리사가 같은 계단에서 올라오는데 그를 보고 반가워한다.

테라피 고양이 관리사 미스터 미튼즈.

그녀가 조를 잡아 올리더니 고양이 캐리어에 억지로 집어넣으려고 한다. 하지만 조는 털을 세우고 발톱으로 긁으며 그녀에게 맹렬히 달려든다. 테라피 고양이 관리사가 비명을 지르며 조를 떨어트린다. 조는 22를 쫓아 지하철역으로 빠르게 내려간다. 이들이 지하철역 벽에 붙어 있는 광고판을 지나간다. 갑자기, 선 모습을 한 테리가 광고의 윤곽선에서 나타난다.

keep up 따라가다 **cat carrier** 고양이 캐리어 **feral** 야생의, 흉포한 **spin** 돌다, 회전하다 **claw** (동물, 새의) 발톱 **advertisement** 광고 **linear** 선의, 직선의 **outline** 윤곽, 개요

TERRY There they are.

Terry takes off after them.

INT. SUBWAY STATION

Joe pursues 22 through the busy subway station.

JOE You come back here right now!

They dodge Commuters left and right until they finally come upon an empty hallway.

JOE You stole my body!

22 runs towards the exit at the far end. Joe close behind. But suddenly they are surrounded by darkness and they both fall into Terry's portal trap.

EXT. LIMBO

As 22 and Joe float through the inky darkness, their soul forms emerge out from their respective bodies.

As Joe's human body and the cat body float away, the souls of Joe and 22 float upwards, to another portal leading back into the You Seminar. Terry looks down on them, triumphant.

테리 찾았다.

테리가 그들을 쫓아가기 시작한다.

실내. 지하철역

조가 북적대는 지하철역을 가로지르며 22를 쫓아간다.

조 당장 이리로 와!

그들은 지나가는 사람들을 요리조리 피해 달려가다가 드디어 사람이 없는 복도에 도착한다.

조 넌 내 몸을 훔친 거야!

22는 저 멀리 끝에 있는 출구로 뛰어간다. 조가 바로 뒤에 따라간다. 그런데 갑자기 주위가 어두워지더니 두 사람은 테리가 만든 포털 함정 속으로 빠진다.

실외. 머나먼 저세상 이전의 세계

22와 조는 칠흑같이 어두운 공간을 떠다닌다. 각자 있던 몸에서 그들의 영혼이 빠져나온다.

조의 몸과 고양이 몸은 저 멀리 사라진다. 조와 22의 영혼이 위로 떠오르더니 유 세미나로 돌아가는 또 다른 포털로 이동한다. 테리는 이들을 내려다보며 의기양양한 표정을 짓는다.

busy 붐비는, 분주한 **dodge** 피하다 **hallway** 복도, 통로 **inky** 새까만, 칠흑 같은 **respective** 각각의, 각자의 **upward** 위로 **triumphant** 의기양양한

TERRY It's your time to go, Joe Gardner.

Joe sees his body far below. He frantically swims toward it, making headway. He's almost able to get into his own body.

TERRY Oh, no, you don't.

Terry stops him.

TERRY Gotcha!

Though inches away, Joe is yanked away from his body and pulled toward the You Seminar.

JOE No, no, no, no, no, no!

INT. THE YOU SEMINAR

Joe lands in the grass of the You Seminar. Above him the Portal closes.

테리 이제 갈 때가 됐어, 조 가드너.

조는 저 아래에 있는 자신의 몸을 바라본다. 몸을 향해 미친 듯이 헤엄치며 나아간다. 자신의 몸속에 거의 들어갈 수 있을 것 같다.

테리 오, 이런, 그러면 안 되지.

테리가 그를 붙잡는다.

테리 잡았다!

몸을 바로 눈앞에 두고, 갑자기 조가 확 낚여서 몸에서 멀어지더니 유 세미나로 끌려간다.

조 안 돼, 안 돼, 안 돼, 안 돼, 안 돼, 안 돼!

실내. 유 세미나

조가 유 세미나 잔디 위에 떨어진다. 그의 머리 위로 포털이 닫힌다.

frantically 미친 듯이 make headway 나아가다 grass 풀, 잔디

JOE No! No!

Furious, Joe storms over to 22.

JOE I was gonna play with Dorothea Williams!

22 And I was about to find my Spark![91]

JOE Find your Spark?!

22 You promised but you wouldn't even give me five minutes!

JOE My life was finally going to change! I lost everything because of you!

TERRY Joe!

Joe stops shouting.

TERRY You cheated.

Joe looks defeated. Terry escorts them to a group of Counselors.

TERRY Found him!

조 안 돼! 안 된다고!

몹시 화가 난 조, 22에게 씩씩대며 다가간다.

조 도로테아 윌리엄스하고 공연할 수 있었는데!

22 난 불꽃을 찾기 일보 직전이었다고요!

조 불꽃을 찾는다고?!

22 약속했으면서 나한테 5분도 안 줬잖아요!

조 드디어 내 인생이 바뀌려고 했는데! 너 때문에 모든 걸 잃었어!

테리 조!

조가 소리 지르는 것을 멈춘다.

테리 당신은 속임수를 썼어.

조가 낙담한 표정이다. 테리는 그들을 카운슬러들에게 데리고 간다.

테리 찾았어!

furious 몹시 화가 난, 맹렬한 **storm** (화가 나서) 쿵쾅대며 가다 **be about to** 막 ~하려는 참이다 **defeated** 풀이 죽은 **escort** 호송하다

COUNSELORS Joe Gardner? You're back! Terry, you found them!

TERRY (proudly) No need to thank me!

COUNSELOR JERRY A It's so nice to have everything back in order. And…

The Counselor looks at 22's badge, stunned.

COUNSELOR JERRY A 22 got her pass?

22 looks down to see her Personality Profile has finally changed into an Earth Pass. The other Counselors happily surround her.

COUNSELORS Oh my goodness. 22! You got an Earth Pass! This is amazing. 22 has got an Earth Pass?! This is a great day! After all these years!

COUNSELOR JERRY A I knew you could do it.

COUNSELOR JERRY B This is cray cray.

카운슬러들 조 가드너 씨? 돌아왔네요! 테리, 정말 찾았네요!

테리 (뿌듯해하며) 나한테 고마워할 필요 없어!

카운슬러 제리 A 모든 게 제자리를 찾게 돼서 다행이에요. 그리고…

카운슬러가 22의 배지를 보고 깜짝 놀란다.

카운슬러 제리 A 22에게 통행증이 생긴 거야?

아래를 내려다보는 22, 드디어 자신의 성격 프로필이 지구 통행증으로 바뀌었다. 다른 카운슬러들도 기뻐하며 그녀 주위로 몰려든다.

카운슬러들 오 세상에. 22! 너 지구 통행증을 받았구나! 정말 놀라운걸. 22가 지구 통행증을 받았어?! 오늘은 정말 멋진 날이야! 기다린 보람이 있군!

카운슬러 제리 A 네가 해낼 줄 알았어.

카운슬러 제리 B 놀랄 노 자네.

in order 제대로 된, 가지런한 cray cray 미친, 제정신이 아닌(= crazy)

22 can't believe it.

22 But… what filled in the last box?

Joe seethes, lashing out:

JOE I'll tell you what filled it in… I did! It was my Spark that changed that badge. (to Counselors) She only got that because she was living My life! In My body!

22 I was…

22 starts to protest, but Terry interrupts.

TERRY Come on, Mr. Gardner.

Terry opens a portal to the Great Beyond. But a Counselor leans to JOE:

COUNSELOR JERRY A Joe, it's time for you to accompany 22 to the Earth Portal. Give you a chance to say goodbye.

COUNSELOR JERRY B Of course! It's standard procedure.

22도 이게 믿기지 않는다.

22 그런데… 뭐가 마지막 칸을 채운 거지?

조가 화를 내며 크게 소리친다:

조 뭐가 채웠는지 내가 말해 주지… 내가 채웠다고! 내 불꽃 때문에 배지가 변한 거야. (카운슬러들에게) 쟤가 내 인생을 살아서 저걸 받은 거라고요! 바로 내 몸속에서 말이죠!

22 난…

22가 반박하려고 하는데, 테리가 끼어든다.

테리 갑시다, 가드너 씨.

테리가 머나먼 저세상으로 향하는 포털을 연다. 그런데 한 카운슬러가 조에게 몸을 숙이면서:

카운슬러 제리 A 조, 이제 당신이 지구 포털까지 22를 배웅해 주세요. 작별 인사를 할 기회를 드리는 거예요.

카운슬러 제리 B 당연하지! 그게 표준 절차니까.

seethe 화를 내다 **lash out** 몰아세우다, 맹렬히 비난하다 **protest** 항의하다, 반대하다 **interrupt** 방해하다, 중단시키다 **accompany** 동행하다, 동반하다 **standard procedure** 표준 절차

The Counselors gently usher Joe and 22 toward the Earth Portal.

TERRY Just hold on a minute! I get to set the count right!

COUNSELOR JERRY B Terry, you've done a super job! We'll take it from here. You're amazing.

TERRY (flattered) Well, thank you.

Terry exits into the Portal.

TERRY (proudly) Terry time.

The counselors encourage 22 and Joe to the Earth Portal.

COUNSELOR JERRY B Go ahead, you two.

카운슬러들이 상냥하게 조와 22를 지구 포털로 안내한다.

테리 잠깐! 계산을 다시 맞춰야 한다고!

카운슬러 제리 B 테리, 정말로 수고 많이 했어요! 여기서부턴 우리가 맡아서 할게요. 정말 대단하세요.

테리 (우쭐하며) 그래, 고마워.

테리가 포털 속으로 들어간다.

테리 (자랑스럽게) 테리 타임.

카운슬러들은 22와 조가 지구 포털로 가도록 격려한다.

카운슬러 제리 B 두 사람, 어서 가세요.

usher 안내하다 **set ~ right** ~을 바로잡다, 고치다 **do a super job** 일을 잘 해내다 **flattered** 우쭐한 **encourage** 격려하다, 용기를 북돋우다

CHAPTER 24

Joe's Gig

EXT. THE YOU SEMINAR — EARTH PORTAL

Joe and 22 approach the edge of the Portal, both angry. 22 looks, holds the Earth Pass.

22 You don't know. You can't be sure why my pass changed.

JOE Come on, 22. Think about it. You hated music until you were in my body. You hated everything until you were me.

22 stews. Joe turns to walk away.

JOE Hmph, I hope you enjoy it.

실외. 유 세미나 — 지구 포털

조와 22가 포털 끝으로 다가가는데, 둘 다 화난 표정이다. 22가 지구 통행증을 들고 바라본다.

22 아저씨도 모르잖아요. 내 통행증이 왜 변했는지 모르면서.

조 이봐, 22. 생각을 해 보라고. 내 몸에 들어오기 전까지 넌 음악을 싫어했잖아. 넌 내가 되기 전까지는 모든 게 다 싫었지.

22가 생각에 잠긴다. 조가 뒤로 돌아 걸어간다.

조 흥, 잘 먹고 잘 살아.

As Joe walks something hits him on the back of his head. He sees 22's Earth Pass lying on the ground. He locks eyes with 22, who stares angrily at him. Joe picks up the pass and makes to throw it back at 22. But when he looks, the soul is gone. Joe looks around, confused.

COUNSELOR JERRY B (O.S.) I have to ask…

Startled, Joe hides the Earth Pass behind his back.

COUNSELOR JERRY B How the Dickens did you do it? Get that Earth Pass to change?

JOE Oh… You know what, I… I just… let her walk a mile in my shoes, you could say.[92]

COUNSELOR JERRY B Well, it worked.

JOE Heh… yeah.

COUNSELOR JERRY B You should probably get going to the Great Beyond.[93]

The Counselor turns to walk away. Joe stops him:

JOE Hey, we never found out what 22's purpose was.

조가 걸어가는데 무언가가 그의 뒤통수를 때린다. 바닥에 22의 지구 통행증이 떨어져 있다. 조가 22를 바라본다. 22는 화가 나서 그를 노려본다. 조가 통행증을 집어 들고 22에게 다시 던지려고 한다. 그런데 그가 다시 보니 22가 사라졌다. 조는 주위를 둘러보며 당황한다.

카운슬러 제리 B　(화면 밖 목소리) 저기 말이에요…

깜짝 놀란 조가 등 뒤로 지구 통행증을 숨긴다.

카운슬러 제리 B　대체 어떻게 한 거예요? 어떻게 지구 통행증이 바뀌게 한 거죠?

조　오… 어, 그냥… 내 인생을 살게 한 것뿐이에요.

카운슬러 제리 B　음, 그게 먹힌 거군요.

조　허… 네.

카운슬러 제리 B　이제 머나먼 저세상으로 가셔야겠네요.

카운슬러가 뒤를 돌아 걸어간다. 조가 그를 멈춰 세운다:

조　이봐요, 우리는 22의 목적이 무엇인지 아직 찾지 못했는데요.

lock eyes 시선을 고정하다, 눈을 마주치다 **angrily** 화내어, 노하여 **confused** 혼란스러운 **the dickens** 대체, 이런(의문문에서 자주 씀)

COUNSELOR JERRY B Excuse me?

JOE You know, her Spark. Her purpose. Was it music? Biology? Walking?

COUNSELOR JERRY B We don't assign purposes. Where did you get that idea?

JOE Because I have piano. It's what I was born to do. That's my Spark.

COUNSELOR JERRY B A Spark isn't a soul's purpose.

The Counselor walks off, chuckling:

COUNSELOR JERRY B Oh, you mentors and your passions! Your purposes! Your meanings of life! So basic.

Joe is confused.

JOE No, no, it…

He walks to the edge of the Earth Portal, watching the other new souls jump to Earth.

JOE It is music. My Spark is music. I… I know it is.

카운슬러 제리 B 뭐라고요?

조 저기, 그 아이의 불꽃이요. 인생의 목적 말이죠. 음악이었나요? 생물학? 아니면 걷는 거?

카운슬러 제리 B 우리는 목적을 정해 주지 않아요. 그런 생각은 어떻게 한 거예요?

조 난 피아노가 목적이에요. 그걸 하려고 태어났죠. 그게 내 불꽃이에요.

카운슬러 제리 B 불꽃이 영혼의 목적은 아니에요.

카운슬러는 웃으며 그 자리를 뜬다:

카운슬러 제리 B 오, 멘토 당신들은 열정에 너무 집착해요! 인생의 목적! 인생의 의미! 너무 단순하다니까.

조는 혼란스러운 표정이다.

조 아니, 아니, 그건…

조가 지구 포털 가장자리로 다가가, 새 영혼들이 지구를 향해 뛰어내리는 모습을 바라본다.

조 음악이야. 내 불꽃은 음악이라고. 난… 확신해.

biology 생물학 **assign** 배정하다, 부여하다 **basic** 기본적인, 기초적인, 필수적인

Determined, Joe jumps down into the portal to Earth.

INT. 22'S CLUBHOUSE

22 crawls inside her clubhouse, distraught.

22 (muttering) I'm no good. I got no purpose.

She leaves under the sink, onto the Astral Plane.

22 No purpose… No purpose…

INT. SUBWAY STATION

Joe comes to in his own body, a sea of anxious passersby staring down at him. He rubs his aching head, realizing he's back. Mr. Mittens looks on, until the Therapy Cat Lady approaches. The cat runs into her arms. Joe rushes out of the station.

마음을 단단히 먹고, 조가 지구로 향하는 포털 속으로 뛰어내린다.

실내. 22의 클럽하우스

22가 자신의 클럽하우스 안으로 기어들어 가는데 마음이 심란하다.

22 (중얼거리며) 난 무능력해. 난 목적이 없어.

그녀가 세면대 밑으로 들어가더니, 유체이탈의 세계로 향한다.

22 목적이 없어… 목적이 없어…

실내, 지하철역

조가 자신의 몸으로 돌아온다. 많은 사람들이 걱정스러운 표정으로 그를 내려다본다. 아픈 머리를 문지르는 조, 자신이 돌아온 사실을 깨닫는다. 미스터 미튼즈가 그를 바라보는데, 테라피 고양이 관리사가 다가온다. 고양이가 뛰어가 그녀의 팔에 안긴다. 조는 황급히 역을 빠져나간다.

determined 단단히 결심한, 단호한 **distraught** 심란한, 완전히 제정신이 아닌 **a sea of** 무수한, 많은 수의 **passerby** 통행인, 행인, 지나가는 사람 **aching** 쑤시는, 아리는

INT. HALF NOTE

Joe runs down the stairs, into the club. He runs into Curley, looking good in his own gig suit.

CURLEY (surprised) Mr. G?

JOE Curley, I made it! I'm ready to go.

CURLEY You're too late, man.

JOE Let me talk to Dorothea.

CURLEY No, no, no, man! She don't play that!

But Joe blows past Curley and into Dorothea's dressing room.

INT. HALF NOTE — DRESSING ROOM

Dorothea talks to Miho while finishing her makeup. Joe bursts in.

DOROTHEA These rappers act like… Who let this lunatic in here?

JOE Listen, you've gotta give me another chance!

DOROTHEA This is my band. I decide who plays.

실내. 하프 노트

조가 계단을 뛰어내려와 클럽 안으로 들어간다. 무대 의상을 말끔하게 차려입은 컬리와 마주친다.

컬리 (놀라며) 선생님?

조 컬리, 나 왔어! 공연할 준비 됐어.

컬리 너무 늦게 오셨어요.

조 도로테아에게 내가 말해 볼게.

컬리 아니, 아니, 아니에요! 도로테아는 그렇게 안 해요!

그러나 조는 컬리를 제치고 황급히 도로테아의 분장실로 들어간다.

실내. 하프 노트 — 분장실

도로테아가 화장을 끝내며 미호에게 말을 하고 있다. 조가 불쑥 들어온다.

도로테아 이 래퍼들 행동이… 누가 이 미치광이를 들여 보낸 거야?

조 저기, 한 번만 더 기회를 주세요!

도로테아 이건 내 밴드야. 누가 연주할지는 내가 결정한다고.

burst in (방, 건물 등에) 불쑥 들어가다 **lunatic** 미치광이, 정신병자

JOE And if you don't go with me, you'll be making the biggest mistake of your career.

Dorothea approaches him, unconvinced.

DOROTHEA Oh, yeah? Why's that?[94]

Joe stands his ground as Curley listens from the doorway.

JOE My only purpose on this planet is to play. It's what I was meant to do.[95] And nothing's gonna stop me.

Dorothea is intrigued. She thinks for a moment, then –

DOROTHEA Well, aren't you an arrogant one? I guess you really are a jazz player. (to Curley) Tell Robert he's out. For now.

Dorothea exits, saying over her shoulder:

DOROTHEA Nice suit.

Curley gives Joe a thumbs-up and rushes off.

Joe looks in the mirror, relieved. As he straightens his tie, Joe notices a photograph of Duke Ellington straightening his tie. Joe smiles:

조 나와 같이 하지 않는다면 당신 음악 인생에 큰 실수를 저지르는 거예요.

도로테아가 그에게 다가가는데, 전혀 마음이 움직이지 않는다.

도로테아 오, 그래? 그건 왜지?

조는 물러서지 않는다. 컬리가 문에서 대화를 엿듣는다.

조 지구에서 내 인생의 유일한 목적은 연주하는 거예요. 그게 내 운명이죠. 아무것도 날 막을 수 없어요.

도로테아가 흥미롭다는 표정이다. 잠시 생각하더니 –

도로테아 거참, 대단한 자신감이네. 진짜 재즈 뮤지션이야. (컬리에게) 로버트한테 빠지라고 해. 지금은 말이야.

도로테아가 나가면서 어깨 너머로 말한다:

도로테아 양복 멋지군.

컬리가 조에게 엄지척을 하고 뛰어나간다.

조가 거울을 보며 안도한다. 그가 넥타이를 바로 하는데, 듀크 엘링턴이 넥타이를 바로 하는 사진을 발견한다. 조가 미소를 짓는다:

unconvinced 납득하지 못하는 **stand one's ground** 자기 주장을 고집하다, 버티다 **be meant to** ~하기로 되어 있다 **arrogant** 거만한, 오만한 **relieved** 안도하는, 다행으로 여기는 **straighten** ~을 바로잡다, 똑바르게 하다

JOE Get ready, Joe Gardner. Your life is about to start.

INT. HALF NOTE — STAGE

Later. The band kicks in. Joe doesn't miss a beat. He pounds on the keys as he and Dorothea solo joyously back and forth, in the flow. We see the quartet's right performance in a series of Time Cuts. The crowd eggs them on wildly. Then, it ends. The lights come up. Joe is spent, breathing heavily, taking in the applause. He looks over at Dorothea. She smiles and leans in:

DOROTHEA Welcome to the quartet, Teach!

The audience is on their feet applauding, including Libba, Melba and Lulu.

MELBA & LULU Woohoo!

LIBBA That's my Joey!

Joe is elated.

조 준비해, 조 가드너. 네 진짜 인생이 곧 시작될 거야.

실내. 하프 노트 — 무대

잠시 후. 밴드가 연주를 시작한다. 조는 박자를 놓치지 않는다. 건반을 힘차게 두드리는 조, 그와 도로테아가 흥겹게 솔로 연주를 주고받으며 흐름을 탄다. 쿼텟 밴드의 멋진 공연이 연속된 장면으로 보인다. 관객들이 밴드의 흥을 크게 돋운다. 잠시 후, 연주가 끝난다. 조명이 켜진다. 힘이 다 빠진 조, 거칠게 숨을 쉬며 관객들의 박수를 받는다. 그가 도로테아를 바라본다. 그녀가 환히 웃으며 그를 향해 몸을 기울인다:

도로테아 쿼텟에 합류한 걸 환영해, 선생!

관객들이 기립 박수를 보낸다. 리바, 멜바와 룰루도 함께 한다.

멜바와 룰루 우후!

리바 재가 우리 아들이야!

조는 매우 기쁘다.

kick in 시작하다 pound 치다, 두드리다 joyously 기뻐하며, 즐거워하며 back and forth 오락가락, 앞뒤로 in the flow 완전히 몰입한 egg on ~을 부추기다 spent 녹초가 된 on one's feet 일어서는 elated 행복해하는, 신이 난

CHAPTER 25

Memories

EXT. HALF NOTE — NIGHT

Curley, Miho and Joe come out of the club, excited and energized. Libba, Lulu and Melba follow.

MIHO What a show!

CURLEY That last solo was brilliant.

JOE Yeah, that was amazing! Ha ha!

MIHO (laughing) I'm not going to cover that bridge for you again!

Curley and Miho walk off.

CURLEY Whoo! Later, Mr. G!

실외. 하프 노트 — 밤

컬리와 미호, 조가 클럽에서 나오는데, 상기된 표정으로 에너지가 넘친다. 리바, 룰루, 멜바가 따라 나온다.

미호 정말 멋진 공연이었어요!

컬리 마지막 솔로는 정말 죽여줬어요.

조 맞아, 그거 정말 멋졌어! 하하!

미호 (웃으며) 다음에는 그 브리지 커버 안 해 줄 거예요!

컬리와 미호가 자리를 뜬다.

컬리 우후! 다음에 봬요, 선생님!

energized 기운이 넘치는, 활기찬 **cover** 대신해 주다 **bridge** 브리지(절과 후렴, 후렴과 후렴을 연결하는 파트)

MIHO Congratulations.

Libba, Melba and Lulu congratulate Joe and hail a cab.

MELBA & LULU You did great! We love you!

LIBBA I'm so proud of you, Joey!

She hugs her son, then climbs into the cab.

LIBBA Gotta get to bed. We old.

Joe waves as Dorothea exits the club.

DOROTHEA You play 100 shows, and one of them is killer. You don't get many like tonight.

JOE Yeah. (beat) So, what happens next?

DOROTHEA We come back tomorrow night and do it all again.

Joe looks confused, slightly disheartened.

DOROTHEA What's wrong, Teach?

미호 축하드려요.

리바, 멜바, 그리고 룰루가 조에게 축하를 건네고 택시를 잡는다.

멜바와 룰루 너무 잘했어! 사랑해!

리바 네가 너무 자랑스럽구나, 조이!

그녀가 아들을 포옹하고, 택시에 올라탄다.

리바 자러 가야지. 이 늙은이들은.

조가 손을 흔들며 배웅한다. 도로테아가 클럽에서 나온다.

도로테아 100번 공연을 하면 그 중에 하나 정도가 죽여주는 거지. 오늘 밤 같은 공연은 자주 있는 게 아니야.

조 그렇군요. (정적이 흐르고) 이제 그 다음은 뭐죠?

도로테아 내일 밤에 다시 와서 모든 걸 또 반복하는 거야.

혼란스러운 표정의 조, 약간 실망한 듯하다.

도로테아 왜 그래, 선생?

congratulate 축하하다 **get to bed** 잠자리에 들다 **killer** 죽여주는 것, 정말 멋진 것 **disheartened** 낙심한, 낙담한

JOE It's just I've been waiting on this day for my entire life. I thought I'd feel different.

Dorothea studies him knowingly. Finally:

DOROTHEA I heard this story about a fish. He swims up to this older fish and says "I'm trying to find this thing they call the ocean." "The ocean?" says the older fish, "That's what you're in right now." "This?" says the young fish, "This is water. What I want is the ocean."

She hails a cab.

DOROTHEA See you tomorrow.

Dorothea leaves. Joe watches her go, alone and confused. The marquee behind him flicks off.

조 전 평생 이 날이 오기만 기다렸어요. 느낌이 다를 거라 생각했거든요.

도로테아가 알겠다는 표정으로 그를 바라본다. 그리고:

도로테아 물고기 이야기를 들은 적이 있어. 한 물고기가 나이 든 물고기에게 가서 이렇게 말을 했지, "바다라고 하는 것을 찾고 있어요." 나이 든 물고기는 "바다? 지금 네가 있는 곳이 바다야."라고 말했지. 그러자, 어린 물고기는 이렇게 따졌어. "이게요? 이건 물이잖아요. 난 바다를 찾는다고요."

그녀가 택시를 잡는다.

도로테아 내일 봐.

도로테아가 떠나간다. 그녀가 가는 것을 바라보는 조, 혼자 남고는 마음이 혼란스럽다. 그의 뒤에 있는 광고판의 조명이 꺼진다.

entire life 한평생 **knowingly** 다 알고 있다는 듯이 **flick off** (불이) 꺼지다

INT. SUBWAY

Joe ponders Dorothea's words as he rides the train. It lurches. He bumps into someone.

COMMUTER Hey man!

JOE Sorry.

Joe looks into the train. Subway Riders stand motionless, looking at their phones. He looks at this reflection in the window, feeling alone and empty.

INT. JOE'S APARTMENT — NIGHT

Joe closes the door behind him and stares at his all-too-familiar apartment. Around him, nothing has changed. He walks into the empty silence. He turns on a dim lamp and sits down at the piano. A Crunch of stuff in his pocket gets his attention. He pulls out the things 22 "found": a pizza crust, a bagel, a lollipop, a spool of thread, and a helicopter seed.

He absently dumps it on an end-table and puts his head in his hand, mournfully fingering the piano keys. Joe's eyes fall back onto 22's mementos. It triggers something in Joe.

Joe remembers: Outside the Half Note, the helicopter seed twirls into his hand. But it is 22's memory. Back at his piano, Joe is startled. He looks at the pizza crust.

실내. 지하철

지하철을 타고 가는 조, 도로테아의 말을 생각해 본다. 지하철이 덜컹거린다. 그가 누군가와 부딪친다.

승객 이봐요!

조 미안해요.

조가 지하철 안을 들여다본다. 지하철을 탄 사람들이 크게 요동하지 않고 서서 핸드폰을 바라본다. 조가 창가에 비친 이 모습을 바라보는데, 외롭고 공허하다.

실내. 조의 아파트 — 밤

조가 문을 닫고 자신에게 너무나도 친숙한 아파트를 바라본다. 그의 주변으로 변한 것은 하나도 없다. 아무도 없는 고요한 곳으로 들어가는 조, 희미한 전등을 켜고 피아노 의자에 앉는다. 주머니에서 부스럭거리는 소리가 나자 관심을 가진다. 조는 22가 "발견한" 것들을 꺼낸다: 먹다 남은 피자 끝부분, 베이글, 막대사탕, 실타래, 단풍나무 씨앗이 보인다.

그는 그 물건들을 작은 탁자 위에 무심하게 올려 두고 턱을 괴며 슬프게 피아노 건반을 두드린다. 조의 시선은 다시 22의 기억과 관련된 물건들을 향한다. 조의 마음속에 어떤 변화가 일어난다.

조의 기억: 하프 노트 밖에서, 단풍나무 씨앗이 돌면서 자신의 손안으로 내려온다. 하지만 그것은 22의 기억이다. 다시 피아노를 치는데, 조가 깜짝 놀란다. 그리고 피자 끝부분을 바라본다.

ponder 숙고하다, 곰곰이 생각하다 **lurch** 휘청거리다 **motionless** 움직이지 않는, 가만히 있는 **get one's attention** ~의 관심을 얻다 **absently** 멍하니, 무심코 **dump** 버리다 **end-table** (소파, 의자 곁에 놓는) 작은 테이블 **mournfully** 슬픔에 잠겨 **memento** (사람, 장소를 기억하기 위한) 기념품 **trigger** 촉발하다

Joe remembers: At the door stoop, Joe thoroughly enjoys the pizza slice moments after leaving the hospital. Again, this is 22's memory. Back at his piano, Joe scoops the objects and places them on the music ledge of the piano, studying them.

After a moment, he begins to play. Each item triggers other specific Memories:
The Bagel falling to the Busker's guitar case. The Lollipop segues into Dez's sharp haircut. The Thread Spool reminds him of his mother, Libba, passing his dad's suit onto him.

Joe smiles as other Memories start to flow, inspiring the music:
Joe lies on the subway grate, feeling the wind beneath his back. Watching Connie go into the zone while playing her trombone.

Then deeper Memories of Joe's life emerge:
A younger Libba gives her toddler-aged son Joe a bath. His father, Ray, drops a needle onto a jazz record, while 10-year-old Joe watches. They enjoy the music together. A teenaged Joe pedals a bike through the park, feeling the freedom of summer. The morning light fills the streets of his Queens neighborhood. Teenaged Joe watches a Mets game from a rooftop with his parents. Fireworks explode against the city skyline.

조는 기억: 조가 병원에서 도망쳐서 현관 계단에서 정말 맛있게 피자 조각을 먹는다. 이것도 22의 기억이다. 다시 피아노를 치는 조, 물건들을 쓸어 담아 피아노 악보대에 놓고 유심히 바라본다.

잠시 후, 그가 연주를 시작한다. 물건들 하나 하나가 또 다른 구체적인 기억들을 떠오르게 한다:
베이글이 길거리 뮤지션의 기타 케이스에 떨어진다. 막대사탕은 자연스럽게 데즈의 멋진 이발 장면으로 이어진다. 실타래는 그의 엄마, 리바가 아버지의 양복을 그에게 건네주는 장면을 떠오르게 한다.

미소를 짓는 조, 다른 기억들이 흘러나오면서 음악적인 영감을 불러일으킨다:
조가 지하철 환풍구 덮개 위에 누워서 등 밑으로 불어오는 바람을 느낀다. 코니가 트롬본을 연주하면서 음악에 푹 빠진 것을 바라본다.

잠시 후, 조의 인생에 더 깊게 자리하고 있던 기억들이 나타난다:
젊은 시절의 리바가 아기 때의 조를 씻겨 주고 있다. 그의 아버지, 레이가 재즈 음반에 턴테이블 바늘을 내려놓고 10살이 된 조가 이를 바라본다. 그들은 함께 음악을 즐긴다. 청소년이 된 조가 여름의 자유를 만끽하며 자전거를 타고 공원을 지나간다. 아침 햇살이 그가 살던 퀸즈 거리를 가득 채운다. 청소년이 된 조가 부모님과 함께 옥상에서 뉴욕 메츠의 경기를 관람한다. 도시의 스카이라인을 배경으로 폭죽이 터진다.

thoroughly 대단히, 완전히, 철저히 **music ledge** (피아노 건반 위쪽의) 악보대 **segue** (다른 것으로 부드럽게) 이어지다 **toddler-aged** 유아 연령대인 **give ~ a bath** ~를 목욕시키다 **needle** 턴테이블 바늘 **explode** 터지다, 폭발하다

The memories bring tears to Joe as he plays. More recent ones start to come:

In a diner, Joe sits alone eating a piece of pie, deeply satisfied. Joe gives a young Curley his first pair of drumsticks, inspiring him with a Max Roach record. Joe plays his piano for his ill father. Ray smiles as he listens, lost in his son's music. Joe and his mother are alone at the beach, letting the water wash over their bare feet.

The memories overwhelm Joe as he continues to play. He smiles as tears fall. Slowly his perspective alters, lifting out of himself, out of the city, off the Earth, and into the cosmos. Suddenly, another memory comes, as just voices:

22 (O.S.) Maybe sky watching can be my Spark. Or walking! I'm really good at walking!

JOE (O.S.) Those really aren't purposes, 22. That's just regular old living.

This snaps Joe back to Earth. A disturbing thought takes hold. He picks up the helicopter seed, gazing at it as he thinks about 22. Joe makes a decision, puts the seed in his pocket, closes his eyes, and begins playing again. The room fades away as the music takes him into the zone.

조는 이를 기억하며 눈물을 흘리며 계속 피아노를 연주한다. 최근 기억들이 나타난다:

식당에서 조가 혼자 앉아 파이 한 조각을 먹는데, 아주 만족한 표정이다. 조가 어린 컬리에게 처음으로 드럼 스틱을 건네주고, 맥스 로취 음반으로 그를 감동시킨다. 조가 편찮으신 아버지를 위해 피아노를 연주한다. 음악을 들으며 미소를 짓는 레이, 아들의 음악에 심취했다. 조와 그의 엄마가 단 둘이서 해변에 있는데, 바닷물이 이들의 맨발을 씻긴다.

기억들을 떠올리며 벅찬 감동을 느끼는 조, 계속해서 연주를 한다. 미소를 짓는데 눈물이 떨어진다. 천천히 그의 시점이 바뀌는데, 자신의 몸 밖으로 나가더니, 도시를 떠나고, 지구를 벗어나, 우주로 이동한다. 갑자기 또 다른 기억이 떠오르며, 목소리가 들린다:

22 (화면 밖 목소리) 어쩌면 하늘을 바라보는 것이 내 불꽃일 수도 있죠. 아니면 걷는 거나! 난 걷는 걸 정말 잘하니까요!

조 (화면 밖 목소리) 그런 건 진정한 목적이 아니야, 22. 그건 평범한 일상이라고.

이 목소리를 듣고 조가 다시 지구로 내려온다. 불편한 생각이 든다. 단풍나무 씨앗을 들고 유심히 바라보는데, 22가 생각난다. 마음의 결단을 내리는 조, 씨앗을 주머니에 넣고 눈을 감더니 다시 연주를 시작한다. 방이 희미하게 사라지면서 음악이 그를 무아지경에 빠지게 한다.

diner 작은 식당 **satisfied** 만족하는 **drumstick** 드럼 스틱, 북채 **bare feet** 맨발 **overwhelm** 압도하다 **perspective** 관점, 시점 **alter** 변하다, 고치다 **cosmos** 우주 **disturbing** 충격적인, 불안감을 주는 **take hold** 장악하다, 사로잡다 **fade away** 서서히 사라지다

CHAPTER 26

Dark 22

EXT. THE ASTRAL PLANE

Joe opens his eyes, now in the zone. He plays an astral piano in his soul form, floating above the plane. Other souls in the zone float on the horizon.

MOONWIND (O.S.) Joe!?

Joe looks to see Moonwind aboard his ship, sailing toward him.

MOONWIND Joe! Good heavens, man! [96] What are you doing in the zone?

실외. 유체이탈의 세계

조가 눈을 뜨는데, 무아지경에 빠져 있다. 영혼의 모습으로 공중을 떠다니며 유체이탈된 피아노를 연주한다. 무아지경에 있는 다른 영혼들은 지평선 위에서 떠돌고 있다.

문윈드 (화면 밖 목소리) 조!?

조는 배를 타고 자신을 향해 다가오는 문윈드를 발견한다.

문윈드 조! 맙소사, 이 사람아! 무아지경에서 뭘 하고 있는 거야?

float 흘러가다, 떠돌다 **horizon** 수평선, 지평선 **aboard** 탑승한, 승선한

JOE Moonwind!

Joe jumps onto the deck.

JOE I messed up. I need to find 22.

MOONWIND I'm afraid she's become a Lost Soul.

JOE What?

MOONWIND I'll explain on the way.

Moonwind speeds the ship across the Astral Plane.

MOONWIND When neither of you returned to the Half Note, I suspected something had gone wrong.

EXT. ASTRAL PLANE — FLASHBACK

Moonwind steers the ship.

MOONWIND (V.O.) I came back here, and that's when I spotted her.

Moonwind spots 22, now covered in astral dust – Dark 22. He waves at 22. But the Lost Soul runs off.

조 문윈드!

조가 갑판으로 뛰어올라 간다.

조 내가 완전 망쳐 버렸어요. 22를 찾아야 해요.

문윈드 안타깝게도 걔는 길 잃은 영혼이 되어 버렸어.

조 뭐라고요?

문윈드 가면서 설명해 주지.

문윈드가 배의 속도를 올리고 유체이탈의 세계를 지나간다.

문윈드 둘 다 하프 노트에 돌아오지 않아서 뭔가 잘못됐다고 생각했지.

실외. 유체이탈의 세계 — 회상 장면

문윈드가 배를 조종한다.

문윈드 (목소리) 내가 여기로 돌아왔는데 그 애를 발견하게 된 거야.

문윈드가 22를 발견하는데, 유체이탈 세계의 먼지가 온몸을 뒤덮고 있다 – 바로 '어둠의 22'가 된 것이다. 문윈드가 22에게 손을 흔든다. 하지만 길 잃은 영혼이 된 22는 도망간다.

mess up 엉망으로 만들다, 망치다 **on the way** 도중에, ~하는 중에 **speed** 빨리 가다, 이동하다 **suspect** 의심하다 **steer** (배, 자동차 등을) 조종하다

Back to scene: Joe scans a field of Lost Souls with a telescope as Moonwind continues.

MOONWIND Lost Souls are obsessed by something that disconnects them from life. And now that 22 has technically lived, she's become one of them.

Joe finds Dark 22 in the distance.

JOE There!

MOONWIND Good show!

Moonwind steers the ship and pursues.

JOE 22!

Dark 22 hisses at Joe and rockets off.

MOONWIND Ready the net!

JOE I'm on it! [97]

Joe cocks the harpoon net and fires. The net wraps around Dark 22 like a lasso. They try to reel 22 in. But Dark 22 dives below the surface, forcing the bow of the ship straight down into the dust.

다시 현재 장면: 조가 망원경으로 길 잃은 영혼들의 들판을 살펴보고, 문윈드는 말을 이어간다.

문윈드 길 잃은 영혼들은 자신과 삶을 단절시키는 무언가에 집착해. 엄연히 22도 인생을 살았기 때문에, 걔도 길 잃은 영혼이 된 거지.

조가 저 멀리 있는 어둠의 22를 발견한다.

조 저기 있어요!

문윈드 드디어 나타났군!

문윈드가 배를 조종해서 뒤쫓는다.

조 22!

어둠의 22가 조에게 화를 내며 씩씩거리더니 다급하게 도망간다.

문윈드 그물을 준비해!

조 알겠어요!

조가 그물 작살을 장전하고 발사한다. 그물이 올가미처럼 어둠의 22를 휘감는다. 이들은 22를 끌어당기려고 한다. 하지만 어둠의 22가 수면 아래로 뛰어들면서 뱃머리가 먼지 속으로 처박힌다.

obsessed ~에 중독된, 집착하는 **technically** 엄밀히 **harpoon** 작살 **lasso** 올가미 **reel in** ~을 당기다

MOONWIND She's got us!

As the ship sinks, Joe jumps off.

JOE Moonwind!

MOONWIND (salutes) A captain always goes down with the ship. It has been a pleasure…

Moonwind and the entire ship is pulled down, vanishing into the dust.

EXT. NEW YORK 14th & 7th — DAY
Moonwind is spinning his sign. He is suddenly jolted out of his trance.

Back to scene: Dark 22 pops up in the distance, hissing at Joe. The soul runs off again.

JOE 22!

Joe chases 22.

JOE Come back, 22! It's me, Joe!

문윈드 재가 우릴 끌고 가잖아!

배가 가라앉자, 조가 뛰어내린다.

조 문윈드!

문윈드 (경례를 하며) 선장은 언제나 배와 함께한다네. 그동안 즐거웠어…

문윈드와 그의 배가 아래로 끌려 내려가더니 먼지 속으로 사라진다.

실외. 뉴욕 14번가와 7번가 — 낮
문윈드가 광고판을 돌리고 있다. 그가 갑자기 무아지경에서 깨어난다.

다시 현재 장면: 저 멀리서 튀어나오는 어둠의 22, 조에게 위협적으로 씩씩거린다. 22의 영혼이 다시 도망친다.

조 22!

조가 22를 쫓아간다.

조 돌아와, 22! 나야, 조!

sink 가라앉다, 침몰하다 **jump off** 뛰어내리다 **salute** 경례하다 **pull down** 허물어트리다 **vanish** 사라지다 **jolt** 갑자기 움직이다 **trance** 무아지경 **chase** 뒤쫓다, 추적하다

Joe corners 22 between some astral rocks. 22 paces, animal-like, cornered and scared.

JOE Easy, 22! Easy. I just came back to give you this.

Joe holds up the Earth Pass. But 22 panics, growing more monstrous.

JOE Easy…

Suddenly, 22 dives back into the sink cabinet and scrambles through the shaft into the soul's clubhouse. Joe rushes after her.

JOE 22, listen! Come back!

INT. MENTOR ORIENTATION THEATER

On stage, a Counselor presents a trophy to Terry, who beams with pride.

조가 유체이탈 세계의 바위 사이로 22를 몰아넣는다. 22는 짐승처럼 서성이는데, 구석에 몰려 겁을 먹은 모습이다.

조 진정해, 22! 진정하라고. 너에게 이걸 주려고 돌아온 거야.

조가 지구 통행증을 들어 보인다. 22가 겁을 먹고 더 포악해진다.

조 진정해…

갑자기, 22가 세면대 아래에 있는 캐비닛 속으로 뛰어들더니 재빨리 통로를 빠져나와 자신의 클럽하우스로 들어간다. 조가 황급히 그녀를 따라간다.

조 22, 내 말 좀 들어 봐! 돌아오라고!

실내. 멘토 오리엔테이션 극장

무대 위에서, 한 카운슬러가 테리에게 트로피를 수여한다. 테리는 뿌듯해하며 환하게 웃는다.

corner (구석에) 가두다 panic 겁에 질리다 monstrous 괴물 같은 scramble 재빨리 움직이다 shaft 통로 beam 활짝 웃다

COUNSELOR JERRY B And for correcting our absent-minded mistakes and setting the count right, we are awarding you, Terry, this trophy. (beat) As you requested.

A few Counselors in the audience applaud with varying levels of enthusiasm.

TERRY I am happy to accept this very special award I requested, but that I absolutely deserve.

Suddenly, Dark 22 crashes through the screen and runs into the audience hissing and shrieking. Joe runs after 22 as everyone scatters.

COUNSELOR JERRY A Joe Gardner?

The Counselor quickly takes back Terry's trophy.

COUNSELOR JERRY B And I'll just take that back.

TERRY Hey!

Angry, Terry pushes through the Counselors, stopping 22 before the soul can escape the theater.

카운슬러
제리 B

그리고 우리가 무심코 저지른 실수를 바로잡고 계산을 제대로 맞춘 것에 대해서 이 트로피를 테리, 당신에게 수여합니다. (잠시 정적) 당신이 달라고 했으니까요.

관객석에 있는 카운슬러 몇 명이 박수를 보내는데, 환호하는 정도는 제각각이다.

테리

이 특별한 상을 받게 되어서 기쁘네요. 제가 달라고 하긴 했지만, 분명히 제가 받을 자격이 있죠.

갑자기, 어둠의 22가 스크린을 뚫고 나와 관객석으로 난입한다. 분노를 표출하며 씩씩거리고 비명을 지른다. 조가 22를 쫓아가고 모두가 그 자리에서 흩어진다.

카운슬러
제리 A

조 가드너?

카운슬러가 재빨리 테리의 트로피를 도로 가져간다.

카운슬러
제리 B

상은 다시 가져가야겠군요.

테리

이봐!

화가 난 테리가 카운슬러들을 밀치고, 22가 극장에서 도망치기 전에 그녀를 막는다.

absent-minded 멍한 **enthusiasm** 열정, 열의 **absolutely** 전적으로, 틀림없이 **deserve** ~을 받을 만하다 **shriek** 비명을 지르다 **scatter** 사방으로 흩어지다

TERRY Oi, Noob! You're not where you belong![98]

But Dark 22 grows even more, towering above Terry. 22 pounces on the accountant, tying Terry's limbs into knots. 22 bolts out the door.

EXT. THE YOU SEMINAR

Dark 22 runs through campus, Joe close behind. New Souls look up at the Lost Soul in wonder.

JOE 22, stop! I have something to tell you!

22 throws a New Soul at Joe. The New Soul laughs as it bounces off Joe's face.

JOE Ahh! Stop that! No!

Joe is pelted by more New Souls before 22 runs off again.

JOE 22!

Counselors keep the New Souls away from 22 while also trying to calm the Lost Soul down.

COUNSELOR JERRY A Whoa, watch out!

테리 이봐, 안 돼! 여기는 네가 있을 곳이 아니야!

하지만 어둠의 22의 덩치가 더 커지면서 테리 위로 솟아오른다. 22는 테리에게 달려들어 그의 팔다리를 꽁꽁 묶어 버린다. 22는 문을 박차고 나간다.

실외. 유 세미나

어둠의 22가 캠퍼스를 가로질러 뛰어가고 조가 바짝 뒤에서 쫓아간다. 새 영혼들은 길 잃은 영혼이 된 22를 넋 놓고 바라본다.

조 22, 멈춰! 네게 할 말이 있어!

22가 새 영혼 하나를 조에게 던진다. 그 영혼은 조의 얼굴을 맞고 튕겨 나오면서 웃는다.

조 아아! 그만해! 안 돼!

더 많은 새 영혼들이 조를 향해 날아오고, 이 틈을 타 22는 다시 도망친다.

조 22!

카운슬러들이 새 영혼들을 22에게서 떼어 놓으며 길 잃은 영혼이 된 22를 진정시키려고 한다.

카운슬러 제리 A 워, 조심해!

tower ~ 위로 높이 솟아오르다 **pounce on** ~에 덮치다, 달려들다 **limb** 팔, 다리 **bolt** 갑자기 달아나다 **in wonder** 놀라워하며 **bounce off** 부딪쳐 튀어나오다 **pelt** (던지며) 공격하다

COUNSELOR JERRY D Take it easy.

COUNSELORS There, there. There's no need to be afraid.

COUNSELOR JERRY A Don't worry. Calm down. You have to stop running. Please.

22 ends up at the edge of the Earth Portal. The Lost Soul looks down, scared and trapped.

JOE 22, stop!

22 looks at Joe as he slowly approaches. He holds out the Earth Pass.

JOE I was wrong. Please, will you listen? You ARE ready to live, 22.

22 seems to calm. But suddenly, the Lost Soul's mouth opens. It leaps and consumes Joe!

카운슬러 제리 D 진정해.

카운슬러들 자, 자. 무서워할 필요 없어.

카운슬러 제리 A 걱정 마. 진정해. 도망가지 마. 제발.

이제 22는 지구 포털의 가장자리까지 왔다. 길 잃은 영혼이 된 22는 아래를 내려다본다. 궁지에 몰려 겁에 질린 표정이다.

조 22, 그만해!

22가 조를 바라본다. 조가 천천히 다가간다. 그가 지구 통행증을 내민다.

조 내가 잘못했어. 제발, 내 말 좀 들어 줄래? 넌 정말로 인생을 살 준비가 된 거야, 22.

22가 진정하는 것처럼 보인다. 하지만 갑자기, 길 잃은 영혼이 된 22가 입을 크게 벌리더니 위로 뛰어올라 조를 집어삼켜 버린다!

consume 사로잡다, 써버리다

CHAPTER 27

Spark Isn't a Purpose

INT. DARK 22

Joe opens his eyes. He's in total darkness. Black dust swirls around him. He hears crying in the distance. He sees 22 weeping and muttering in the middle of the storm.

22 (murmuring) I'm not good enough. Nope. No. Nothing. I just need to fill out that last box. I…

Joe goes towards her, but 22 runs away.

JOE 22!

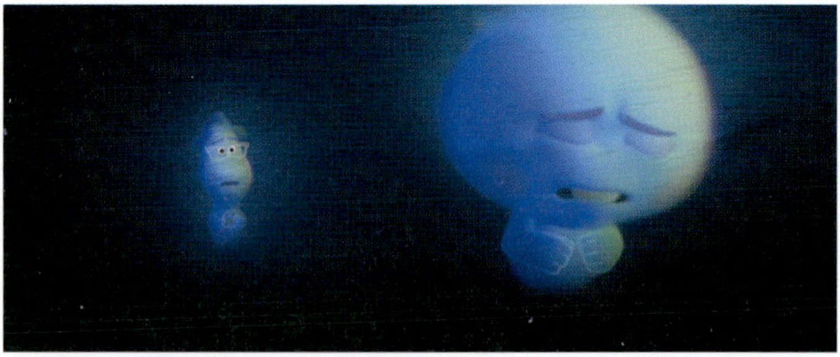

실내. 어둠의 22

조가 눈을 뜬다. 주변은 칠흑같이 어둡다. 검은 먼지가 그를 감싸고 소용돌이친다. 조는 먼 곳에서 울음소리를 듣는다. 22가 폭풍 한가운데에서 울면서 무언가를 중얼거린다.

22 (중얼거리며) 난 자격이 없어. 아니야. 아니. 아니야. 아무것도 아니라고. 그냥 마지막 칸만 채우면 되는데. 난…

조가 22에게 다가가지만, 그녀는 도망친다.

조 22!

weep 울다 murmur 중얼거리다

Joe follows. Suddenly, a huge, dark version of 22's mentor, Abraham Lincoln, appears in front of Joe, blocking him. Lincoln appears to scold Joe, but in 22's voice:

SOUL ABRAHAM LINCOLN

You're dishonest! All you make are bad decisions. You are unwise and you won't make it in the world.

Joe tries to get around Lincoln. Mentor Mother Theresa appears, blocking him again.

SOUL MOTHER THERESA

You're so selfish! No one would ever want to be around you.

Joe struggles forward but is suddenly surrounded by other mentors of 22 – Coppernicus, Carl Jung, Muhammad Ali, etc. All bend down to Joe, reciting their negative opinions of 22:

22'S MENTORS

Loser! Oh, the world needs remarkable people, and you're the least remarkable soul I've ever met! [99] You'll never find your spark. Imbecile! I cannot help you.

Joe breaks through the crowd, again finding 22 in the distance. He runs to her as she mutters to herself:

JOE

22!

조가 따라간다. 갑자기 22의 멘토였던 에이브러햄 링컨의 거대하고 어두운 모습이 조 앞에 나타나 그를 가로막는다. 링컨이 22의 목소리로 조를 비난한다:

에이브러햄 링컨의 영혼 너는 정직하지 못해! 네가 하는 선택은 죄다 틀렸어. 넌 멍청해서 절대 세상에서 성공할 수 없어.

조가 링컨을 피해서 돌아가려고 한다. 테레사 수녀 멘토가 나타나, 다시 그를 가로막는다.

테레사 수녀의 영혼 넌 너무 이기적이야! 아무도 네 옆에 있고 싶어 하지 않아.

조가 앞으로 나가려고 애를 쓰지만 갑자기 코페르니쿠스, 칼 융, 무하마드 알리와 같은 22의 다른 멘토들이 그를 둘러싼다. 모두들 조에게 몸을 굽혀 22에 대한 부정적인 의견을 말한다:

22의 멘토들 패배자! 오, 세상에는 훌륭한 사람이 필요한데, 너는 지금까지 내가 만난 영혼 중에 가장 형편없는 영혼이야! 넌 절대 불꽃을 찾지 못할 거야. 바보 천치! 난 널 도와줄 수 없어!

조가 멘토 무리를 뚫고 나와, 다시 저 멀리 있는 22를 발견한다. 22를 향해 뛰어가는데 그녀는 혼잣말로 계속 무언가를 중얼거린다:

조 22!

scold 야단치다, 꾸짖다 **dishonest** 정직하지 못한 **unwise** 현명하지 못한, 어리석은 **selfish** 이기적인 **imbecile** 천치, 얼간이 **break through** 뚫고 나아가다, 돌파하다

I just need to fill out that last box. I'm not good enough at all.

Joe nearly reaches 22, until – A final figure blocks Joe's path: a massive version of Joe himself.

NIGHTMARE JOE You will never find your spark. There's no point. Those aren't purposes, you idiot! That's just regular old living. This is a waste of time. You only got that badge because you were in My body. That's why you ruin everything! Because you. Have. No. Purpose!!

Nightmare Joe spews black dust from his mouth. Joe tumbles away, the Earth Pass is knocked out of his hands. He desperately searches for it.

JOE Ahhh! No, no, no, no!

All seems lost, until Joe remembers – the helicopter seed in his pocket. He pulls it out and walks forward, holding out the seed to his nightmare self.

NIGHTMARE JOE There's no point. You'll never find your Spark Because You. Have. No. Purpose!!

22 그냥 마지막 칸만 채우면 되는데. 난 정말 자격이 없어.

조가 22에게 거의 다가가는데, 마지막 형상이 조의 길을 가로막는다: 바로 거대한 조 자신의 모습이다.

끔찍한 모습의 조 넌 절대 불꽃을 찾을 수 없어. 아무 소용 없어. 그것들은 진정한 목적이 아니라고, 이 바보야! 그냥 평범한 일상일 뿐이야. 이건 시간 낭비라고. 넌 내 몸에 있었기 때문에 배지를 받은 거야. 그래서 네가 모든 걸 망친 거야! 넌. 아무런. 목적이. 없으니까!!

끔찍한 모습의 조가 입에서 검은 먼지를 뿜어낸다. 조가 쓰러지고 지구 통행증이 손에서 빠져나간다. 조는 필사적으로 통행증을 찾으려고 한다.

조 아아아! 안 돼, 안 돼, 안 돼, 안 돼!

모든 게 물거품이 된 것 같다. 이때 조가 – 주머니에 있는 단풍나무 씨앗을 기억해 낸다. 씨앗을 꺼내서 앞으로 나아간다. 그 씨앗을 끔찍한 모습을 한 자신에게 내민다.

끔찍한 모습의 조 아무 소용 없어. 넌 절대 불꽃을 찾을 수 없어. 넌. 아무런. 목적이. 없으니까!!

massive 거대한, 엄청나게 큰 **spew** 뿜어내다, 분출하다 **knocked out of** ~에서 떨어진

Nightmare Joe looks at the seed, startled. He melts away, defeated.

22 I'm not good. Nope. Nothing. I just need to fill out that last box. I give up.

Joe finally reaches 22. He puts the seed in her hand, closing her fingers around it, holding it there. 22 appears to calm.

<u>EXT. HALF NOTE — DAY</u>

Suddenly, 22 is back in Joe's body, sitting on the stoop and looking at the seed, scared. Joe, back in the cat, looks up at her, smiling.

JOE You ready?

22 Huh?

끔찍한 모습의 조가 씨앗을 보고 깜짝 놀란다. 그의 모습이 점차 사라진다. 조가 그를 물리친 것이다.

22 난 잘하지 못해. 아니야. 아무것도 아니야. 그냥 마지막 칸만 채우면 되는데. 난 포기할래.

조가 마침내 22에게로 다가간다. 씨앗을 22의 손에 올려 주고, 손가락을 움직여 꼭 쥐게 한다. 22가 평안해지는 듯하다.

실외. 하프 노트 — 낮

갑자기 조의 몸으로 다시 들어간 22가 계단에 앉아 두려운 표정으로 씨앗을 바라본다. 다시 고양이가 된 조는 미소를 지으며 그녀를 올려다본다.

조 준비됐니?

22 네?

startled 깜짝 놀란 **melt away** 차츰 사라지다 **defeated** 패배한, 좌절된

JOE To come live!

22 I'm scared, Joe. I'm not good enough. And anyway I never got my Spark.

JOE Yes, you did.

Joe motions to the world around them.

JOE Your Spark isn't your purpose. That last box fills in when you're ready to come live.

22 looks around, taking in the beautiful, simple moments on Earth.

JOE And the thing is… you're pretty great at jazzing.

22 looks at Joe and smiles.

조 지구에서 살 준비 말이야!

22 두려워요, 아저씨. 난 잘난 게 없어요. 어차피 내 불꽃도 찾지 못했는걸요.

조 아니, 찾았어.

조가 그들 주변 세상을 가리킨다.

조 불꽃은 네 인생의 목적이 아니야. 마지막 칸은 네가 살아갈 준비가 되었을 때 채워지는 거야.

주변을 둘러보는 22, 지구의 단순하지만 아름다운 순간들을 바라본다.

조 그리고 있잖아… 너 재즈하는 거 진짜 잘하더라.

22가 조를 보며 미소 짓는다.

the thing is… 실은, 사실은 **be great at** ~을 정말 잘하다

CHAPTER 28

Live Every Minute of Life

EXT. THE YOU SEMINAR

Dark 22 smiles at Joe. The black dust surrounding the Lost Soul melts away. Joe finds the Earth Pass and places it on 22. 22 smiles, but then realizes:

22 But Joe... This means you won't get to—

JOE It's okay. I already did. Now, it's your turn.

Joe motions to the Earth below. 22 steps closer to the edge, but gets cold feet and darts behind Joe.

JOE I'll go with you.

22 You know you can't do that.

실외. 유 세미나

어둠의 22가 조에게 미소를 짓는다. 길 잃은 영혼이 된 22를 감싸고 있던 검은 먼지가 점점 사라진다. 조는 지구 통행증을 발견하고 22에게 붙여 준다. 22가 미소를 보이다가 이내 깨닫는다:

22 하지만… 이러면 아저씨는 돌아갈 수 없게—

조 괜찮아. 난 이미 인생을 살아 봤잖아. 이제 네 차례야.

조가 아래에 있는 지구를 가리킨다. 22가 가장자리로 가까이 다가가지만, 이내 용기를 잃고 조 뒤에 얼른 숨는다.

조 내가 함께 가 줄게.

22 그럴 수 없다는 거 알잖아요.

turn 차례, 순번 **get cold feet** 갑자기 겁을 내다 **dart** 쏜살같이 움직이다

JOE	I know. But I'll go as far as I can.

22 steps closer to the edge. Joe holds out his hand. 22 takes it and holds tight as they both jump.

INTO THE EARTH PORTAL: Eyes shut tight, 22 clutches Joe's arm as they free-fall toward Earth.

JOE	Hey! Take a look!

22 slowly opens one eye, then both. The Earth slowly gets bigger as they fall toward it. The view is spectacular.

22	Wow!

조 알아. 내가 갈 수 있는 데까지 가 줄게.

22가 가장자리에 가까이 다가선다. 조가 손을 내민다. 22가 그의 손을 잡고 꽉 움켜쥔다. 두 영혼이 함께 뛰어내린다.

지구 포털 속: 22는 눈을 질끈 감고 조의 팔을 꽉 끌어안고 있다. 이들은 지구를 향해 자유 낙하한다.

조 자! 보라고!

천천히 한쪽 눈을 뜨는 22, 이내 양쪽 눈을 뜬다. 이들이 지구를 향해 떨어지면서 지구가 천천히 더 커진다. 정말 장관이다.

22 와!

hold out 내밀다 **clutch** 움켜잡다 **free-fall** 자유 낙하하다, 자유 낙하 **view** 광경, 전망 **spectacular** 대단히 화려한

22 starts to enjoy the ride. The soul builds enough courage to let go of Joe's arm and hold his hand. Hand-in-hand, 22 and Joe skydive to Earth, enjoying the ride. 22's Earth Pass starts to glow, slowly drawing the soul away from Joe. 22 looks at Joe reluctantly, unsure. But Joe smiles back, as if to say "it'll be okay." Then he gently lets go. 22 pulls away from Joe. He watches the soul fall the entire way, and then vanish. Tears well in Joe's eyes. He is pulled away from Earth and back up as we: Fade to White.

EXT. LIMBO — SLIDEWALK

Joe opens his eyes to find he is on the slidewalk, heading towards the Great Beyond. He smiles, at peace. Ready. Until:

COUNSELOR JERRY A (O.S.) Mr. Gardner?

Joe turns to see a Counselor on the slidewalk with him.

JOE Yes?

COUNSELOR JERRY A Do you have a moment?

Joe walks over to Jerry.

COUNSELOR JERRY A I think I'm speaking for all the Jerrys when I say… thank you.

22가 낙하를 즐기기 시작한다. 22는 용기를 내어 조의 팔을 놓고 그의 손을 잡는다. 서로 손을 맞잡고 22와 조는 지구로 스카이다이빙을 하듯 낙하를 즐기고 있다. 22의 지구 통행증에서 빛이 나면서, 22가 조에게서 서서히 멀어진다. 22가 주저하며 자신 없는 표정으로 조를 바라본다. 조가 미소를 지어 주는데, 마치 "잘될 거야"라고 말하는 듯하다. 그러고는 다정하게 손을 놓는다. 22가 조에게서 멀어진다. 조는 22가 멀어지는 모습을 바라본다. 22가 그의 시야에서 사라진다. 조의 눈에 눈물이 맺힌다. 조가 지구에서 멀어지면서 다시 위로 끌려 올라가더니 화면이 매우 밝아진다.

실외. 머나먼 저세상 이전의 세계 — 무빙워크

눈을 뜨는 조, 무빙워크 위에서 머나먼 저세상을 향해 가고 있다. 그가 미소를 짓는데, 평온한 모습이다. 이제 머나먼 저세상으로 갈 준비가 된 것이다. 이때:

카운슬러 제리 A

(화면 밖 목소리) 가드너 씨?

조가 고개를 돌려 보니 카운슬러가 그와 함께 무빙워크에 올라와 있다.

조

네?

카운슬러 제리 A

잠깐 얘기 좀 할 수 있을까요?

조가 제리에게 다가간다.

카운슬러 제리 A

모든 제리들을 대표해서 이 말씀을 드려야 할 것 같아요… 감사합니다.

let go of (쥐고 있던 것을) 놓다 **hand-in-hand** 서로 손을 잡고 **glow** 빛을 발하다 **reluctantly** 마지못해서 **unsure** 확신하지 못하는 **tears well in one's eyes** 눈물이 맺히다 **at peace** 안심하는, 평화로운

JOE For what?

COUNSELOR JERRY A We're in the business of inspiration, Joe, but it's not often we find ourselves inspired.

JOE Oh, really?

COUNSELOR JERRY A So, we all decided to give you another chance.

The Counselor opens a Portal. On the other side is Earth.

COUNSELOR JERRY A Hopefully you will watch where you walk from now on.

JOE But what about Terry?

COUNSELOR JERRY A We worked it out with Terry.

조 뭐가요?

카운슬러 제리 A 우리는 영감을 주는 일을 하고 있어요, 조. 하지만 우리가 영감을 받는 경우는 드물죠.

조 오, 정말요?

카운슬러 제리 A 그래서, 우리 모두 당신에게 한 번 더 기회를 드리기로 했어요.

카운슬러가 포털을 연다. 맞은편에 지구가 있다.

카운슬러 제리 A 이제는 잘 보고 다니도록 하세요.

조 그러면 테리는요?

카운슬러 제리 A 테리는 우리가 알아서 해결했어요.

in the business of ~에 종사하는 **inspiration** 영감 **inspired** 영감을 받은 **the other side** 반대쪽, 건너편 **work out** 잘 진행되다, 해결하다

EXT. LIMBO — ABOVE THE SLIDEWALK

Again, Terry is counting souls on the abacus. Suddenly, one of the beads draws her attention.

TERRY Hmmm. That's weird.

A Counselor comes running up:

COUNSELOR JERRY B Hey Terry, what's that over there? Look immediately!

TERRY What? What are you talking about?

Terry looks the other way. The Counselor's arm stretches behind Terry and slides the single bead on the abacus into position, covering up the discrepancy.

COUNSELOR JERRY B Oh, nothing. You were saying?

TERRY Hmm.

COUNSELOR JERRY B Were you even talking? I can't remember.

Terry once again examines the abacus.

실외. 머나먼 저세상 이전의 세계 — 무빙워크 위

다시, 테리가 주판으로 영혼들을 세고 있다. 갑자기, 테리가 주판알 하나에 신경을 쓴다.

테리　　으음. 이상하네.

카운슬러 한 명이 달려온다:

카운슬러 제리 B　　테리, 저기 저게 뭐죠? 빨리 보세요!

테리　　뭐? 뭐 말하는 거야?

테리가 반대편을 바라본다. 카운슬러가 팔을 테리 뒤로 뻗더니 주판알 하나를 옮겨 계산이 틀린 것을 감쪽같이 감춘다.

카운슬러 제리 B　　오, 아무것도 아니에요. 아까 뭐라고 그랬죠?

테리　　흠.

카운슬러 제리 B　　무슨 말 했어요? 기억이 안 나네.

테리가 다시 주판을 살펴본다.

bead 구슬, 주판알 **draw one's attention** ~의 주의를 끌다 **position** 자리, 제자리 **cover up** 덮다, 숨기다 **discrepancy** 차이, 불일치

TERRY Never mind.

Terry goes back to counting.

Back to the slidewalk: The Counselor motions to Earth as Joe hesitates.

COUNSELOR JERRY A Well?

Joe considers as he looks to Earth, then smiles to the Counselor warmly:

JOE Thanks.

COUNSELOR JERRY A So, what do you think you'll do? How are you going to spend your life?

He thinks for a moment.

JOE I'm not sure…

He steps into the Portal.

테리 됐어.

테리가 다시 계산을 시작한다.

무빙워크 화면으로 돌아와서: 카운슬러가 지구를 가리키자 조가 망설인다.

카운슬러 제리 A 자, 어때요?

조가 지구를 바라보며 생각을 하더니, 카운슬러에게 따뜻하게 미소 짓는다:

조 고마워요.

카운슬러 제리 A 이제, 뭘 하실 거예요? 인생을 어떻게 살 건가요?

그가 잠시 생각한다.

조 잘 모르겠어요…

그가 포털 속으로 들어간다.

hesitate 망설이다, 꺼리다 **warmly** 따뜻하게, 훈훈하게

EXT. JOE'S APARTMENT — DAY

Joe's feet step out of his apartment building. He smiles as he looks around, taking in the glorious chaos of it all.

JOE (O.S.) ... but I do know I'm going to live every minute of it.[100]

The End

실외. 조의 아파트 — 낮

아파트 건물 밖으로 걸어 나오는 조의 발이 보인다. 그가 미소를 지으며 주변을 바라본다. 혼란스럽지만 아름다운 이 세상 모든 것들을 마음껏 느낀다.

조 (화면 밖 목소리) … 그래도 이건 알죠. 매 순간을 즐기면서 살 거예요.

끝

step out of ~에서 나오다 **look around** 둘러보다 **glorious** 눈부시게 아름다운 **chaos** 혼돈, 혼란

Disney · PIXAR

SOUL

워크북

스크립트북에서 중요한 표현 100개를 뽑아 담았습니다.

w001. mp3

1	**Way to go!** 잘한다!

조가 트롬본 솔로 파트를 연주하게 하자 코니는 음악에 취해 실력을 유감없이 발휘합니다. 그러나 아이들은 비아냥대며 코니를 놀립니다.

상대방의 행동을 보고 크게 칭찬하거나 용기를 북돋아 줄 때 쓰는 감탄 표현입니다. '잘한다!', '그렇지!', '바로 그거야!'라는 해석이 어울립니다. 그런데 이 대사에서는 살짝 비꼬는 듯한 뉘앙스로 쓰였습니다. 회화에서는 You're on fire!(대단한데!) 혹은 You're a natural!(타고났어!) 역시 칭찬할 때 쓸 수 있습니다.

Way to go, son! You didn't fall this time.
잘했어, 아들! 이번에는 안 넘어졌네.

Way to go! That's an epic performance!
대단해! 정말 훌륭한 연기야!

w002. mp3

2	**That's the last place that I wanted to be.** 난 거기 가는 게 정말 싫었지.

조는 아이들에게 재즈 클럽에 처음 갔던 경험을 이야기해 줍니다. 사실 조는 아버지 손에 이끌려 억지로 재즈 클럽에 가게 되었습니다.

무언가를 하고 싶지 않아 미루고 미루다가 마지막에 하는 경우가 있잖아요. 'the last + 명사 + I want to ~' 패턴은 이런 심리를 잘 나타내는 표현입니다. '내가 마지막으로 ~하고 싶은 것'이라는 직역에서도 알 수 있듯이 정말 하고 싶지 않은 것을 의미하는 말로서, '정말 ~하고 싶지 않은' 혹은 '제일 ~하기 싫은'이라고 해석할 수 있습니다.

He's the last person that I want to work with.
그 사람하고는 정말 함께 일하고 싶지 않아.

Shoveling snow is the last thing I want to do.
눈을 치우는 건 정말 하고 싶지 않아.

w003. mp3

3	**I was born to play.** 내가 연주를 할 운명이라는 걸 말이야.

재즈 뮤지션의 연주를 듣는 순간 조는 무아지경에 빠지고, 자신이 뮤지션이 될 운명임을 깨닫습니다.

was born to ~를 단어 그대로 해석하면 '~하기 위해서 태어났다'가 되는군요. 이는 특별한 능력이나 재능을 설명할 때 쓸 수도 있고, 어떤 일을 할 운명이라는 뜻으로도 쓸 수 있습니다. '~는 타고났어' 혹은 '타고난 ~이야'라고 해석할 수 있습니다. was born with ~ 역시 자주 쓰이는데, '~을 가지고 태어났다'라는 뜻으로 타고난 신체적인 특징이나 성격을 말할 때 쓰는 표현입니다.

I can't believe a five-year-old boy drew this. Your son was born to be an artist. 다섯 살이 이걸 그렸다니 믿기지 않네요. 아드님은 타고난 예술가입니다.

You were born to be a great singer, but I don't like your attitude.
넌 타고난 가수지만, 네 태도는 마음에 들지 않아.

w004. mp3

4	**After all these years, my prayers have been answered!** 드디어, 내 기도를 들어주셨어!

조가 중학교 밴드부의 정식 교사가 되었다는 소식을 듣고 그의 엄마는 매우 기뻐합니다.

after all these years는 '아주 오랜 기다림 끝에', '이제서야 마침내'라는 뜻으로, 어떤 일이 일어나기를 오래 기다리며 염원했다는 의미를 담고 있는 표현입니다. 그리고 간절한 기도가 이루어질 때 '응답 받았다'라는 표현을 쓰잖아요? 영어에서는 answer라는 단어로 '(기도에) 응답하다'라는 뜻을 전달할 수 있습니다.

After all these years, my parents opened their own restaurant.
마침내 우리 부모님이 식당을 내셨어요.

After all these years, she received a letter from her fiancé.
오랜 기다림 끝에 그녀는 약혼자에게서 편지를 받았어요.

w005. mp3

5	**A backup plan never hurts.** 대안이 있어서 나쁠 건 없지.

조의 어머니가 하는 양복점에서 조수로 일하는 멜바는 조가 정규직을 제안받은 것에 대해 이렇게 말합니다.

'아프다'라는 뜻으로 잘 알려진 hurt 앞에 never, don't, doesn't 등의 부정어가 붙으면 '~이 나쁠 것은 없다'라는 뜻이 됩니다. 회화에서는 It never hurts to ~라는 패턴으로도 자주 쓰이는데, '~한다고 해서 나쁠 건 없어', '~한다고 해서 손해는 아니야'라는 뜻입니다. to 뒤에는 동사원형을 써야 합니다.

Confirming our reservations doesn't hurt at all.
예약을 확인한다고 해서 나쁠 건 전혀 없죠.

It never hurts to be nice to everyone.
모두에게 친절한 게 나쁜 건 아니죠.

w006. mp3

6	**With this job, you'll be able to put that dead-end gigging behind you.** 이 일을 하면 그 미래가 안 보이는 공연 따위는 다 잊어버리고 새로 시작할 수 있어.

조의 엄마는 조가 정규직을 받아들여야 하는 이유를 조목조목 이야기해 줍니다. 하지만 조에게는 그저 잔소리로 들릴 뿐입니다.

'put ~ behind + 사람'은 어떤 일을 잊어버리고 새로 시작한다는 뉘앙스를 지닌 표현입니다. 어떤 일을 뒤에(behind) 놓아 두고(put) 앞을 향해 나아가는 이미지를 생각하면 뜻을 쉽게 기억할 수 있습니다. '~을 과거로 묻어 두다', '~을 잊어버리다'라는 해석이 적절합니다. 또한 단어 고유의 뜻을 살려 '~의 뒤에 두다'라는 의미로 쓸 수도 있습니다.

You gotta put all the painful memories behind you and start over.
모든 고통스러운 기억은 잊어버리고 새롭게 시작하는 거야.

You'll be able to put the trauma of the accident behind you.
그 사건에 대한 충격은 과거로 묻어 둘 수 있으실 겁니다.

w007. mp3

7	**I would die a happy man if I could perform with Dorothea Williams.** 나도 도로테아 윌리엄스하고 함께 연주할 수만 있다면 죽어도 여한이 없겠다.

제자 컬리가 도로테아 윌리엄스 쿼텟에 들어가게 되었다는 소식을 전하자, 조는 부러워하며 이렇게 말합니다.

정말 무언가를 하고 싶다고 말할 때 우리말로 '~한다면 죽어도 여한이 없겠어'라는 표현을 쓰잖아요? 영어에서는 I would die a happy man/woman if I could ~란 표현으로 유사한 느낌을 전달할 수 있습니다. '~하면 죽어도 여한이 없겠어', '~하면 죽어도 좋아'라는 소망을 나타내는 해석이 적절합니다. 진짜로 죽는 것이 아니라 죽는 것을 가정하는 것이기 때문에 가정법 과거 형태인 would와 could를 사용합니다.

I would die a happy woman if I could meet one of the idol group members. 그 아이돌 그룹의 멤버를 한 명이라도 만날 수 있다면 여한이 없겠어.

I would die a happy man if I could see my daughter's smiling face.
우리 딸의 웃는 얼굴을 볼 수만 있다면 여한이 없겠어요.

w008. mp3

8	**Leon skipping town really put us in a bind, man.** 레온이 갑자기 사라져서 정말 곤란했거든요.

컬리는 하프 노트에 들어오는 조를 반갑게 맞이하며, 그가 오디션 기회를 얻게 된 배경을 설명해 줍니다.

'put + 사람 + in a bind'는 '~를 곤란하게 하다' 혹은 '~를 곤경에 빠뜨리다'라는 뜻입니다. 회화에서는 'put + 사람 + in a pickle' 역시 비슷한 의미로 자주 씁니다. 또한 skip town은 '예고도 없이 갑자기 어떤 곳을 떠나다'라는 의미인데, '야반도주'와 같이 부정적인 뉘앙스를 품고 있는 표현입니다.

Procrastination will put you in a real bind.
자꾸 미루면 정말 곤란해질 거라고.

Compulsive shopping could really put me in a bind.
충동 구매 때문에 큰 곤란에 빠질 뻔했죠.

w009. mp3

9	**Dorothea, this is the cat I was telling you about.** 도로테아, 이분이 제가 전에 말씀드렸던 연주자예요.

컬리는 전설의 재즈 뮤지션 도로테아에게 조를 소개합니다. 하지만 도로테아는 그리 달가워하는 표정이 아닙니다.

'This is ~ (that) I was telling you about.'은 '일전에 내가 말했던 ~이야'라는 의미로, 무언가를 소개할 때 쓰는 표현입니다. This is ~ (that) I was talking about. 역시 같은 의미로 쓸 수 있는 표현입니다. '이분은 ~입니다'라고 간단하게 누군가를 소개할 때는 뒤의 말은 다 생략하고 'This is + 사람.'의 패턴을 씁니다.

This is our new HR executive that I was telling you about.
제가 말씀드렸던 새로 오신 인사과 간부이십니다.

This is the baker that I was telling you about.
내가 일전에 말했던 제빵사 분이야.

w010. mp3

10	**We ain't got all day.** 한가하게 노닥거릴 시간 없어.

조가 중학교 밴드의 교사라는 말을 듣고 도로테아는 시큰둥한 반응을 보입니다. 이런 말을 내뱉고는 그의 연주 실력을 보려고 합니다.

We ain't는 We have not 혹은 We don't를 뜻하는 미국 남부 지역 사투리입니다. We ain't got all day.나 We haven't got all day.는 '뭉그적거릴 시간 없어', '빈둥거리지 말고 빨리 서둘러'라는 뜻으로, 상대방에게 어떤 행동을 빨리 할 것을 재촉하는 말입니다.

What are you waiting for? We ain't got all day!
뭘 꾸물거리는 거니? 뭉그적거릴 시간 없어.

We ain't got all day. We gotta set the tables before the guests arrive.
빈둥거리지 말고 서둘러. 손님들이 도착하기 전에 테이블을 세팅해야 해.

w011. mp3

11 **You're never gonna believe what just happened!**

방금 무슨 일이 있었는지 알아?

조가 드디어 꿈에 그리던 재즈 공연을 하게 되었습니다. 지인들에게 전화로 이 소식을 전하느라 주위는 전혀 살펴보지 않습니다. 그러다 결국에는 맨홀에 빠져 목숨을 잃게 됩니다.

You're not gonna believe what just happened.는 호들갑을 떨며 방금 있었던 일을 말해 줄 때 사용하는 표현입니다. '방금 무슨 일이 있었는지 알아?' 혹은 '방금 무슨 일이 있었는지 말해도 절대 안 믿을 거야'라고 해석할 수 있습니다. Guess what just happened.나 You'll never know what just happened. 역시 비슷한 의미로 쓸 수 있는 표현입니다.

You're never gonna believe what just happened! Jackson proposed to me! 방금 무슨 일이 있었는지 알아? 잭슨이 네게 프러포즈했어.

You're not gonna believe what just happened! I saw the new intern leaving with Ray. 방금 무슨 일이 있었는지 알아? 새로 온 인턴이 레이하고 같이 나가는 걸 봤어.

w012. mp3

12 **Look, I'm not supposed to be here!**

저기 말이죠, 저는 여기에 있으면 안 돼요!

자신의 영혼이 이상한 곳에 있다는 것을 알게 된 조는 다른 영혼들을 만나 이렇게 말하며 억울함을 호소합니다.

I'm supposed to ~는 '~할 예정이다' 혹은 '~해야 한다'라는 뜻으로, 자신이 계획한 것이나 예정된 것을 말할 때 쓰는 표현입니다. 반대로 I'm not supposed to ~는 '~해서는 안 된다' 혹은 '~하지 않게 되어 있다'라는 뜻으로 쓰는 표현입니다.

I'm not supposed to come out until he makes an introduction.
그가 소개를 하기 전에 내가 나가면 안 된다고.

I'm not supposed to tell you this. So don't tell anyone that I told you.
이거 너한테 말해 주면 안 되는 거야. 그러니까 내가 말했다고 하면 안 돼.

w013. mp3

13 | **As in, as in beyond… life!?**

그러니까, 죽어서 오는… 저세상이요!?

조는 머나먼 저세상으로 가게 되었다는 사실을 깨닫습니다. 하지만 꿈에 그리던 공연을 앞두고 죽을 수는 없다며 이곳에서 도망치려 합니다.

as in ~은 상대방에게 구체적으로 예를 들어서 무언가를 설명할 때 쓰는 표현입니다. 알파벳을 말할 때 그 알파벳이 들어간 단어를 예로 들거나, 혼동을 피하기 위해서 구체적으로 예시를 들어 줄 때 쓰기도 합니다. '~의 경우와 같이' 혹은 '~에서처럼' 등으로 해석할 수 있습니다.

My name is Pye. "P" as in plane, "y" as in yacht, and "e" as in elephant.
제 이름은 파이입니다. '플레인'의 P, '요트'의 y, '엘리펀트'의 e를 씁니다.

Are you saying you're from heaven? As in heaven where angels live?
천국에서 왔다는 거예요? 천사들이 사는 그 천국 말이에요?

w014. mp3

14 | **This beats my dream about the walrus.**

바다코끼리 꿈보다 이게 더 멋지지.

패닉에 빠진 조와는 달리, 다른 영혼들은 머나먼 저세상으로 가는 것이 너무 감격스럽습니다.

This beats ~는 지금 눈앞에서 벌어지고 있는 일이나 경험하고 있는 일이 다른 것에 비해서 너무 좋다는 뉘앙스를 담고 있는 표현입니다. '~보다 이게 더 좋아'라고 해석할 수 있습니다. 회화에서는 This beats everything.이라는 문장으로도 자주 쓰이는데, '이게 가장 좋아'라는 뜻입니다.

Wow! This beats every present I received today.
와! 오늘 받은 선물 중에 이게 제일 좋아요.

I didn't know how great surfing is. This beats playing computer games!
서핑이 이렇게 좋은지 몰랐어. 컴퓨터 게임하는 것보다 더 좋은걸!

w015. mp3

15	**What is wrong with you people?!** 다들 왜 그러는 거예요?!

조는 죽음으로부터 벗어나려고 도망치기 시작합니다. 그와는 달리, 태연하게 죽음을 받아들이는 사람들을 보며 조는 이렇게 따지듯 물어봅니다.

'What is wrong with + 사람?' 패턴은 '~는 왜 그런 거야?' 혹은 '~는 무슨 문제가 있는 거야?'라는 뜻입니다. 평소 같지 않는 사람에 대해 어떤 문제가 있는지 궁금해서 물어보거나 따지듯 말할 때 쓰는 표현입니다. What's up with ~? 역시 같은 의미로 쓸 수 있는 표현입니다.

What's wrong with you? Why such a long face?
왜 그러는 거야? 왜 그렇게 시무룩한 얼굴을 하고 있어?

What's wrong with your dad? He's been so moody all day.
너희 아빠 왜 그러는 거야? 하루 종일 기분이 안 좋네.

w016. mp3

16	**Quiet coyote!** 합죽이가 됩시다!

카운슬러 제리는 조를 괴롭히며 시끄럽게 소란을 피우는 새 영혼들을 진정시키려고 합니다.

선생님이 시끄럽게 떠드는 아이들을 조용히 시키려고 할 때 '합죽이가 됩시다'라고 하시잖아요? Quiet Coyote.는 비슷한 상황에서 쓸 수 있는 영어 표현입니다. Quiet coyote.라고 하면서 한 손으로 코요테의 머리를 만들어 아이들에게 보여 주어야 합니다. 꼬마 아이들을 위한 표현이라서 어른들에게 쓰면 유치한 장난처럼 들리니까 주의하시기 바랍니다.

I said, "Quiet coyote," which means you should be quiet.
"합죽이가 됩시다"라고 했으니까 조용히 해야죠.

"Quiet coyote" is keeping your mouth closed and your ears listening.
"합죽이가 됩시다"는 입을 다물고 귀로 들으라는 말이에요.

w017. mp3

17	**You can call me Jerry.** '제리'라고 부르세요.

카운슬러 제리는 장황하게 자신의 존재를 조에게 설명합니다. 그가 전혀 못 알아듣겠다는 반응을 보이자 간단하게 자신의 이름을 말해 줍니다.

You can call me ~는 상대방에게 자신의 이름이나 호칭을 말할 때 '~라고 부르세요'라는 뜻으로 쓰는 표현입니다. 우리가 잘 알고 있는 My name is ~는 매우 격식을 갖춘 표현인 반면에 You can call me ~는 성을 빼고 이름만 말하거나 영어 이름, 닉네임 등을 친숙하게 말할 때 쓰는 표현입니다. Please call me ~ 혹은 Just call me ~라고 해도 같은 의미를 전달할 수 있습니다.

You can call me Kevin. That's my English name.
'케빈'이라고 부르세요. 제 영어 이름이에요.

You can call me Blue Rainbow. That's the name of my avatar.
'블루 레인보우'라고 부르세요. 제 아바타 이름이에요.

w018. mp3

18	**You're more than welcome to opt out.** 원하시면 언제든지 빠져도 됩니다.

엉겁결에 조는 새 영혼의 멘토가 되었습니다. 조가 머뭇거리며 달가워하지 않자 카운슬러 제리는 머나먼 저 세상으로 가도 된다고 말해 줍니다.

You're more than welcome to ~는 '언제든지 ~해도 됩니다' 혹은 '~하는 것 대환영입니다'라는 뜻으로 자주 쓰는 회화 표현입니다. You're welcome(환영입니다)에 '그 이상의'라는 뜻의 more than이 붙었으니 '대환영'의 의미가 되는 거죠. 그리고 opt out은 '빠져나오다', '손을 떼다'라는 뜻으로 쓰는 표현입니다.

You're more than welcome to visit us anytime.
저희 집에 언제든 오세요.

You're more than welcome to give me a call if you need any assistance.
도움이 필요하시면 언제든 전화하세요.

w019. mp3

19	**Actually, on second thought, you know, the mentoring sounds like fun.** 사실 다시 생각해 보니까, 멘토링도 재미있을 것 같네요.

카운슬러 제리는 조에게 멘토링을 원하지 않으면 머나먼 저세상으로 가도 된다고 말합니다. 이 말을 듣고 조는 얼른 말을 바꿔서 멘토가 되는 것을 수락합니다.

on second thought를 직역하면 '두 번째 생각으로'입니다. 이 말은 다시 생각해 보니까 처음 생각과는 다르다는 의미로 쓰는 표현인데, '다시 생각해 보니', '다시 보니까'라는 해석이 적절합니다. Come to think of it(생각해 보니까), Thinking it over again(다시 생각해 보니까) 역시 비슷한 뉘앙스로 쓰는 표현입니다.

On second thought, I'd better not buy this sweater.
다시 생각해 보니까 이 스웨터를 사지 않는 게 좋겠어.

On second thought, what he said about my work was totally right.
다시 생각해 보니까 내 작품에 대해서 그 사람이 말한 게 정말 맞더라고.

w020. mp3

20	**Jerry will take it from here.** 여기서부터는 제리가 진행할 겁니다.

카운슬러 제리가 다른 카운슬러에게 새 영혼들을 인도해 줍니다. 그런데 이곳에 있는 카운슬러들은 모두 제리라는 이름으로 불리는군요.

take it from here는 '여기서부터 그것을 가지고 가다'라는 직역에서도 짐작할 수 있듯이, 지금까지 진행된 일을 이 시점부터 누군가가 맡게 될 것이라는 의미입니다. 이때 it은 지금까지 진행된 일을 뜻합니다. '앞으로 ~가 일을 진행하다', '이제 ~가 담당하다'라는 해석이 좋습니다.

Sorry that I have to go now. The vice chief will take it from here.
지금 나가 봐야 해서 죄송합니다. 부회장이 계속 진행하겠습니다.

Who do you think can take it from here? You're the best qualified.
그럼 이제 누가 담당하는 게 좋을 것 같아? 네가 가장 적임자라고.

w021. mp3

21	**I seriously doubt that.** 그럴 리가 없죠.

테리는 영혼들의 숫자를 기록하는 회계사입니다. 테리가 계산이 맞지 않는다고 하자 제리는 그럴 리가 없다고 말합니다.

I doubt that. 혹은 I doubt it.은 어떤 일에 대해서 회의적인 태도를 보이거나 상대방과는 다른 의견을 가지고 있다고 할 때 쓰는 표현입니다. '그건 아닌 것 같아', '그렇게 생각하지 않아'처럼 회의적인 해석이 적절합니다. 이 대사처럼 seriously를 붙이면 '정말 아닌 것 같다'가 되어, 회의적인 느낌을 강조할 수 있습니다.

A: Do you think his movie can break-even?
그의 영화가 손익분기점을 넘길까요?

B: I seriously doubt that.
그건 정말 힘들 것 같습니다.

w022. mp3

22	**It's my job to keep track of this stuff, Jerry.** 이런 걸 꾸준히 기록하는 게 내 일이라고, 제리.

테리는 영혼의 숫자에 관해서라면 절대 실수를 하지 않는다고 자부합니다. 카운슬러 제리가 숫자가 안 맞을 리가 없다고 하자 테리는 이렇게 말하면서 반박합니다.

keep track of는 '~을 지속적으로 파악하다', '~을 기록하다'라는 뜻으로, 무언가를 끊임없이 기록하고 정보를 파악한다는 의미를 가진 표현입니다. 또한 문맥에 따라서는 '~의 자국을 따라가다'라는 뜻으로 쓸 수도 있습니다. It's my job to ~는 '~하는 게 내 일이야'라는 뜻으로, 자신의 임무를 설명할 때 쓰는 표현입니다.

If you want to save money, you should keep track of your daily expenses.
돈을 모으고 싶다면 매일 지출을 파악하도록 하세요.

It's literally impossible to keep track of everywhere he's been for 20 years.
그 사람이 20년 동안 있었던 곳을 모두 파악하는 것은 현실적으로 불가능합니다.

w023. mp3

23	**Don't play dumb with me.** 모르는 척하지 마.

기록의 전당에서 일하는 제리가 테리에게 반갑게 인사하자 테리는 이렇게 말하며 거대한 파일이 있는 방으로 들어갑니다. 영혼의 숫자가 맞지 않아서 심기가 불편한 듯하네요.

play dumb을 직역하면 '바보 연기를 하다'가 되는군요. 이 표현은 배우처럼 연기를 한다는 것이 아니라 '모르는 척하다' 혹은 '못 알아듣는 척하다'라는 뜻으로, 뒤에 'with + 사람' 표현을 붙이면 '~에게 모르는 척을 하다'라는 뜻이 됩니다. 만일 상대방이 잘 모르는 척 시치미를 떼는 게 거슬린다면 Don't play dumb with me.라고 따끔하게 말해 보세요.

You don't need to play dumb with me. I know you have been here many times. 모르는 척할 필요 없어. 네가 여기에 많이 왔다는 거 다 아니까.

Don't play dumb with me. You're not a good liar.
모르는 척하지 마. 넌 거짓말을 잘 못하잖아.

w024. mp3

24	**This one might be a handful!** 이 아이는 골치 꽤나 썩이겠네요!

멘토들을 위한 오리엔테이션 영상에서 새 영혼이 자신의 까다로운 성격을 말해 주자 제리가 이렇게 말하며 농담을 합니다.

a handful은 다루기 까다로운 대상을 지칭하는 말입니다. '다루기 힘든 것', '까다로운 것'처럼 해석할 수 있습니다. 그리고 might는 may의 과거형으로 알려져 있지만, 회화에서는 '~일지 모른다', '~일 수도 있다'라는 뜻으로 자주 쓰입니다.

Teaching little kids might be a handful, but it's very enjoyable.
어린 아이들을 가르치는 건 까다로운 일이지만 매우 즐겁기도 하지요.

Sorting out the recyclables might be a handful, but we should do it.
재활용 쓰레기 분리하기는 까다로운 일이지만 꼭 해야 하는 거야.

w025. mp3

25 | **Oh, we're gonna get into this now.**

오, 지금 바로 알아보겠습니다.

소개를 했는데도 22는 무대에 나타나지 않습니다. 오리엔테이션 사회를 맡은 제리는 이렇게 양해를 구하고 22를 직접 데려오려고 합니다.

get into는 문맥에 따라 다양한 의미로 쓸 수 있는 표현입니다. 우선 이 대사에서는 '~에 관여하다', '~을 알아보다'라는 뜻입니다. 또한 단어 고유의 뜻을 살려 '~에 들어가다'라고 쓸 수도 있고, '~을 입다/신다'의 뜻으로 쓸 수도 있습니다. 회화에서는 '~에 흥미를 갖게 되다'라는 의미로 쓰이기도 합니다.

You got into a fight with your sister just because she read your diary?
언니가 네 일기장을 읽었다고 싸우게 된 거라고?

I got into a political debate with her. All I wanted was to have a conversation. 그녀와 정치적인 논쟁을 하게 됐어. 난 단지 대화를 하고 싶었을 뿐이라고.

w026. mp3

26 | **Make me!**

싫어요!

제리는 22를 무대로 끌고 나오려고 합니다. 지구에 가서 인생을 살라는 말을 듣고 22는 더 큰 반감을 느낍니다.

make는 '만들다'라는 뜻도 있지만 '~하도록 시키다', '~하게 하다'라는 뜻으로도 자주 쓰는 단어입니다. 이 대사의 make 역시 이런 의미로 활용되었는데 Make me!는 상대방의 요청이나 명령을 무시하고 따르지 않겠다며 으름장을 놓을 때 쓰는 회화 표현입니다. '싫어!' 혹은 '안 해!'라고 해석할 수 있습니다.

A: I want you to stop pestering the poor hamster.
불쌍한 햄스터 좀 괴롭히지 마.

B: Make me! I'm not listening to you.
싫어! 네 말은 안 들을 거야.

w027. mp3

27	**Off you go!** 가 보도록 하세요!

조와 22를 억지로 맺어 준 뒤, 카운슬러 제리는 얼른 포털을 열고 두 영혼을 떠밀면서 이렇게 말합니다.

Off you go.는 '가도록 해' 혹은 '가 봐도 돼'라는 뜻으로, 상대방이 자리를 떠나도록 유도할 때 쓰는 표현입니다. 강한 명령이 아니라 친절하고 다정한 말투로 하는 말입니다. 또한 문맥에 따라서는 '시작해도 좋아요'라는 뜻으로 어떤 행동의 시작을 알릴 때 쓰기도 하죠.

Your mom is waiting outside. Off you go! See you tomorrow!
엄마가 밖에서 기다리셔. 이제 가 봐도 돼! 내일 보자!

Here's your lunchbox. Time to go to school! Off you go!
도시락 여기 있어. 학교 갈 시간이야! 어서 가렴!

w028. mp3

28	**Talk all you want, Bjorn.** 하고 싶은 말 있으면 다 하세요, 비욘 씨.

22는 멘토의 도움을 받는 것이 그리 기쁘지 않습니다. 지구로 가서 인생을 살고 싶지 않기 때문이죠. 그래서 조와 처음 만나 이렇게 퉁명스럽게 말을 합니다.

Talk all you want.는 '원하는 것 모두 말해 봐'라는 직역에서도 짐작할 수 있듯이, 상대방에게 하고 싶은 이야기가 있으면 다 해 보라고 권유하는 말입니다. 그런데 문맥에 따라서는 비꼬는 말투로 '지껄이고 싶은 말 있으면 다 해 봐'라는 뜻으로 쓸 수도 있습니다. 이럴 때는 상대가 무슨 말을 하든 신경 쓰지 않겠다는 뉘앙스를 담고 있습니다. 문맥에 맞게 적절한 어투로 말하는 것이 중요합니다.

Talk all you want. I'm all ears.
하고 싶은 말 하세요. 제가 들어 드릴게요.

Talk all you want, but no one here will believe your story.
마음껏 지껄여 봐. 하지만 아무도 네 이야기를 믿지 않을 거야.

w029. mp3

29	**Thanks but no thanks, Doc.** 고맙지만 사양할게요, 박사님.

22는 조를 보겐슨 박사라고 생각합니다. 테레사 수녀, 코페르니쿠스 등 수많은 멘토를 경험한 22는 조가 이들과 다를 것 없이 시간 낭비일 뿐이라고 생각합니다.

감사한데 또 감사하지 않다고요? Thank you but no thank you. 혹은 Thanks but no thanks.는 그런 뜻이 아니라 상대방의 제안이나 호의를 정중하게 거절할 때 쓰는 표현입니다. '감사하지만 사양할게요' 혹은 '고맙지만 괜찮아요'처럼 해석할 수 있습니다.

A: Do you need a ride?
태워 드릴까요?

B: Thanks, but no thanks. My wife will pick me up soon.
괜찮아요. 아내가 곧 태우러 올 겁니다.

w030. mp3

30	**I already know everything about Earth, and it's not worth the trouble.** 난 이미 지구에 대해 다 알고 있는데, 수고스럽게 그럴 필요가 없다고요.

22는 많은 멘토들을 거치면서 지구에서 사는 것에 대해 부정적인 생각을 하게 됩니다. 그래서 조와의 만남에도 큰 기대를 하지 않습니다.

It's worth ~는 '~할 가치가 있다'라는 뜻으로 뭔가 중요한 것을 말할 때 쓰는 표현입니다. It's not worth ~는 그와 반대로 '~할 가치가 없다'라는 뜻이죠. 회화에서는 이 대사처럼 It's not worth the trouble.이라는 표현으로 자주 쓰는데, '수고스럽게 그러지 않아도 돼' 혹은 '신경 쓸 필요도 없어'라는 뜻으로 하는 말입니다.

Don't worry about what happened at the game. It's not worth the trouble. 경기에서 있었던 일은 걱정하지 마. 신경 쓸 가치도 없는 거니까.

It's not worth the trouble. Just forget about it and move on.
신경 쓸 필요 없어. 잊어버리고 앞으로 할 일을 생각하는 거야.

31	**At least give it a chance, Joey!** 일단 한번 들어 보라고, 조이!

조와 22는 조의 전당으로 이동합니다. 이곳에서 조가 아버지의 손에 이끌려 처음으로 재즈 클럽을 가게 된 기억을 바라봅니다.

give it a chance를 직역하면 '그것에게 기회를 주다'입니다. 이 표현은 '한번 해 보다', '시도해 보다'라는 뜻으로, 시험 삼아 어떤 일을 시도해 본다는 의미를 가지고 있습니다. give it a try 역시 비슷한 의미로 자주 쓰는 표현입니다. at least는 '적어도', '최소한'이란 뜻으로, give it a chance 앞에 자주 붙는 표현입니다.

You must be disappointed but at least give it a chance.
실망이 크겠지만 한번 해 보는 거야.

I want to give it a chance even though the odds are against me.
가능성이 크진 않지만 한번 해 보고 싶어요.

w032. mp3

32	**Don't get ahead of yourself.** 김칫국부터 마시지 마요.

포털 속에 있는 지구를 바라보며 조는 꼭 돌아갈 것을 다짐합니다. 하지만 22는 이렇게 말하면서 조의 다짐을 무참하게 깨 버립니다.

너무 성급하게 무언가를 판단하고 행동하는 사람에게 '김칫국부터 마시지 마' 하고 충고하잖아요? Don't get ahead of yourself.는 이 말에 가장 적절한 영어 표현입니다. '너무 앞서가지 마', '섣불리 판단하지 마'라고 해석할 수 있는데, 회화에서는 Hold your horses.라는 표현도 비슷한 의미로 자주 활용합니다.

Don't get ahead of yourself! Wait until they call you.
너무 조급하게 그러지 마. 그들이 전화할 때까지 기다려.

Don't get ahead of yourself. Rome wasn't built in a day.
너무 성급하게 그러지 마. 로마도 하루 아침에 세워진 게 아니잖아.

w033. mp3

33	**That's what life on Earth is for.** 지구에서의 인생이 그럴지는 몰라도.

조가 새 영혼들이 다쳤을까 봐 걱정하자, 22는 농담처럼 인생을 사는 것이 영혼을 다치게 한다고 말합니다.

'That's what + 주어 + be동사 + for'는 '그래서 ~이 있는 거야'라는 뜻으로, 존재의 이유나 목적을 설명할 때 쓰는 표현입니다. for는 '~ 때문에' 혹은 '~을 위해서'라는 뜻으로 목적을 나타내는 전치사이기 때문에 이 표현에서 반드시 빼먹지 말고 붙여야 합니다.

Call me anytime you need. That's what I'm here for.
필요하면 언제든 전화해. 그러라고 내가 있는 거니까.

I'll give you my doctor's number. That's what doctors are for.
내 의사 선생님 번호를 줄게. 의사는 그러라고 있는 거잖아.

w034. mp3

34	**I don't get it.** 감이 안 오는데요.

조는 22가 불꽃을 찾도록 도와주기로 합니다. 모든 것의 전당에서 이들이 처음 하려는 것은 제빵입니다. 하지만 22는 제빵이 그닥 마음에 들지 않습니다.

이 대사에 쓰인 get it은 '이해하다', '상황 판단을 하다'라는 뜻입니다. 상대방의 설명이나 어떤 상황이 이해된다고 말할 때는 I get it.(알겠어)이라고 합니다. 반대로 I don't get it. 하면 '이해가 안 돼'라는 뜻이 되는 거죠. 회화에서는 Do you get it? 혹은 Got it?이라고도 자주 물어보는데, '이해하겠니?'라는 뜻으로 상대방에게 내 말의 의도나 지금의 상황을 이해하는지 확인하는 말입니다.

I don't get it. Why do you give me $100?
이해가 안 돼요. 왜 저한테 100달러를 주시는 거죠?

What you said is totally confusing. I really don't get it.
네가 말한 건 너무 복잡해. 정말 이해가 안 된다고.

w035. mp3

35	**If there's one thing I'm not, it's a liar.** 다른 건 몰라도 전 거짓말은 안 해요.

22의 불꽃을 찾기 위해 모든 활동을 해 보았지만 결국 그녀의 불꽃은 찾지 못했습니다. 짜증을 내는 조에게 22는 정말로 모든 활동이 재미없다고 항변합니다.

'If there's one thing + 주어 + 동사, It's ~'는 '~한 것 한 가지를 말하자면 그건 ~이야'라는 뜻으로, 어떤 대상을 강조해서 말할 때 쓰는 표현입니다. 이 대사는 I'm not a liar.라고 간단하게 말할 수도 있지만 이 표현을 활용하면 정말로 거짓말쟁이가 아니라는 것을 강하게 어필할 수 있습니다.

If there's one thing I like about New York City, it's diversity.
내가 뉴욕에 대해서 좋아하는 것 하나를 말하자면, 그건 다양성입니다.

If there's one thing I learned in this course, it's this: Never stop questioning!
내가 이 과목에서 배운 것 한 가지를 말하자면, 바로 '항상 의문을 가져라!'라는 것입니다.

w036. mp3

36	**What can I say, Joe?** 제가 어쩌겠어요, 아저씨?

모든 것의 전당에서도 22의 불꽃을 찾을 수는 없었습니다. 22는 관심을 끄는 것이 하나도 없다며 어쩔 수 없다는 태도로 이렇게 말합니다.

What can I say?는 '어쩌겠어?'라는 뜻으로, 무기력한 심경을 표현할 때 쓰는 말입니다. 또한 이 표현은 어쩔 수 없는 상황을 받아들이겠다는 뉘앙스를 품고 있기도 합니다. 회화에서는 It is what it is.(어쩔 수 없지) 역시 있는 그대로 상황을 받아들이겠다는 의미로 자주 활용합니다.

Well, what can I say? It's totally out of our hands.
글쎄, 어쩌겠어? 우리가 할 수 있는 건 없는데.

What can I say? Once she's made her decision, she won't listen to others.
어쩌겠어요? 그녀는 결정을 하면 다른 사람 말은 안 듣는다고요.

w037. mp3

37	**You know, time's really not a thing here.** 저기요, 여기서는 시간이란 게 존재하지 않아요.

지구로 가서 공연을 해야 하는 조에게는 1분 1초가 아까울 뿐입니다. 하지만 22는 이렇게 말하며 조를 더 화나게 합니다.

이 대사에 쓰인 thing은 '물건'이라는 뜻이 아니라 '실제로 존재하는 것', '실체가 있는 것' 혹은 '중요한 의미를 가진 것'이란 의미입니다. 회화에서는 '~ is/are not a thing'이라는 부정문으로 자주 쓰는데, '~은 무의미해' 혹은 '~은 존재하지 않아'라는 해석이 어울립니다. 그리고 you know는 '네가 알지만'이라고 해석하지 마세요. '저기 말이야' 혹은 '있잖아'처럼 말을 할 때 양념처럼 붙이는 표현입니다.

Hope is not a thing. You can't see or feel it, but it's inside you.
희망은 실제로 눈에 보이는 건 아니야. 눈에 보이지도, 느낄 수도 없지만 네 마음속에 있는 거야.

I don't believe in spirits. They're not a thing!
영혼의 존재를 믿지 않아요. 그런 건 실제로 없는 거니까!

w038. mp3

38	**But no need to feel bad.** 기분 나빠하실 필요 없어요.

카운슬러 제리는 22가 불꽃을 발견하지 못하자 조에게 이런 위로의 말을 건넵니다. 그리고 그를 머나먼 저세상으로 보내 주려고 합니다.

No need to ~는 '~할 필요 없어'라는 뜻입니다. 원래 There is no need to ~가 정석이지만, 회화에서는 There is를 생략하고 쓰는 경향이 있습니다. to 뒤에는 동사원형을 붙여야 합니다. 우리가 잘 알고 있는 You don't need to ~ 역시 같은 의미로 쓸 수 있습니다.

No need to apologize. It's not your fault at all.
사과할 필요 없어. 네 잘못이 전혀 아니니까.

No need to come to work today. We will close shortly because of snow.
오늘 출근할 필요 없어. 눈이 와서 곧 영업 종료할 거야.

w039. mp3

39	**Yeah, I think that's gonna be my thing.** 그래요, 저한테 딱일 것 같아요.

22는 조가 머나먼 저세상으로 가길 원하지 않습니다. 관심에도 없던 브레이크 댄스를 해 보겠다며 제리에게 시간을 달라고 애원합니다.

my thing은 '나의 물건'이라고 해석할 수도 있지만 이 대사에서는 '내가 좋아하는 것'이란 뜻으로 쓰였습니다. 또한 my thing은 문맥에 따라서 '내가 잘하는 것', '내 전문 분야'라는 뜻으로 쓸 수도 있습니다. 회화에서는 my thing 대신에 my kind of thing이라고 쓰기도 하는데, 100% 확실하게 좋아하거나 잘한다는 의미가 아니라 그런 성향이 강하다는 의미입니다.

Camping is not my thing. Maybe I can try glamping someday.
난 캠핑은 별로예요. 나중에 글램핑을 해 볼 수는 있겠지만 말이죠.

Going to museums is not my kind of thing. I prefer to do outdoor activities. 박물관에 가는 걸 그리 좋아하지 않아. 난 야외 활동이 더 좋아.

w040. mp3

40	**I have been here for who knows how long, and I've never seen anything that's made me want to live.** 난 여기에 정말 오래 있었어요. 하지만 살고 싶다는 마음이 들게 한 건 아무것도 없었어요.

22는 조가 지구로 돌아가도록 도와주겠다고 합니다. 그의 인생이 딱하기 그지없는데도 다시 돌아가려는 것을 보고 왜 그러는지 궁금하기 때문입니다.

for who knows how long은 정확하게 계산할 수는 없지만 느낌상 시간이 정말 많이 흘렀다는 의미로 쓰는 표현입니다. '얼마나 오래됐는지 모를 정도로 오랫동안'이 정확한 해석이지만 '정말 오래' 혹은 '진짜 오랜 시간 동안'이라고 해석하는 것이 좋습니다.

Jim has been with us for… who knows how long. Maybe 30 years or more. 짐이 우리와 함께 일한 지도… 정말 오래되었군요. 30년 이상 된 것 같아요.

I've been waiting in line for who knows how long.
정말 오래 줄을 서서 기다리고 있다고요.

w041. mp3

41	**You know how when you humans are really into something and it feels like you're in another place?** 아저씨 같은 인간들이 뭔가를 정말 좋아하면 또 다른 세상에 있는 느낌이 든다면서요?

22는 조에게 무언가 좋아하는 일을 할 때 영혼들이 빠져드는 공간이 유체이탈의 세계라고 설명합니다.

be into ~는 '~을 좋아하다'라는 뜻으로, 선호도를 표현할 때 자주 쓰는 회화 표현입니다. 또한 It feels like ~는 '~한 느낌이 들다' 혹은 '~한 것 같다'라는 뜻으로, 자신의 감정이나 느낌을 설명할 때 쓰는 표현입니다. 이 대사처럼 뒤에 '주어 + 동사'의 문장을 쓸 수도 있고, '동사 + -ing' 형태를 쓸 수도 있습니다.

How many times do I have to tell you that I'm not into your brother?
너희 오빠를 좋아하지 않는다고 몇 번이나 말해야 하는 거야?

I'm into doing housework. My favorite is doing dishes.
난 집안일하는 걸 좋아해. 제일 좋아하는 건 설거지야.

w042. mp3

42	**Feels like you're in the zone, right?** 무아지경에 빠진 느낌이 든다고, 맞죠?

22는 무아지경에 빠진 것이 '유체이탈의 세계'에 들어온 것이라고 설명합니다. 이 말을 듣고 조는 공연 오디션을 볼 때 이곳을 거쳐 갔다는 것을 깨닫게 됩니다.

zone은 '구역'이라는 뜻으로 다들 알고 계시죠? 이 대사에서는 '완전히 몰입된 상태' 혹은 '완전히 빠져들어 최대한의 능력을 끌어 올리는 상태'라는 뜻으로 쓰였습니다. be lost in ~ 역시 be in the zone처럼 '~에 완전히 빠져들다'라는 뜻으로 회화에서 자주 쓰는 표현입니다.

While I was dancing in the crowd, I felt like I was in the zone.
사람들 사이에서 춤을 추면서 난 무아지경에 빠진 것 같았어요.

She must be in the zone. She's been working on her painting for hours.
그녀는 완전히 몰입한 상태라고. 몇 시간 째 그림을 그리고 있다니까.

w043. mp3

43	On the brink of madness, thanks for asking! 안부 물어봐 줘서 고맙긴 하지만, 미치기 일보 직전이야!

문윈드는 '유체이탈의 세계'를 항해하는 선장입니다. 22가 인사하며 안부를 묻자 그가 이렇게 대답합니다.

on the brink of ~는 '~하기 바로 전에', '~하기 일보 직전에'라는 뜻으로, 어떤 일이 벌어질 것을 암시하는 말입니다. on the verge of ~ 역시 같은 의미로 쓸 수 있는 표현입니다. 또한 Thanks for asking.은 상대방이 관심을 가지고 질문해 준 것에 대해 고맙다는 의미로 쓰는 말입니다. 하지만 이 대사에서는 툭 던지듯 한 말입니다.

On the brink of the flood, the mayor ordered a mandatory evacuation.
홍수가 나기 바로 직전에 시장님은 긴급 대피 명령을 내렸습니다.

On the brink of success, the research team found a critical error in the test. 성공을 눈앞에 두고 연구팀은 실험에 치명적인 실수가 있었다는 것을 발견했습니다.

w044. mp3

44	I'm Moonwind Stardancer at your service. 내 이름은 문윈드 스타댄서, 말만 하면 언제든 도와드리지.

조는 문윈드에게 자신을 지구에 있는 몸으로 보내 달라고 간절히 요청합니다. 문윈드는 흔쾌히 그의 요청을 수락하고 자신과 승무원들을 조에게 소개합니다.

'봉사', '헌신'이란 뜻의 service가 들어간 be at your service는 상대방을 위해 수고를 아끼지 않고 무슨 일이든 해 주겠다는 의미입니다. 자신을 낮추는 말투로 서비스 업종에서 쓰거나 고전 영어에서 쓰는 표현입니다. 직장 동료나 친구끼리 이런 말투를 쓰면 주종 관계처럼 들릴 수 있으니 쓰지 않는 것이 좋습니다.

I'm at your service, ma'am. I'll do anything to make you feel at ease.
말씀만 하세요. 편안하게 해 드릴 수 있는 것은 무엇이든 해 드리겠습니다.

I'm at your service, 24/7. Call me anytime and I'll be there for you.
언제든지 말씀만 하세요. 전화 주시면 당장 달려가겠습니다.

w045. mp3

45 **Some people just can't let go of their own anxieties and obsessions, leaving them lost and disconnected from life.**

어떤 사람들은 불안과 집착을 떨쳐 버리지 못해서 인생에서 길을 잃고 단절되어 버리지.

유체이탈의 세계를 떠도는 길 잃은 영혼들에 대해 문윈드는 이렇게 설명하며 불쌍해합니다.

let go of ~는 '~을 놓다'라는 뜻입니다. 손에 쥐고 있는 물건을 놓는 것 뿐만 아니라 이 대사처럼 감정이나 생각을 떨쳐 버린다는 의미로 쓸 수도 있습니다. 또한 let go of ~ 뒤에 사람을 붙이면 '~를 풀어 주다', '~를 놔주다'라는 뜻이 됩니다.

In order to grasp something new, you should let go of what you have in your hand. 새로운 것을 붙잡으려면 손에 쥐고 있는 걸 놓아야 해.

She didn't want to let go of her memories of her husband.
그녀는 남편에 대한 기억을 놓고 싶지 않았어요.

w046. mp3

46 **Yes... something like that.**

그래··· 그렇다고 할 수 있지.

조는 문윈드에게 그의 몸은 지구에서 무엇을 하는지 물어봅니다. 문윈드는 이렇게 말을 얼버무리는데, 알고 보니 뉴욕 길거리에서 광고판을 돌리는 일을 하고 있습니다.

something like that은 100% 정확하게 무언가를 말하는 게 아니고 그와 비슷하거나 그런 느낌의 것이라고 말할 때 쓰는 표현입니다. 이 대사처럼 단독으로 쓸 경우에는 '그렇다고 할 수 있지'라고 해석하는 게 좋습니다. 또한 or something like that처럼 문장의 끝에 붙이는 경우도 많이 있는데, 이럴 때는 '~와 같은 것' 혹은 '그런 거'와 같은 해석이 어울립니다.

A: Are you saying that you're an artist?
미술을 하신다고요?

B: Yeah, something like that. Actually, I'm a tattooist.
네, 그런 셈이죠. 사실 타투를 하는 사람입니다.

w047. mp3

47	**Now, since you don't have a connection to your body, you will have to tune back into your physical surroundings.** 자, 자네는 몸과 연결되어 있지 않으니까 자네의 몸이 있는 환경에 신호를 맞춰야 할 거야.

문윈드는 조에게 지구에 있는 몸을 찾는 방법을 설명한 후 눈을 감고 집중하라고 합니다.

'~한 이래로', '~한 후에'라는 뜻으로 잘 알려진 since는 '~하기 때문에', '~하니까'라는 뜻으로 구체적인 이유를 설명할 때 쓰기도 합니다. 회화에서는 Now that ~ 역시 비슷한 의미로 자주 쓰는 표현입니다. since나 Now that 뒤에는 '주어 + 동사' 형태의 문장을 써야 합니다.

Since you don't have a ticket, you can't go through the gate.
표가 없으니까 게이트를 지나갈 수 없어요.

Since we have no room, we can't keep your stuff here.
자리가 없어서 당신 물건을 여기에 맡아 줄 수 없네요.

w048. mp3

48	**That's it!** 바로 그거야!

조가 눈을 감고 집중하자 뉴욕의 전경이 보이기 시작합니다. 문윈드는 흥분해서 조에게 계속 집중하라고 합니다.

That's it!은 다양한 의미로 쓸 수 있는 회화 표현입니다. 이 대사에서는 '바로 그거야!'라는 뜻으로, 상대방의 행동을 크게 칭찬하는 의미로 쓴 표현입니다. 또한 '그게 다야!'라는 뜻으로 더 이상 할 것이 없다고 할 때나 어떤 일을 마무리하면서 쓸 수도 있으며, '더 이상 못 참아!'라는 부정적인 의미로도 쓸 수 있습니다. 의미에 따라 톤이 달라지니 조심해서 발음해야 합니다.

That's it! You're nailing it!
바로 그거야! 정말 잘하고 있어!

That's it! You know what you're doing!
바로 그거야! 뭘 하는지 제대로 파악하고 있네!

w049. mp3

49	**Maintain your meditative state or you'll break the connection.** 명상의 상태를 유지하지 않으면 연결이 끊어진다고.

조가 포털 속을 훔쳐보자 뉴욕의 모습이 사라지려고 합니다. 문윈드는 연결이 끊어지지 않도록 계속 집중하라고 명령합니다.

명령문 뒤에 'or + 주어 + will + 동사'의 패턴을 붙일 때 or의 뜻은 '혹은'이 아니라 '그렇지 않으면'이 됩니다. 앞에 등장하는 명령대로 하지 않으면 어떤 부정적인 일이 있을 수 있다는 의미가 되는 거죠. 이와 반대로 명령문 뒤에 'and + 주어 + will + 동사'의 패턴을 붙일 때 and는 '그러면'이란 뜻이 됩니다.

Stay away from the lizard or it will bite you.
도마뱀에게서 떨어지지 않으면 너를 물어 버릴 거야.

Get off my property or I'll call the police!
우리 집에서 나가지 않으면 경찰을 부르겠어요!

w050. mp3

50	**Now, see if you can smell and feel where your body is!** 이제, 자네 몸이 있는 곳의 냄새와 촉감을 느낄 수 있는지 확인해 봐!

문윈드는 조에게 주변의 냄새와 촉감을 느껴 보라고 말합니다. 정말 조가 자신의 몸으로 다시 돌아갈 수 있을까요?

이 대사에 등장한 if는 '만일 ~라면'이 아니라 '~인지' 혹은 '~한지 아닌지'라는 뜻입니다. 그리고 이때 see는 '눈으로 보다'라는 의미가 아니라 '확인해 보다'라는 뜻으로 쓴 것입니다. 'see if + 주어 + 동사' 패턴은 '~인지 확인해 보다'라는 뜻으로 자주 쓰는 회화 표현입니다.

I'll go and see if anyone showed up.
누구라도 왔는지 가서 확인해 볼게.

I'd like to see if my mom is registered to vote in this state.
우리 어머니가 이 주에서 투표를 하도록 등록이 되어 있는지 확인하려고 합니다.

w051. mp3

51	No way! 싫어요!

조는 사람들이 돌아오기 전에 서둘러 병실을 빠져나가려고 합니다. 하지만 조의 몸으로 갑자기 들어오게 된 22는 침대에서 한 발짝도 움직이지 않겠다고 고집을 피웁니다.

No way!은 '절대 안 돼!', '싫어!'라는 뜻으로 상대방의 요청을 완강하게 거절하거나 상대방의 의견에 강하게 동의하지 않는다고 할 때 쓰는 표현입니다. Absolutely not! 역시 비슷한 의미로 자주 쓰는 회화 표현입니다. 또한 상대방의 말을 믿지 못하겠다는 의미로 No way!라고 할 수도 있는데, 이럴 때는 '말도 안 돼!' 혹은 '그럴 리가!'라는 해석이 어울립니다.

A: If we don't leave now, we're gonna miss the train.
지금 가지 않으면 기차를 놓친다고.

B: No way! I'm not leaving until we finish the dessert.
싫어! 디저트를 다 먹을 때까지는 안 갈 거야.

w052. mp3

52	I'm telling you, Joe, it's pronounced Yee-row! 정말이에요, 조 아저씨. '이-로'라고 발음한다니까요!

뉴욕 시내 한가운데서 잔뜩 긴장한 22의 마음을 움직인 건 바로 피자 한 조각이었습니다. 이제 22는 한결 가벼운 마음으로 자이로까지 먹고 있습니다. 그러면서 조와 이 음식의 발음에 대해 실랑이를 벌입니다.

I'm telling you는 '분명히 말해 두는데' 혹은 '확실히 말이야'라는 뜻으로, 자신의 생각을 강하게 어필할 때 쓰는 표현입니다. 자신의 말이 중요하니까 잘 듣는 게 좋다는 뉘앙스를 담고 있는데, 말을 할 때 양념처럼 붙이는 경향이 있습니다.

I'm telling you, he failed to stop at the stop sign.
분명히 말하는데, 그 사람은 정지 신호에서 정지하지 않았어요.

I'm telling you… she's totally out of your league.
분명히 말하는데… 그녀는 네가 넘볼 수 있는 사람이 아니야.

w053. mp3

53	**Not so fast!** 너무 서두르지 마!

조는 뉴욕에서 문윈드를 만나 빨리 자신의 몸으로 되돌려 달라고 재촉합니다. 하지만 문윈드는 약한 지점이 열릴 때까지 기다려야 한다고 말합니다.

Not so fast!는 문맥에 따라 크게 두 가지 의미로 쓰입니다. 이 대사에서는 '그렇게 빠르게는 안 돼' 혹은 '너무 급하게 그러지 마'라는 뜻으로, 상대방의 성급한 행동을 자제시키는 의도로 한 말입니다. 한편 단어 그대로의 뜻을 살려 '그렇게 빠르지는 않아'라는 뜻으로, 원하는 만큼 빠르지 않다는 의미로 쓸 수 있습니다.

A: Can you fix the hole in my pants now? I have a party to go to in an hour.
바지에 난 구멍을 지금 수선해 주실 수 있나요? 한 시간 뒤에 파티에 가야 하거든요.

B: Not so fast! I have other things to do.
그렇게 빠르게는 안 돼요! 다른 할 일이 있거든요.

w054. mp3

54	**6:30 is cutting it close.** 6시 반은 너무 촉박해.

조와 22는 6시 30분에 하프 노트에서 문윈드를 만나기로 했습니다. 조는 그 시간이 빠듯하다고 생각합니다.

cut it close는 시간이 촉박하거나 아슬아슬하게 어떤 일을 해낸다는 뉘앙스를 품고 있는 표현입니다. '~은 너무 촉박하다' 혹은 '~이 간당간당하다'라고 해석할 수 있습니다. 회화에서는 'cut it close + 동사-ing' 패턴으로 자주 쓰는데, '아슬아슬하게 ~하다' 혹은 '간신히 ~하다'라는 뜻입니다.

I cut it close on the deadline, but I sent the email on time.
마감 시간이 빠듯했지만 제때 이메일을 보냈어.

She cut it close walking home in heavy rain, but she arrived safely.
폭우 속에서 그녀는 간신히 집으로 걸어갔지만 무사히 도착했어요.

w055. mp3

55	**This would be hard even if I wasn't wearing a hospital gown.** 이건 환자복을 입고 있지 않아도 힘든 거지.

조와 22는 시간이 촉박해서 택시를 타려고 하지만, 환자복 차림의 22가 택시를 잡는 것은 쉽지 않습니다.

even if ~는 '설령 ~라고 해도' 혹은 '~한다 하더라도'라는 뜻으로, 어떤 일을 가정해서 말할 때 쓰는 표현입니다. 회화에서는 even though ~ 역시 같은 의미로 자주 쓰는데, if와 though 뒤에는 '주어 + 동사'의 문장 형태를 써야 합니다. '환자복'은 영어로 hospital gown이라고 합니다. 한국과는 달리 미국에서는 환자복이 원피스 형태로 되어 몸에 걸쳐 입는 것이기 때문에 gown[가운]이라고 부릅니다.

Even if your dad is not here, he's inside your heart.
아빠가 지금 이 자리에 없어도 네 마음속에는 계신단다.

Even if we don't go to the same school, you are still my best friend.
우리가 같은 학교를 가지 않더라도 넌 여전히 나의 베스트 프렌드야.

w056. mp3

56	**Dorothea freaked out when she saw you.** 도로테아가 선생님을 보고 완전 기겁하더라고요.

컬리는 음성 메시지를 통해 조에게 안타까운 소식을 전합니다. 공연을 함께 하기로 했던 도로테아가 환자복을 입은 조의 모습을 보고 그와의 공연을 취소하기로 한 것입니다.

freak out은 '깜짝 놀라다' 혹은 '기겁하다'라는 뜻입니다. 또한 '~를 놀라게 하다', '~를 겁주다'라는 뜻으로 쓸 수도 있습니다. 만일 대명사를 목적어로 써야 한다면 freak him out, freak me out처럼 freak과 out 사이에 위치시켜야 합니다.

He freaked out when he saw me wearing the ghost costume.
내가 귀신 복장을 한 것을 보고 그는 기겁했어요.

Don't yell at me like that! You freaked me out!
나한테 그렇게 소리 지르지 마! 깜짝 놀랐잖아!

w057. mp3

57 | **I owe you a lot.**

선생님께 제가 빚이 많네요.

컬리는 조의 음악 수업 때문에 학교를 그만두지 않을 수 있었다고 고백하며, 그에게 깊은 감사를 전합니다.

I owe you a lot.은 상대방에게 큰 신세를 지고 있다는 의미로 쓰는 말입니다. '빚을 지다'라는 뜻의 owe가 쓰였기 때문에 금전적인 신세를 지고 있다는 의미도 있지만, 여러 가지 도움을 받아서 '마음의 빚을 지고 있다'란 의미로도 쓸 수 있습니다. 상대방에게 무한 감사를 표현하는 말이니 문장 전체를 암기했다가 적절한 때 사용하시기 바랍니다.

You lifted me up when I was totally down. I owe you a lot, Frank.
당신은 내가 힘들 때 날 일으켜 세워 주셨어요. 프랭크, 당신에게 제가 빚이 많네요.

I'm so sorry that there's nothing I can do for you. I know I owe you a lot.
제가 해 드릴 수 있는 게 아무것도 없어서 죄송합니다. 제가 당신에게 많은 빚을 지고 있다는 거 알고 있어요.

w058. mp3

58 | **Clean yourself up, put on a killer suit, and get to the club early.**

깔끔하게 씻으시고 죽여주는 양복을 입고서 클럽에 일찍 오세요.

컬리는 조가 어떻게든 공연을 할 수 있도록 도와주고 싶습니다. 이렇게 말하면서 자신이 도로테아에게 잘 이야기해 보겠다고 음성 메시지를 남깁니다.

우리말에서 정말 멋진 것을 묘사할 때 '죽여준다'라고 하잖아요. 영어에서는 이에 가장 어울리는 표현이 바로 killer입니다. killer는 '정말 멋진', '아주 훌륭한'이란 뜻으로 회화에서 자주 쓰는 표현입니다. 농구에서 멋진 패스를 흔히 '킬 패스'라고 하는데, 정확한 영어 표현은 바로 killer pass입니다. 그리고 이 대사에 쓰인 clean up은 '몸을 씻다', '목욕하다'라는 뜻입니다.

Look at this killer view. Isn't it great?
이 죽여주는 경치 좀 봐. 너무 멋지지 않아?

Where did you get the killer hat? It looks amazing on you.
그 멋진 모자는 어디서 난 거야? 너한테 정말 잘 어울린다.

w059. mp3

59	**Just make sure you show up looking like a million bucks, alright?** 정말 근사하게 하고 오세요, 아셨죠?

컬리는 끝내주게 멋진 양복을 입고 하프 노트에 오라는 음성 메시지를 남깁니다. 이 메시지를 듣고 조는 실낱같은 희망이 생겼다며 매우 기뻐합니다.

Make sure ~는 상대방에게 어떤 일을 확실하게 주지시킬 때 쓰는 표현입니다. '~하도록 해', '~을 확실히 하라고'처럼 해석할 수 있습니다. Make sure 뒤에는 이 대사처럼 '주어 + 동사' 형태의 문장을 쓸 수도 있고 to 부정사를 붙일 수도 있습니다. show up은 '나타나다', '등장하다'라는 뜻입니다.

Make sure you dry off the cutting board after use.
도마는 사용하고 말리도록 하세요.

Make sure the kids don't come near the table.
아이들이 탁자 주변으로 오지 못하도록 해.

w060. mp3

60	**This kid is talking sense.** 얘가 말이 되는 소리를 하네.

조의 아파트에 중학교 밴드부의 일원인 코니가 찾아왔습니다. 코니가 밴드는 멍청한 시간 낭비라고 하자, 22는 코니가 바른 말을 한다고 생각합니다.

말을 조리 있고 똑똑하게 하는 사람을 보고 '센스 있게 말하는 사람'이라고 하잖아요? talk sense는 이와 비슷한 뉘앙스를 가진 표현입니다. '논리/상식에 맞게 말을 하다' 혹은 '올바른 말을 하다'라고 해석할 수 있습니다. 이와 반대로 talk nonsense는 '상식 밖의 말을 하다' 혹은 '말도 안 되는 소리를 하다'라는 뜻입니다.

Is there anyone here who talks sense?
여기 상식에 맞는 말을 하는 사람은 없어요?

Would you please talk sense to the ignorant man?
저 무식한 남자한테 제대로 말 좀 해 주시겠어요?

w061. mp3

61 | **What is your position on pizza?**
피자는 어떻게 생각하니?

코니는 학교의 모든 활동이 시간 낭비라고 합니다. 이 말을 듣고 22는 자신과 생각이 같은 사람을 만난 것 같아 매우 기뻐합니다. 그리고 코니에게 이런 질문을 하며 대화를 이어 나갑니다.

이 대사를 '피자에서 너의 위치는 어디니?'라고 오역한다면 What is your position on ~?의 뜻을 제대로 모르기 때문입니다. 이때의 position은 '입장', '견해'라는 뜻인데, What is your position on ~?은 '~에 대한 네 생각은 어떠니?' 혹은 '~을 어떻게 생각하니?'라는 뜻으로, 상대방의 의견을 물어볼 때 쓰는 표현입니다.

What is your position on the new immigration policy?
새 이민 정책에 대한 당신의 입장은 무엇입니까?

What is your position on the recycling system?
재활용 시스템에 대한 당신의 생각은 어떻습니까?

w062. mp3

62 | **I'd rather hang with Connie.**
난 코니하고 있는 게 더 좋아요.

22와 코니는 학교를 싫어하는 것부터 피자를 좋아하는 것까지 통하는 것이 많습니다. 22는 조를 아파트에 남겨 두고 코니를 만나러 문밖으로 나갑니다.

I'd rather ~는 '난 ~하는 게 좋아'라는 뜻으로, 자신이 선호하는 것을 말할 때 쓰는 표현입니다. 뒤에 than을 붙여서 '…보다는 ~하는 게 좋아'라고 표현할 수도 있습니다. '~하지 않는 게 좋겠어'라며 반대로 말할 때는 I'd rather not ~이라는 표현을 사용합니다. 두 표현 모두 뒤에는 동사원형을 붙여야 합니다.

I'd rather go out to play with my friends.
밖에 나가서 친구들하고 놀래요.

I'd rather sleep on a couch than the tiny bed.
저 조그만 침대보다 소파에서 자는 게 좋겠어.

w063. mp3

63	**Don't you walk away from me!** 그냥 가기만 해 봐!

22는 조를 아파트에 혼자 남겨 두고 코니를 만나려고 밖으로 나갑니다. 이에 분노한 조는 이 말과 함께 소파를 긁어 놓을 거라고 협박을 합니다. 그런데 그 소파는 조의 것이잖아요?

이 문장을 단어 그대로 해석하면 '나에게서 멀리 걸어가지 마!'가 되는군요. 이 표현은 상대방이 나의 허락도 없이 자리를 박차고 나갈 때 화를 내며 윽박지르는 말입니다. '어디 함부로 나가는 거야!' 혹은 '어디 그냥 나가고 그래!'와 같은 해석이 적절합니다. 이보다 더 강하게 윽박지르는 표현으로 How dare you walk away from me!가 있는데, '어디 감히 내 앞에서 나가는 거야!'라는 해석이 좋습니다.

A: There's nothing to discuss with you. I'm outta here.
너랑은 논의할 게 없어. 나 갈게

B: What? Don't you walk away from me!
뭐라고? 어디 그냥 가려고 그래!

w064. mp3

64	**So maybe I'd better stick with it?** 그러니까 계속하는 게 좋겠죠?

코니는 밴드를 그만두기 전에 마지막으로 트럼본 연주를 합니다. 연주를 듣고 22가 크게 감탄하자 코니는 밝은 표정으로 이렇게 말합니다. 내심 밴드를 계속하고 싶었던 것 같군요.

stick with는 문맥에 따라 다양한 의미로 쓸 수 있는 표현입니다. 이 대사에서는 '~을 계속하다', '~을 지속적으로 이어가다'라는 뜻으로 쓰였습니다. 만일 stick with 뒤에 '사람'과 관련된 단어가 붙으면 '~의 곁에 머무르다'라는 뜻이 됩니다. 그리고 I'd better ~는 '~하는 게 나아'라는 뜻으로, 앞에서 배운 I'd rather ~와 유사한 의미로 쓸 수 있는 표현입니다. I'd better ~ 뒤에도 동사원형을 써야 합니다.

We're not going to change course. We will stick with this one.
우리는 항로를 바꾸지 않을 겁니다. 계속 이 항로로 이동합니다.

I'm going to stick with my current mortgage plan, even though it's relatively high.
다소 높긴 하지만 현재 대출 조건을 계속 유지하려고 해요.

w065. mp3

65	**Easy on the hysterics.** 다들 침착하라고.

테리는 계산을 틀리게 만든 영혼이 조라고 카운슬러들에게 말해 줍니다. 이 말을 듣고 카운슬러들이 호들갑을 떨자 테리는 이렇게 말하며 이들을 진정시킵니다.

Go easy on ~ 혹은 Easy on ~은 '~을 줄이다'라는 뜻이고, hysterics는 '미친 듯이 화를 내거나 과민하게 하는 행동'이란 뜻입니다. Go easy on the hysterics.를 직역하면 '과민하게 화내는 행동을 줄여'인데, 이는 '침착해' 혹은 '너무 감정적으로 그러지 마'라는 뜻으로 화가 끓어오르는 상대방을 진정시키는 표현입니다.

Hey, easy on the hysterics. Why don't you walk it off?
이봐, 침착하라고. 나가서 바람을 쐬는 건 어때?

Go easy on the hysterics. No need to be upset with the lunatics.
너무 과민 반응하지 마. 저런 미친 놈들에게 화낼 필요 없어.

w066. mp3

66	**Terry's got this under control.** 테리가 다 해결할 테니까.

카운슬러들은 22의 멘토였던 조가 머나먼 저세상에서 도망친 영혼이라는 것을 알고 매우 당황합니다. 테리는 자신이 직접 지구로 내려가 조의 영혼을 잡아 오겠다고 말합니다.

under control을 직역하면 '통제 아래에 있는'이 되는데, 이 표현은 혼란스러운 일을 제어하고 정리한다는 뉘앙스를 담고 있습니다. 문장에서는 get ~ under control(~을 제어하다), be under control(~이 해결되다, 통제되다)과 같은 패턴으로 자주 씁니다. 반대로 통제가 안 되고 혼란스러운 상황을 묘사할 때는 out of control(통제 불능의)이란 표현을 씁니다.

Don't worry. I'll get everything under control.
걱정 마. 내가 다 해결할 테니까.

Firefighters will get the wildfire under control pretty soon.
소방관들이 곧 산불을 잡을 겁니다.

w067. mp3

67	**His chair's wide open.** 저 자리 비었어요.

한가운데 고속도로가 난 조의 머리를 보고 데즈는 서둘러 머리를 손질해 주려고 합니다. 그래서 자기 차례가 된 손님에게 다른 이발사에게 머리를 자르라고 합니다.

open이 '열린'이란 뜻이라는 것은 다들 아시죠? 이제는 '사람이 없는' 혹은 '텅 빈'이란 뜻이 있다는 것도 기억해 두셨으면 합니다. 그리고 이 대사처럼 앞에 wide를 붙이면 open의 의미를 강조할 수 있습니다. 그래서 wide open은 '완전 텅 빈' 혹은 '활짝 열린'이란 뜻으로 해석할 수 있습니다.

Ryan was wide open, but you didn't pass it to him.
라이언에게 아무도 없었는데 넌 패스를 하지 않았지.

Hey, those seats are wide open. Let's go get them.
저기 자리가 비었네. 가서 앉자.

w068. mp3

68	**Suit yourself.** 좋을 대로 하세요.

22가 고양이가 된 조를 데리고 머리를 잘라도 되는지 물어보자 데즈는 아주 쿨하게 좋다고 말합니다. 이발 의자에 앉은 손님은 왕이니까요.

상대방의 요청이나 행동이 마음에 들지는 않지만 마지못해 허락할 때 '너 좋을 대로 해'라고 하잖아요? 영어에서는 Suit yourself.가 이 상황에 가장 적절한 표현입니다. '네 마음대로 해' 혹은 '너 좋을 대로 하라고'라고 해석합니다.

A: I'm going to buy a new dress for Jenny's wedding.
제니 결혼식에 입고 갈 새 원피스를 사야겠어.

B: You have hundreds of dresses! Well, suit yourself. It's your money.
원피스는 수백 벌이나 있잖아! 뭐, 너 좋을 대로 해. 네 돈이니까.

w069. mp3

69	**Hey, get your head in the game!** 이봐, 딴생각하지 말고 집중하라고!

이발 의자에 앉은 22는 막대사탕을 먹으며 이 상황을 즐기고 있습니다. 이런 22의 태도가 못마땅한 조는 이렇게 말하며 그녀를 다그칩니다.

Get your head in the game!은 상대방이 어떤 일에 집중을 못하고 일을 제대로 하지 못할 때 따끔하게 할 수 있는 말입니다. '집중해!' 혹은 '정신 차려!'라고 해석할 수 있습니다. Snap out of it! 역시 딴생각을 하면서 집중을 잘 못하는 사람에게 '정신 차려!'라는 뜻으로 쓸 수 있는 표현입니다.

Get your head in the game! It's done when it's done!
집중해! 끝날 때까지 끝난 게 아니라고!

I know it's tedious work, but I want you to get your head in the game!
지루한 일이라는 건 알지만 집중했으면 좋겠어!

w070. mp3

70	**Well, what's it gonna be, kitty?** 자, 이제 어떻게 할 거야, 야옹아?

데즈는 22에게 고양이가 조신하게 있지 않으면 밖에 내놓아야 한다고 말합니다. 22는 조에게 고소하다는 말투로 이렇게 말합니다.

What is it going to be?는 '이제 어떻게 할래?'라는 뜻으로, 여러 선택 중에 상대방이 어떤 결정을 내릴지 물어보는 표현입니다. 이 대사에서는 '얌전하게 있을 거야 아니면 밖에 나갈 거야?' 하고 둘 중 하나를 선택하라는 의미로 물어보는 거죠. 또한 문맥에 따라서는 '어떨 것 같아?'라는 뜻으로, 어떤 일에 대한 상대방의 의견을 물어볼 때 쓸 수도 있습니다.

What is it going to be? Are you going to stay here or go home?
어떻게 할 거야? 여기 있을래 아니면 집에 갈래?

What is it going to be? Are you going to buy only one or all of them?
어떻게 할 거야? 하나만 살 거야 아니면 전부 다 살 거야?

w071. mp3

71	You can say that again! 이제 바른 말 하시네!

22는 수백 년 동안 스타일이 없었다고 말합니다. 옆에 있던 폴은 이렇게 말하며 사람들 앞에서 22에게 무안을 줍니다.

'그건 다시 말해도 돼!'라는 직역에서도 알 수 있듯이, 이 표현은 상대방의 말에 전적으로 동의할 때 쓰는 표현입니다. '전적으로 동의해!' 혹은 '네 말이 맞아!'라고 해석할 수 있습니다. 동의할 때 요즘 자주 쓰는 표현으로는 A hundred percent!(100%!)가 있습니다. 우리말의 '백퍼 동감!'처럼 완전히 동의한다는 의미입니다.

A: The new director has a totally new vision for the firm.
새로 온 이사님이 회사에 대해 완전히 새로운 비전이 있더라고요.

B: You can say that again! He's much better than I expected.
그래 맞아! 내가 생각했던 것보다 더 좋으시더라고.

w072. mp3

72	I was seriously asking what is all the fuss about. 도대체 왜 이렇게 난리를 떠는지 심각하게 물었죠.

이발 의자에 앉은 22는 멘토들과의 경험담을 사람들에게 이야기해 줍니다. 그러면서 인생에 대한 자신의 생각을 말하는데, 사람들은 22의 이야기에 푹 빠져듭니다.

What's all the fuss about? 혹은 What's the fuss about?은 무슨 큰일이 난 것처럼 호들갑을 떨고 있는 사람에게 '왜 이리 호들갑이야?', '뭐 때문에 이렇게 난리야?'라는 뜻으로 하는 말입니다. 별것 아닌 것 같은데 괜히 호들갑을 떤다는 뉘앙스가 담긴 표현입니다. What's this all about? 혹은 What's going on? 역시 소란스러운 이유를 물어볼 때 자주 쓰는 표현입니다.

What's all the fuss about? Why are you taking photos?
왜 이리 호들갑이야? 왜 사진을 찍고 그래?

Stop screaming and jumping around! What's all the fuss about?
소리 지르면서 방방 뛰지 말라고! 왜 이리 난리야?

w073. mp3

73	**Whoah, whoa, slow your roll there, Joe.** 워, 워, 그렇게 급하게 단정 짓지 말아요, 조.

22는 데즈가 자신의 꿈을 이루지 못하고 이발사가 된 것을 안타까워합니다. 하지만 데즈는 22의 말에 즉각 반박합니다.

Slow your roll.은 상대방이 너무 감정적으로 들떠 있을 때 흥분을 가라앉히려고 하는 말입니다. '진정해', 혹은 '침착하라고'라고 해석할 수 있습니다. 또한 상대방이 너무 성급하게 판단하거나 행동하는 것 같을 때 '천천히 해', '너무 성급하게 그러지 마'라는 뜻으로 쓸 수도 있습니다. 이 대사에서도 조가 이발사에 대해서 성급하게 판단하자 데즈가 '그렇게 성급하게 단정 짓지 마'라는 의미로 하는 말입니다.

Hey, slow your roll, man. Why are you so pumped?
이봐, 침착해. 왜 그렇게 업이 돼서 그래?

Slow your roll, Jessy. Breathe! There you go.
제시, 침착해. 숨 쉬라고! 그렇지.

w074. mp3

74	**I'm happy as a clam, my man.** 난 정말 행복하니까.

22는 데즈가 수의사의 꿈을 이루지 못하고 이발사가 되어서 불행하다고 단정 짓습니다. 하지만 데즈는 이발사로도 충분히 행복한 삶을 살고 있다고 말합니다.

happy as a clam은 '정말로 행복한' 혹은 '너무나 만족한'이란 뜻의 회화 표현입니다. I'm happy.라고 할 수도 있지만 뒤에 as a clam을 붙이면 happy의 의미를 강조할 수 있습니다. happy as a lark 역시 '정말 행복한'이라는 의미로 쓸 수 있는 표현입니다. 참고로 clam은 '조개', lark은 '종달새'라는 뜻입니다.

She was happy as a clam when I showed her our new house.
내가 새 집을 보여 주자 그녀는 너무 행복해했어요.

Don't tell me he's not happy with me. He said he's happy as a clam!
그 사람이 나와 함께해서 불행하다고 말하지 마세요. 그 사람은 행복하다고 했으니까요!

w075. mp3

75	**You are not all that.** 넌 그런 급이 아니야.

22가 도로테아 윌리엄스와 공연하게 되었다고 말하자, 옆에서 듣고 있던 폴이 이렇게 말하며 조를 깎아내립니다.

not all that은 다른 것들과 비교해서 그리 대단하지 않다는 의미로 쓰는 회화 표현입니다. '그리 특출나지 않은', '그냥 평균 정도의'라는 뜻으로 이해하는 것이 좋습니다. 보통 not all that 뒤에 형용사를 붙여서 쓰는 경우가 많습니다.

Maybe I expected too much of the musical. It's not all that special.
내가 그 뮤지컬에 너무 큰 기대를 했나 봐요. 그렇게 특별하지는 않네요.

His design is good but not all that memorable.
그의 디자인이 좋긴 하지만 딱히 기억에 남는 건 아니네요.

w076. mp3

76	**Don't pay Paul any mind.** 폴은 신경 쓰지 마.

폴은 다른 사람을 깎아내려야지 기분이 좋아지는 사람입니다. 조는 22에게 이런 사람들은 신경 쓸 가치도 없다고 말합니다.

'pay + 사람 + a mind'는 '~에게 관심을 가지다' 혹은 '~를 신경 쓰다'라는 뜻입니다. 이 표현을 넣어서 Don't pay + 사람 + any mind.라는 표현을 쓰기도 하는데, '~의 말은 듣지 마' 혹은 '~는 관심 꺼'라는 뜻입니다. 회화에서는 비슷한 뉘앙스로 'Don't listen to + 사람'이나 'Pay + 사람 + no attention'을 더 많이 쓰는 경향이 있습니다.

Don't pay him any mind! He doesn't know a thing about music!
그 사람 말 듣지 마! 음악에 대해선 1도 모르는 사람이니까.

Just ignore what she said. Don't pay her any mind!
그녀가 한 말은 무시해 버려. 신경 끄도록 해!

w077. mp3

77	**I'm thinking there's no reason we can't keep this little incident between us, eh?** 이 작은 소동은 우리끼리의 비밀로 하는 게 좋겠어, 알겠지?

조를 잡기 위해 지구로 내려온 테리, 그러나 실수로 폴을 납치하게 됩니다. 테리는 겁에 질린 폴에게 이렇게 말하며 자신의 실수를 덮으려고 합니다.

keep ~ between us는 '우리 사이에 ~을 유지하다'라는 직역에서도 알 수 있듯이 어떤 일을 남들에게 알리지 말고 우리끼리만 알고 있는 것으로 한다는 표현입니다. '~을 우리만의 비밀로 하다' 혹은 '~을 우리끼리만 알고 있는 것으로 하다'라고 해석할 수 있습니다.

How about keeping this secret between us?
이 비밀은 우리만 아는 것으로 하는 게 어떨까?

I don't want to keep this engagement just between us.
이 약혼을 우리끼리의 비밀로 하고 싶지 않아.

w078. mp3

78	**Okay, enough of the jazzing and everything like that.** 알았어, 재즈한다는 둥 이상한 소리 좀 그만하라고.

22는 철로 된 창살을 두드리며 소리를 냅니다. 이 소리가 신기한 22는 자신이 '재즈한다'고 감탄하지만, 조는 22에게 빨리 움직이라고 재촉합니다.

Enough of ~!는 '더 이상 ~하지 마'라는 뜻으로, 상대방의 지속적인 행동이나 말이 짜증 나서 중단시키려고 할 때 쓰는 말입니다. of 뒤에는 명사나 동명사를 써야 합니다. Enough is enough! 혹은 That's enough! 라는 표현도 자주 쓰는데, '그만하면 됐어!', '그만해!'라는 뜻으로 상대방에게 버럭 성질을 내며 하는 말입니다.

Enough of your excuses! I want you to tell me the whole truth!
더 이상 변명하지 마! 내게 진실을 말해 줬으면 좋겠어.

Enough of your complaining! Can you NOT be negative at least once?!
더 이상 불평 늘어놓지 마! 한 번이라도 부정적으로 그러지 않으면 안 되니?!

w079. mp3

79	**My mom doesn't know about the gig, and I want to keep it that way, okay?** 엄마는 이 공연에 대해서 몰라, 그러니까 계속 그렇게 두는 거야, 알았지?

양복 바지가 찢어지는 대참사가 일어났습니다. 당장 바지를 수선할 수 있는 사람은 조의 엄마뿐입니다. 조는 엄마 앞에서 공연의 'ㄱ'자도 꺼내지 말라고 22에게 경고합니다.

keep it that way를 단어 그대로 해석하면 '그것을 그런 식으로 유지하다'가 됩니다. 이 표현은 어떤 일이나 상황을 바꾸지 않고 예전에 그랬듯이 지속한다는 의미를 가지고 있습니다. '계속 그렇게 하다' 혹은 '현 상태를 유지하다'라는 해석이 어울립니다.

I like the speed of your swing. Keep it that way.
스윙 속도는 마음에 들어. 계속 그렇게 하도록 해.

I like sleeping with my cat. I want to keep it that way.
고양이랑 함께 자는 게 좋아. 계속 그렇게 하고 싶어.

w080. mp3

80	**It wears you down.** 지치게 만드는 거야.

지하철을 탄 22는 모든 것이 신기하게 느껴집니다. 하지만 지하철을 타고 가는 사람들의 표정은 어둡기만 합니다. 조는 지하철이 사람들을 지치게 만들기 때문이라고 합니다.

'입다'라는 뜻으로 잘 알려진 wear는 '닳게 하다', '해어지다'라는 뜻으로도 자주 쓰입니다. 이 대사의 'wear + 사람 + down'은 사람을 닳아지게 하는 것이니까 '~를 지치게 만들다', '~를 피곤하게 하다'라는 뜻입니다. 회화에서는 worn out이란 형용사 표현으로도 자주 쓰는데, '(옷 등이) 닳은', '부식된'이란 뜻과 함께 '아주 녹초가 된'이란 뜻입니다.

The long commute wears me down. I'm beat when I get home.
긴 통근 시간으로 너무 지쳐. 집에 오면 녹초가 된다니까.

Those constant worries are wearing you down. You need to stop worrying!
계속 걱정을 하니까 피곤하지. 걱정을 그만해야 한다니까!

w081. mp3

81	**Every day the same thing, day in and day out.** 똑같은 일상이 매일매일 반복되는 거라서.

조는 지하철을 타는 것이 마냥 즐겁지는 않습니다. 냄새 나고 덥고 사람들로 북적이기 때문입니다. 그리고 이런 일상을 매일 반복하는 것이 지겨울 뿐입니다.

day in and day out 혹은 day in, day out은 '매일같이'라는 뜻으로 반복되는 일상을 말할 때 쓰는 표현인데, 그 반복되는 일상이 지루하다는 뉘앙스를 담고 있습니다. day after day 역시 같은 의미로 쓸 수 있는 표현입니다. same old, same old란 표현도 반복되는 지루한 일상을 묘사하는 말입니다.

We're eating vegetable soup, day in and day out.
야채 스프를 매일같이 먹고 있어요.

Aren't you tired of watching the same TV show, day in and day out?
매일 똑같은 TV 프로그램 보는 게 지겹지도 않니?

w082. mp3

82	**What has gotten into you, boy?** 너 오늘 뭐 잘못 먹었니?

조는 멜바를 만날 때마다 볼에 뽀뽀를 해 드립니다. 22에게 뽀뽀를 하라고 말하자 22는 그녀의 볼이 아닌 입술에 대고 키스를 합니다. 옆에서 보고 있던 룰루가 깜짝 놀라며 조에게 이렇게 말합니다.

상대방이 갑자기 안 하던 짓을 하자 의아해할 때 '너 뭐 잘못 먹었어?'라고 하잖아요? 이 말을 직역해서 Did you eat something wrong?이라고 하면 완전 콩글리시가 됩니다. '너 갑자기 왜 그러는 거야?', '너 뭐 잘못 먹었어?'에 해당하는 표현은 What has gotten into you?입니다. 앞에서 배웠던 What's wrong with you? 혹은 What's up with you? 역시 같은 의미로 쓸 수 있습니다.

A: You're wearing a suit and tie? What has gotten into you?
오늘 양복에 넥타이까지 했네? 갑자기 왜 그래?

B: Nothing. I just wanted to look different.
아무것도 아니야. 그냥 다르게 보이고 싶었어.

w083. mp3

83	**Here it comes.** 또 시작이시네.

조가 공연을 한다는 소식을 듣고 그의 엄마는 다시 폭풍 잔소리를 시작하려고 합니다. 조는 이렇게 말하면서 어쩔 수 없다는 표정을 짓습니다.

Here it comes.는 별로 달갑지 않은 일이 벌어질 것 같을 때 '또 시작이군'이란 뜻으로 쓰는 표현입니다. 폭풍 잔소리를 들어야 할 때나, 자주 고장 나는 기계가 다시 작동을 하지 않을 때 이 표현을 쓸 수 있습니다. Here we go again. 역시 비슷한 의미로 쓸 수 있는 표현입니다. 또한 문맥에 따라서는 '저기 온다!'라는 뜻으로 쓸 수도 있습니다. 의미가 완전히 다르기 때문에 문맥에 맞게 적절한 톤으로 말하는 것이 중요합니다.

Here it comes. You're lecturing me again.
또 시작이군. 또 나에게 잔소리하네.

Here it comes. I knew my dad would talk about my ex-boyfriend.
또 시작하셨네. 아빠가 내 옛날 남자 친구 이야기하실 줄 알았어.

w084. mp3

84	**Most times this shop was what paid the bills.** 이 가게 때문에 밥 먹고 산 거라고.

조는 아버지는 꿈을 좇을 수 있었는데 자신은 왜 그럴 수 없는 거냐며 엄마에게 반박합니다. 엄마는 이렇게 말하며 아들에게 현실을 일깨워 주려고 합니다.

pay the bills를 직역하면 '요금을 내다' 혹은 '계산을 하다'라고 할 수 있습니다. 이 표현은 직역 그대로의 의미로 쓸 수도 있지만, 이 대사에서는 '생활비를 내다', '생계를 유지하다'라는 뜻으로 쓰였습니다. 참고로 bill은 수도 요금 등의 '고지서', '청구서'라는 뜻도 있고, 밥값 등의 '계산서'라는 뜻도 있습니다.

With your income, we cannot even pay the bills.
네 수입으로는 생활비도 안 돼.

My parents worked so hard to pay the bills.
부모님은 생계를 유지하기 위해서 열심히 일하셨어요.

w085. mp3

85	**We got work to do!** 할 일이 있어!

이제 엄마는 공연에 대한 조의 열정을 이해하고 그를 도와주려고 합니다. 고이 간직하던 아버지의 양복을 수선해서 아들에게 입히려고 합니다.

got work to do는 '할 일이 있다'라는 뜻으로 자주 쓰는 표현입니다. 회화에서는 We have to work.라고 하기보다는 이 대사처럼 We got work to do.를 주로 사용합니다. We got 대신에 We've got 혹은 We have라고 쓸 수도 있습니다.

Finish your lunch. We got a lot of work to do.
점심 얼른 먹어. 할 일이 태산이야.

I gotta go. I got work to do.
가야겠어. 할 일이 있어서.

w086. mp3

86	**That is one fine wool suit, if I do say so myself.** 내 입으로 말하기는 그렇지만, 정말 좋은 모직 양복이야.

엄마가 양복 수선을 마치고 조의 모습을 뿌듯하게 바라봅니다. 그리고 조가 항상 자랑스러운 아들이라고 말합니다.

if I say so myself는 은근히 자기 자랑을 할 때 쓰는 표현입니다. '내 입으로 말하기 뭐하지만', '내 자랑 같지만'이란 해석이 어울립니다. 그리고 이 대사에 쓰인 do는 동사의 의미를 강조하는 역할을 합니다. 굳이 해석하자면 '정말이지', '정말로'라고 할 수 있습니다.

My painting is a masterpiece, if I say so myself.
내 입으로 말하기 뭐하지만 내 그림은 걸작이라고.

The dress I made for my daughter was breath-taking, if I say so myself.
내 자랑 같지만 내가 딸에게 만들어 준 드레스는 정말 근사했다고.

w087. mp3

87	**I don't really have time for a relationship right now, 22.** 지금은 정말로 연애할 시간이 없어, 22.

22가 조에게 전 여자 친구인 리사에게 연락을 해 보라고 하자 조는 이렇게 말하며 거절합니다.

I don't have time for ~는 '~할 시간은 없어'라는 뜻입니다. 물리적인 시간이 없다는 의미로 쓸 수도 있지만 마음의 여유가 없다는 의미로 쓸 수도 있습니다. time 뒤에 동사를 쓰고 싶다면 I don't have time to ~라는 패턴을 쓸 수 있습니다. 또한 이 대사에 쓰인 relationship은 '사무적인 관계'가 아니라 '애정의 관계' 혹은 '연애'라는 의미입니다.

I don't have time for breakfast. I gotta leave immediately.
아침 먹을 시간 없어. 바로 나가야 한다고.

Please, stop. I don't have time for your nonsense.
제발 그만 좀 해. 네 말도 안 되는 소리 들어 줄 시간 없다고.

w088. mp3

88	**That's a winner!** 정말 근사해!

머리를 다듬고 아버지의 양복을 입은 22의 모습을 보고 조는 크게 감탄합니다. 그리고 22에게 여러 가지 포즈를 취해 보라고 하며 즐거워합니다.

이 대사에 쓰인 winner는 '승리자'라는 뜻이 아닙니다. winner는 '훌륭한 물품'을 뜻하기도 하고, '멋진 행동', '훌륭한 생각'이란 뜻으로 쓸 수도 있습니다. 또한 상대방의 말이나 행동에 크게 동감하며 '그렇지!'라는 의미로 쓰기도 합니다.

Your presentation about the new product was a winner. Everyone loved it.
당신이 한 신제품 발표 정말 훌륭했어요. 다들 좋아하더라고요.

The birthday cake was so delicious! That's a winner!
생일 케이크 너무 맛있었어! 정말 좋았어!

w089. mp3

89	**This can't be happening now!** 말도 안 돼!

조는 하프 노트에서 공연을 한다는 사실이 믿기지 않습니다. 드디어 자신의 꿈을 실현시키게 된 것이죠.

지금 눈앞에서 벌어지고 있는 일이 믿을 수 없을 정도로 충격적으로 느껴질 때 쓰는 말입니다. '이럴 순 없어' 혹은 '말도 안 돼'라고 해석할 수 있습니다. I can't believe this is happening. 역시 믿기 힘든 상황이 벌어질 때 자주 쓰는 표현인데, '이런 일이 벌어지다니 믿기지 않아'라고 해석할 수 있습니다.

This can't be happening! Everything was perfectly under control.
말도 안 돼! 모든 게 다 완벽하게 돌아가고 있었다고.

How did they win the election? This can't be happening.
그들이 어떻게 선거를 이긴 거죠? 말도 안 돼요.

w090. mp3

90	**I bet you're ready to get off this stinky rock, huh?** 이 냄새 나는 행성에서 빨리 벗어나고 싶은 거지?

하프 노트 계단에 앉아 주변의 일상을 바라보는 22의 마음에 변화가 생기기 시작합니다. 조는 그녀의 마음도 모르고 뜬금없이 지구를 떠날 준비가 되었는지 물어봅니다.

bet은 '내기하다'라는 뜻입니다. 그래서 I bet ~은 내기를 할 수 있을 정도로 자신의 생각이나 말을 확신한다는 뜻입니다. '~을 확신하다' 혹은 '확실히 ~하다'라고 해석할 수 있는데, I bet 뒤에는 '주어 + 동사' 형태의 문장을 붙입니다. 또한 rock은 '행성' 혹은 '지구'를 뜻하는 단어입니다.

I bet you're so excited to wear the traditional Korean clothes.
한복을 입게 되어서 너무 들뜨신 것 같군요.

I bet the second-hand luxury store will be a big success.
중고 명품 가게가 큰 성공을 거둘 거라 확신합니다.

w091. mp3

91	**I was about to find my Spark!** 난 불꽃을 찾기 일보 직전이었다고요!

조와 22는 테리에게 붙잡혀 머나먼 저세상 이전의 세계로 돌아옵니다. 조가 22를 탓하며 분개하는데, 22도 이렇게 말하며 조에게 화를 냅니다.

I was about to ~는 '막 ~하려고 했어'라는 뜻으로, 어떤 행동을 막 하려고 했지만 아직 실행시키지는 못했다는 뉘앙스를 담고 있습니다. '정말 막 ~하려는 찰나였어'라고 의미를 강조하고 싶으면 about 앞에 just를 넣을 수 있습니다. 그리고 to 뒤에는 동사원형을 붙여야 합니다.

Hey, I was just about to call you. Thank you for calling me first.
마침 전화하려고 했는데. 먼저 전화해 줘서 고마워.

When I was about to get on board, I heard him calling my name.
배에 오르려고 하는데 그 사람이 제 이름을 부르는 소리가 들렸어요.

w092. mp3

92	**I just… let her walk a mile in my shoes, you could say.** 그냥… 내 인생을 살게 한 것뿐이에요.

카운슬러 제리는 조에게 어떻게 해서 22가 지구 통행증을 받게 했는지 물어봅니다. 당황한 조는 대충 이렇게 말하며 명확한 답변을 회피합니다.

walk a mile in one's shoes는 '~의 입장이 되어 보다' 혹은 '~의 입장으로 바꿔 생각해 보다'라는 뜻입니다. put oneself in one's shoes 역시 비슷한 의미로 쓸 수 있는 표현입니다. 참고로 in one's shoes는 '~의 입장에서', '~의 관점에서'라는 뜻으로 자주 쓰는 회화 표현입니다. If you were in my shoes(네가 내 입장이라면), If I was in your shoes(내가 너의 입장이라면)처럼 쓸 수 있습니다.

Why don't you walk a mile in her shoes?
그녀의 입장이 되어 보는 건 어때요?

You never walked a mile in my shoes. You're so full of yourself!
넌 내 입장에서 생각해 본 적이 없잖아. 넌 너무 이기적이야!

w093. mp3

93	**You should probably get going to the Great Beyond.** 이제 머나먼 저세상으로 가셔야겠네요.

22가 지구 통행증을 받았으니 조의 멘토로서의 역할도 끝이 났습니다. 카운슬러 제리는 이제 그를 머나먼 저세상으로 보내 주려고 합니다.

go to ~와 get going to ~는 둘 다 '~에 가다'라고 해석하지만, 그 의미에 있어 약간의 차이가 있습니다. go to ~는 '가는 곳'에 초점을 맞추지만, get going to ~는 '가기 전에 준비하고 떠나는 행위'에 초점이 있습니다. 이 대사도 '이제 가셔야겠네요'라는 의미로, 저세상이 중요한 게 아니라 지금 상황에서 떠나야 한다는 사실이 중요한 것입니다.

I gotta get going to the station. My train leaves soon.
역으로 가야 해서요. 기차가 곧 출발하거든요.

You need to get going before the snowstorm starts.
눈보라가 치기 전에 가는 게 좋겠어.

w094. mp3

94	**Why's that?** 그건 왜지?

다시 지구로 돌아온 조는 도로테아에게 자신과 공연을 하지 않으면 일생일대의 실수를 하는 것이라고 말합니다. 도로테아는 이 말에 관심을 보이며 그 이유를 물어봅니다.

이유를 물어볼 때 Why?를 쓴다는 건 다 아시죠? 회화에서는 Why's that? 역시 많이 쓰는데, Why?에 비해서 좀 더 구체적인 상황에서 쓰는 경향이 있습니다. 그리고 앞에 언급된 정보와 연관해서 그 이유를 물어볼 때 쓰기도 합니다. 해석은 '그건 왜 그렇죠?' 혹은 '그건 왜죠?'라고 할 수 있습니다.

We heard the meeting was cancelled an hour ago. Why's that?
회의가 1시간 전에 취소되었다는 소식을 들었습니다. 왜 그런 거죠?

You've never posted your kids' photos. Why's that?
넌 애들 사진을 올린 적이 없잖아. 왜 그런 거야?

w095. mp3

95	**It's what I was meant to do.** 그게 내 운명이죠.

도로테아가 조를 왜 공연에 세워야 하는지 물어봅니다. 조는 당당하게 음악이 인생의 유일한 목적이라고 말합니다.

be meant to ~는 문맥에 따라 여러 가지 의미로 쓸 수 있는데, 이 대사에서는 '~할 운명이다'라는 뜻입니다. 또한 '~할 예정이다' 혹은 '~할 목적이다'라는 뜻으로 쓰이기도 하고, '~할 의도이다'라는 의미로 쓰이기도 합니다. be meant to ~ 뒤에는 반드시 동사원형을 써야 합니다.

You're meant to be a great dad!
넌 정말 훌륭한 아빠가 될 거야!

We were meant to arrive at noon, but we couldn't make it on time.
정오에 도착할 예정이었지만, 제시간에 도착하지 못했어요.

w096. mp3

96	**Good heavens, man!** 맙소사, 이 사람아!

조는 22를 찾기 위해 유체이탈의 세계로 돌아옵니다. 배를 타고 유체이탈의 세계를 항해하던 문윈드는 그를 발견하고 깜짝 놀랍니다.

우리가 잘 알고 있는 만능 감탄 표현 Oh, my God!처럼 Good heavens! 역시 놀람, 감탄, 분노 등의 다양한 감정을 표현할 때 쓰는 감탄 표현입니다. '이럴 수가', '맙소사', '참말로'와 같이 문맥에 맞게 해석하는 것이 좋습니다. Good grief!나 For heaven sake! 역시 비슷한 의미로 쓸 수 있는 감탄 표현입니다.

Good heavens! We've been looking all over for you!
세상에! 너를 찾으러 여기저기 돌아다녔다고!

Good heavens! Is that a real diamond ring?
어머! 그거 진짜 다이아몬드 반지예요?

w097. mp3

97	**I'm on it!** 알겠어요!

문윈드는 유체이탈의 세계에서 길 잃은 영혼이 된 22를 발견합니다. 그녀를 붙잡기 위해 그물을 준비하라고 명령하자 조가 이렇게 말하며 재빨리 움직입니다.

I'm on it!은 상대방이 부탁하거나 명령한 것을 곧장 실행하겠다고 할 때 쓰는 표현입니다. '내가 할게!' 혹은 '나한테 맡겨!'처럼 해석할 수 있습니다. 회화에서는 I got it!나 I'll take care of it! 역시 비슷한 의미로 쓸 수 있습니다.

A: Go and unplug the washing machine when I say so.
가서 내가 하라고 하면 세탁기 플러그를 뽑아.

B: I'm on it.
알았어요.

w098. mp3

98	**You're not where you belong!** 여기는 네가 있을 곳이 아니야!

테리는 길 잃은 영혼이 된 22를 막아서며 이렇게 말합니다. 하지만 22는 아랑곳하지 않고 테리의 몸을 묶어 버리더니 다시 도망칩니다.

You are where you belong.은 '네가 있어야 할 곳은 바로 여기야', '넌 여기에 있어야 해'라는 뜻으로, 상대방에게 소속감이나 연대의식을 일깨워 주는 표현입니다. 반대로 You're not where you belong.은 '여기는 네가 있어야 할 곳이 아니야' 혹은 '여기는 널 반기지 않아'라는 뜻으로, 상대방을 배척할 때 쓰는 표현입니다. 짧게 You don't belong here!라고 해도 비슷한 의미를 전달할 수 있습니다.

I want you to go. You're not where you belong!
가는 게 좋겠어. 여긴 네가 있어야 할 곳이 아니야!

You're not where you belong! You don't deserve what we've accomplished.
여기는 당신이 있을 곳이 아니야! 당신은 우리가 이루어 놓은 것을 누릴 자격이 없어.

w099. mp3

99	**Oh, the world needs remarkable people, and you're the least remarkable soul I've ever met!** 오, 세상에는 훌륭한 사람이 필요한데, 너는 지금까지 내가 만난 영혼 중에 가장 형편없는 영혼이야!

길 잃은 영혼이 된 22는 멘토들이 그녀에게 했던 가혹한 말들을 떠올리며 사색하고 있습니다.

형용사 앞에 most를 붙이면 '가장 ~한' 혹은 '최고의'라는 최상급의 뜻이 된다는 건 다들 알고 계시죠? 이와 반대로 least를 붙이면 '가장 ~하지 않은' 혹은 '최악의'라는 뜻이 됩니다. 그리고 최상급 뒤에 'I've ever + 과거분사'를 붙이면 '지금까지 …한 것 중에 가장 ~한'이란 뜻으로 최상급의 의미를 강조해 줄 수 있습니다.

It's the least comfortable bed in the room.
저게 이 방에서 가장 불편한 침대야.

Why don't we begin with the least important issue?
중요도가 가장 떨어지는 문제부터 시작해 볼까요?

w100. mp3

100	**I do know I'm going to live every minute of it.** 이건 알죠. 매 순간을 즐기면서 살 거예요.

조는 다시 새로운 삶을 살 기회를 얻게 되었습니다. 카운슬러 제리가 이제 어떻게 인생을 살 것인지 물어보자 조는 행복한 미소를 지으며 이렇게 말합니다.

live every minute of it을 단어 그대로 해석하면 '그것의 매분을 살다'가 되는군요. 이때 it은 life를 뜻합니다. live every minute of one's life는 시간을 헛되이 보내지 않고 매 순간을 소중하게 생각하며 살아간다는 의미를 담고 있습니다. '매 순간 즐겁게 살아가다' 혹은 '매 순간 의미 있게 살아가다'라고 해석할 수 있는데, 이 영화가 주는 메시지를 함축적으로 전달하는 표현입니다.

My grandma always told me to live every minute of my life.
할머니는 항상 매 순간을 즐기면서 살라고 하셨지.

Life is very short. Live every minute of it!
인생은 정말 짧아. 매 순간 의미 있게 살도록 해!